跨境电子商务新形态立体化教材

THEORY AND PRACTICE OF CROSS-BORDER
E-COMMERCE LOGISTICS

跨境电商物流理论与实务

陈旭华　蔡吉祥　陈俏丽 / 主编

郑　韦　董彦龙　金航飞　张夏恒 / 副主编

ZHEJIANG UNIVERSITY PRESS
浙江大学出版社

图书在版编目（CIP）数据

跨境电商物流理论与实务 / 陈旭华,蔡吉祥,陈俏丽主编.
—杭州：浙江大学出版社，2020.12(2024.1 重印)
ISBN 978-7-308-20798-0

Ⅰ.①跨… Ⅱ.①陈… ②蔡… ③陈… Ⅲ.①电子商务—物流管理—
高等学校—教材 Ⅳ.①F713.365.1

中国版本图书馆 CIP 数据核字(2020)第 233504 号

跨境电商物流理论与实务

主编　陈旭华　蔡吉祥　陈俏丽

责任编辑　徐　霞（xuxia@zju.edu.cn）

责任校对　高士吟

封面设计　春天书装

出版发行　浙江大学出版社
　　　　　（杭州市天目山路 148 号　邮政编码 310007）
　　　　　（网址：http://www.zjupress.com）

排　　版　杭州青翊图文设计有限公司

印　　刷　杭州钱江彩色印务有限公司

开　　本　787mm×1092mm　1/16

印　　张　13.25

字　　数　339 千

版 印 次　2020 年 12 月第 1 版　2024 年 1 月第 3 次印刷

书　　号　ISBN 978-7-308-20798-0

定　　价　39.00 元

PREFACE
序

社会物流成本水平是国民经济发展质量的综合体现,是决定实体经济竞争力的关键因素。随着互联网普及应用和跨境电商高速发展,跨境电商物流在促进中小企业产品出口、满足人民群众进口商品需求等方面发挥了巨大作用,已经成为助推外贸创新发展、产业转型升级和经济增长的新动力。

中国是全球跨境电商物流的重要参与者,来自中国市场的包裹已占全球三分之一强,为拓展国际贸易渠道、优化多边资源配置、增进全球经济互联互通提供了"中国智慧"、贡献了"中国力量"。

跨境电商物流的迅猛发展对行业内的人才需求也由原来的传统粗放型向集约型转变,急需既懂国际物流又懂跨境电商的高素质复合型人才。虽然近几年很多高校都开设了电子商务和物流等专业,但将跨境电商和物流整合的专业很少,且大多数课程偏向于理论知识的讲授,缺乏实践性,从而导致跨境电商物流人才匮乏。同时,很多从事跨境业务的物流公司不注重对现有物流人员的教育和培训,很难跟上跨境电商物流发展步伐,专业人才缺乏成为跨境电商物流发展的短板。

《跨境电商物流理论与实务》教材紧贴社会需求,以培养掌握国际物流与跨境电商等知识和能力的跨境电商物流人才为目标,根据跨境电商物流相关职业岗位的知识、能力、素质要求,按照实际业务开发编写教材内容,详细介绍了跨境电商物流的基本情况和模式,系统阐述了邮政物流、国际快递、国际专线物流、海外仓等跨境电商物流业务,列举了各大平台跨境电商物流模板,细致描述了跨境电商物流信息系统管理。

该教材有三大特色。一是理论与实践相结合,基于真实业务编写。教材设计完全基于跨境电商物流真实业务,既注重理论知识的学习,又注重真实跨境电商物流业务的实践操作。通过真实企业案例导入,将读者置于完全真实的商业环境,将跨境电商物流新内容、新技术、新规则融入教材中,培养读者的学习能力、思考能力和实践能力。二是高校、企业、大卖家强强联合。教材编写组通过校企合作开发教材,组织了有跨境电商物流实战经验并有多年相关课程教学经验的本科和高职院校教师,联合了跨境电商物流企业、跨境电商大卖家,共同设计教材体系,共同编写教材内容,确保

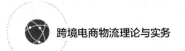

了教材的权威性与实战性,帮助更多的大学生和社会人员从事跨境电商物流业务。三是兼顾个体、企业、高校三个层面的需求。教材编写组由跨境电商物流企业、大卖家和高校教师等多方人员组成,教材的编写思路和内容充分征求了各方对跨境电商物流人才培养的需求和意见,具有一定的针对性、实用性和前瞻性。

希望通过该教材的出版,能够帮助更多的本科和高职院校电子商务、物流管理、跨境电商、国际商务等商科专业的大学生,以及跨境电商物流公司、跨境电商企业等跨境电商相关行业从业人员,更好地掌握跨境电商物流的知识和能力,成为跨境电商物流行业的精英。

浙江大学中国数字贸易研究院

2020 年 9 月 28 日于浙大紫金港

F OREWORD 前 言

　　跨境电商的迅猛发展得益于跨境电商物流、信息流和资金流三者的协调发展。作为核心要素之一,跨境电商物流的发展状况影响着整个跨境电商行业的发展。跨境电商物流业务具有非常复杂的流程,受到不同国家体制、贸易方式、运输渠道、保险税收、跨境电商平台等多方面因素影响,从而对从事跨境电商物流产业相关人员的职业能力提出了更高的要求。跨境电商物流从业人员既要掌握邮政小包、国际快递、专线物流、海外仓储等跨境运输方面的流程和专业知识;又要熟悉商品检验、报关报检等国际贸易操作流程和专业知识;也要具备跨境电商物流业务实践能力,能熟练完成各项业务操作和货运过程跟踪与应急处理;还要具备信息技术应用能力,能熟练利用各种便捷的物流信息系统促进企业物流业务开展、提高物流管理效率、降低物流运转成本。也正因为如此,跨境物流专业人才培养难度之大,是困扰跨境电商物流企业的一大难题。

　　本书主编之一蔡吉祥先生,从事跨境物流行业20余年,对跨境电商物流人才培养有非常深刻的理解。为促进跨境电商物流行业的专业人才培养,为自己潜心经营并深爱的行业发展贡献绵薄之力,蔡吉祥先生诚邀义乌工商职业技术学院与邮行天下(深圳)全球网络科技有限公司进行校企合作,联合了3所高校6名有跨境电商实践经验的高校教师以及多名跨境电商物流企业专家,编写了这本校企合作教材。

　　本书由义乌工商职业技术学院陈旭华老师、陈俏丽老师和邮行天下(深圳)全球网络科技有限公司董事长蔡吉祥负责框架设计和大纲搭建。义乌工商职业技术学院陈旭华老师、陈俏丽老师、董彦龙老师、金航飞老师,临沂大学郑韦老师,西北政法大学张夏恒老师参与各个章节内容的主要编写工作,在此,对所有辛勤付出的老师表示衷心的感谢!

　　另外,本书以企业翔实案例情景为基础素材,引入了目前国内跨境电商物流行业有代表性的重点企业情景案例,也借此特别感谢各位企业专家的指导和帮助!他们是绿色国际速递集团有限公司总经理邢洪勇先生、深圳市国洋运通国际物流有限公司总经理国辉先生、上海义达国际物流有限公司总经理张启龙先生、上海颐龙国际货运代理有限公司总经理颜加林先生、深圳市环贸仓配服务有限公司总经理赵伟先生、上海亚翔国际货物运输代理有限公司总经理赵东升先生、一三九快递(北京)有限公司总经理黄庆红先生、北京邮差小马科技有限公司总经理王海成先生、邮行天下(深圳)全球网络科技有限公司总经理吴文建先生等。

　　尽管本教材的内容和案例都来源于跨境电商物流企业一手的资料和行业经验,但由于跨境电商物流行业本身还是一个崭新的领域,其发展日新月异,教材中难免有不足之处,恳请读者不吝批评指正。

编者

2020 年 10 月于义乌

目录

CONTENTS

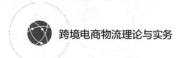

第一章 跨境电商物流概述

【学习目标】

✿ 知识目标：

- 了解电商物流和跨境电商物流的概念；
- 了解跨境电商物流的风险；
- 熟悉跨境电商物流的类型；
- 掌握跨境电商物流的发展机遇和发展方向。

✿ 能力目标：

- 能识读跨境电商物流的几种模式；
- 能解读跨境电商物流发展存在的问题；
- 能结合实际提出跨境电商物流的发展对策。

【思维导图】

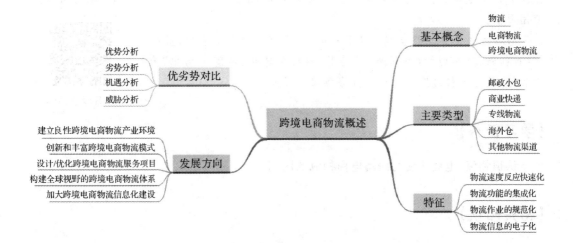

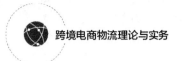
第一节　认识跨境电商物流

【学习情景】

杭州绿色物流科技集团有限公司

　　杭州绿色物流科技集团有限公司(以下简称 6LS 绿色国际)是一家集跨境物流、海外仓储、代购集运、软件开发、供应链金融于一体的科技型的国际物流企业,为 aBay、亚马逊、速卖通等网络销售平台的外贸商家以及跨境电商运营的卖家提供专业的国际快递、邮政包裹、一件代发、海外仓储、清关转运、物流金融等服务。

　　6LS 绿色国际于 2002 年开始涉足物流领域,2003 年开始组建物流网络,2008 年注册"6LS"品牌。绿色物流科技集团旗下拥有绿色国际速递、哦哦爱商贸、邮行天下网络等 10 多家全资子公司,在香港、美国、杭州、深圳、义乌、福州等均设有分公司。截至 2021 年底,6LS 绿色国际累计服务客户 100000 多家,业务范围主要覆盖华东、华南、华北、西南等地区。

　　经过近 20 年的潜心经营,6LS 绿色国际不仅与全球业内知名企业——中国邮政、DHL、UPS、FedEx、Aramex、美国邮政、北欧邮政等公司建立了长期稳定的合作代理关系,还与全球多家知名的航空公司、船运公司建立了良好的合作关系。6LS 绿色国际主要通过包板、包仓、包机、包卡等多种方式来完善自己的国际网络和国际线路。6LS 绿色国际拥有自主研发的 TMS(运输管理系统)和 OMS(订单管理系统)。该系统打通了市场上主流的跨境电商企业、物流企业和全球物流渠道 ERP 软件的接口,极大地提升了用户的使用习惯。

　　6LS 绿色国际始终坚持以"客户第一、服务至上"为宗旨,坚持以"科技创新、产品创新"为理念,以实现"网络全球化、品牌市场化"为终极目标,致力于打造跨境电商企业服务第一品牌。

6LS 绿色国际

【学习任务】

　　认识物流、电商物流与跨境电商物流的区别。

【相关知识】

一、物流

(一)物流的起源和概念

　　"物流"是个外来词,来自日文汉字"物流"。20 世纪 70 年代末,"物流"通过中日经济文化交流传入中国。不过,"物流"亦非日本原创。1956年,日本组织了一支大型的流通技术专业考察团赴美考察,发现美国人讲的"physical distribution(缩写为 PD)"(译为实物分配或货物配送)涉及大量的流通技术,对提高流通领域的劳动生产率很有好处,于是在考察报告中对 PD 进行了介绍。随后,这一概念引起了日本产业界的重视,日本人就把PD 翻译成了日文"物の流",1965年更进一步简化为"物流"。

在不同的社会发展阶段,为适应不同时代的社会需要,物流的定义在不断地进化和完善。随着经营范围的不断扩大,经营内容的不断深化,物流的目标由物流活动本身转向了对物流活动进行管理,这一转变导致"物流"及其定义发生了变化。1985年,美国物流管理协会将物流的名称从"PD"改为"logistics",并将其定义为"以满足顾客需要为目的,对货物、服务及相关信息,从起源地到消费地的有效率、有效益的活动和储存进行计划、执行和控制的过程"。这次改名的结果是,到了 20 世纪 90 年代以后,全世界都基本使用 logistics,而不再使用 PD 来表述"物流"了。

《中华人民共和国国家标准物流术语》(GB/T 18354—2006)将"物流"定义为:"物品从供应地向接收地的实体流动过程。根据实际需要,将运输、储存、装卸、搬运、包装、流通加工、配送、回收、信息处理等基本功能实施有机结合。"

物流术语

(二)物流常用名词解析

1. 快运

快运指的是面向单位及个人的快捷运输服务,是指承运方将托运方指定在特定时间内运达目的地的物品,以较快的运输方式,运送和配送到指定的目的地或目标客户手中。快运货物的重量、数量、体积都比快递运输对象大,可提供门到门的增值服务,直接送到终端收货人手中,也可指定取货或收货地点,客户自己取货或送货到收货点。快运的主要形式为零担快运,也有整车快运等服务。

2. 快递

快递又名速递,是兼有快速邮递功能的门对门物流活动,指通过铁路、公路和航空等交通工具,对客户货物进行快速投递。快递货物以包裹为主,重量、体积虽然同快递公司规定的不一样,从重量上看,一般限定在 100 千克以下;从体积上看,单边长度小于 1.5米,围长小于 3.5 米。费用收取按实际重量或体积重量,哪个数量大就按哪个收费,体积重量根据折算公式进行计算。

3. 零担货运

零担货运是指当一批货物的重量或容积不满一辆货车时,可与其他几批甚至上百批货物共用一辆货车装运。"零"指的是零散的,"担"古时指的是扁担,现在指的是车;"零担"就是不够一扁担,即不够一车的意思。因此,零担货物一般指运量零星、批数较多、到站分散、品种繁多、性质复杂、包装条件不一、作业复杂的货物。从重量上讲,零担货物一般是指一次托运时计费重量大于快递规定的 100 千克又小于 3 吨的货物。

4. 零担快运

由于货主需要运送的货不足一车,承运部门需要凑整一车后再发运,因而速度较慢。为克服这一缺点,发展出了定线路、定时间的零担班车,提供零担货物的快速运输,即称为

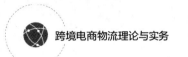

零担快运。利用汽车运输的灵活性,零担快运也提供上门服务,零担快运是最主要的快运形式。

5. 快件

需要快速物流服务的物品称为快件,根据不同的运输类型,快件所指内容也有所不同。例如,邮政部门快件指快速投递的信函邮件;快递服务快件指需要快速寄送的包裹;托运服务快件指凭火车票或飞机票等办理托运,物品随旅客所乘交通工具同时运达的物品等。

6. 整车物流

整车物流是以整车作为物流服务标的物,按照客户订单对交货期、交货地点、品质保证等的要求进行快速响应和准时配送。整车物流从简单的商品车运输,变化为以运输为主,仓储、配送、末端增值服务为辅的新型物流。

7. 第三方物流

第三方物流是指除发货方与收货方以外的第三方企业通过分别与买卖双方签订合同,为买卖双方提供全部或部分物流服务,不直接参与商品买卖的行为。在第三方物流的发展过程中,逐渐形成了关系合约化、服务个性化、功能专业化和数据信息化的特点。第三方物流又称为合同物流。

8. 第四方物流

第四方物流是指一个供应链集成商,通过调配与管理自己的资源、能力和技术,同那些互补的服务提供商一起提供一套全面的供应链解决方案。第四方物流的服务渗透于链上单个企业一切可能触及而又无法触及的经营范围,从事的是整个供应链内部或者若干个供应链之间的整合运作。

二、电商物流

(一)电商物流的概念

电商物流借助互联网技术实现了物流、商流、资金流、信息流的匹配、融合和互动发展,其业态包括电商自建物流、第三方物流、第四方物流、物流周边服务和仓储服务等。电商物流的发展过程借助云计算、大数据、社交网络等互联网技术对传统物流做出了突破性创新,与电子商务的发展相伴相生。

我国的电商物流企业是伴随着互联网和电子商务发展起来的。以"互联网＋"模式发展物流产业,既可解决电商发展的物流短板,也可在更深层次上实现互联网和传统物流的融合,从而提升电商企业和物流企业的竞争力。在电商物流中,用户体验是评价物流能力的重要指标。互联网和物流业的深度融合,使得供应链上的各种信息网络化,使得商品和服务变得可视化,消费者多元化、个性化的需求可以反过来推动物流服务的创新。

(二)电商物流的特点

1. 信息化

电子商务时代的到来,要求物流行业与时俱进,因此要求物流信息更新及时,准确性高,并且能以小成本带来大利润,所以物流信息化是物流行业的精髓和发展的必要基石。物流信息化表现为物流信息的商品化、物流信息收集的数据库化和代码化、物流信息处理的电子化和计算机化、物流信息传递的标准化等。

2. 自动化

电子商务也需要物流具备自动化的特征。自动化的核心是机电一体化,自动化的外在表现是无人化。物流自动化不仅可以节省人力,还可以提高物流作业能力、提高物流作业的准确度。物流自动化的设施非常多,如自动识别系统、自动分拣系统、自动存取系统、自动导向车、货物自动跟踪系统等。

3. 网络化

物流网络化是大家最为熟知的,网络的最大好处是不受时间、地点的约束,可以实现资源共享,而物流信息系统正是构建在开放的网络上的,它使物流信息可以低成本即时传播。同时,网络 GPS 的兴起,可以让物流公司实时监控、调度物流车辆,实现双向通信、功能调度,并且进行数据存储、分析。

4. 智能化

物流智能化其实是信息化与自动化的结合,不管是库存水平的确定,还是物流配送经营管理的决策支持,都需要借助大量的知识,才能解决问题。为了不断提高物流现代化水平,物流的智能化已经成为电子商务下物流发展的一个新方向。

三、跨境电商物流

(一)跨境电商物流的概念

跨境电商物流是跨境电商流程能够实现的重要载体,是在两个或两个以上国家/地区之间进行的物流服务,分为输出地物流、国际物流、输入地物流与配送三部分,涉及清关、检验检疫等复杂流程。跨境电商的发展离不开物流业的支持,从某种程度上来说,跨境电商的物流发展程度决定了跨境电商的发展程度。由于电商环境下人们的交易主要依靠网络进行,此时作为线下主要活动主体的物流配送就显得十分重要,它直接关系到电商交易能否顺利完成,能否获得消费者的认可。

(二)跨境电商物流的现状

与国内物流相比,跨境电商物流除具备其共性外,还伴随国际性等特点,涉及范围更大、影响更深远。跨境电商物流不仅与多个国家/地区的社会经济活动紧密相连,更受多个国家/地区间多方面、多因素的影响。物流硬件环境与软件环境存在国家/地区差异,不同国家/地区其标准也不同,输出地物流、国际物流与输入地物流在衔接上会存在障碍,导致顺畅的跨境电商物流系统难以构建。物流环境的差异,导致在跨境电商物流、运输与配送过程中,需要面对不同的法律、文化、习俗、观念、语言、技术、设施等,增加了跨境电商物流的运作难度和系统复杂性。此外,如关税、非关税壁垒、物流成本、空间距离等,都直接或间接地影响、制约跨境电商物流。

目前,我国跨境电商物流短板凸显,存在交(货)期长、时效不稳定、渠道长、环节多、物流信息跟踪难、清关难、货损频率高、退换货和维权难度大、物流企业不规范经营,以及跨境电商从业者对跨境电商物流认知不足、物流成本高等问题。

(三)跨境电商物流的风险

跨境电商物流运输时间长、距离远,增加了通关、商检、退税结汇、海外仓储等环节,同时各国国情有所差异,爱国主义、风土人情及物流设施有明显区别,这些因素都极大程度地提高了跨境电商物流风险产生的可能性,同时也对跨境电商物流服务质量及效率方面提出了更高要求。

1. 物流时效风险

物流时效风险在于跨境电商贸易中的不确定因素较境内贸易明显增多,导致跨境物流的周期长、效率低,在订单处理、运输、配送及清关过程中均出现延迟现象。一方面是因为跨境交易中各国国情差异较大,物流基础设施有所差异,造成跨境物流工作无法高效展开;另一方面是因为电商活动跨境开展导致物流环节增多、供应链长度增加,再加上货物需要在海关部门完成报关、商检及通关等活动,使跨境物流活动的周期较长。客户满意度的相关调查显示,跨境电商贸易中最令客户不满的正是物流方面的因素,而在物流因素中有关物流时效问题的投诉尤为突出。在跨境物流活动中,最影响其时效的环节包括订单拣选、运输、清关及配送等,以上环节的运作效率直接决定了跨境物流的时效。

2. 物流信息风险

跨境物流信息风险体现在实时追踪能力及信息安全两方面。一方面,物流信息在传递过程中可能出现信息错误或难以实现实时追踪的情况,跨境商品出现货物破损或货物丢失,以致商品无法按时、安全地到达境外消费者手中;另一方面,跨境电商物流依托于网络技术而发展,而网络自身存在一定的安全隐患,甚至会遭受恶意攻击,可能出现信息和数据的泄露、交换延迟等现象。物流信息为物流网络运行的重要技术支持,它将跨境电子商务活动中所涉及的企业各部门、物流企业与制造企业及其他相关职能部门紧密地联系在一起,使各部门、各企业间的信息共享以一种低成本、高速运作的方式实现。因此,物流信息在跨境电子商务活动中尤为重要,控制其中的风险因素十分有必要。

3. 物流损耗风险

物流损耗在国内外业界都是普遍存在且难以解决的问题,而跨境电商贸易中的物流损耗情况更为严重。其原因主要分为客观原因及主观原因两方面:客观原因在于不可抗力因素的产生,如自然灾害、恶劣天气、政治冲突及设施设备故障等;主观原因则在于跨境电商的特点及人为因素两方面,跨境电商背景下的物流活动时空跨度大、中间环节多、产业链长,且从事物流活动的人员素质、物流企业的管理工作水平参差不齐,使其货损货差情况难以控制和监管。不同于其他风险的是,该风险的产生除会导致货损货差外,还会影响企业的服务质量和企业形象,与客户满意度息息相关。物流损耗风险主要体现在货物破损、货物丢失及退换货等方面。货物破损主要存在于包装、装卸、库存及运输环节中,不恰当的物流行为将导致货物包装破损以及包装破损后的货损货差情况产生,使商品无法进行正常销售及二次销售,例如某些需要在特定条件下存储、运输的特殊产品(如生鲜产品、乳制品等)。货物丢失是较货物破损更为严重的风险,对于跨境电商活动而言,"最后一公里"成为其中最难以把控的一环,货物丢失情况时有发生。另一大物流损耗来自客户的退换货行为,一方面是因为跨境电商交易中卖家或物流企业的失误导致产品实际情况低于买家预期值,另一方面则因为买家具有的不完全理性特征,最终导致买家产生退换货行为。退换货行为增加了物流活动中的逆向物流的产生,其发生时间、发生地点、发生概率及所涉及的产品种类和数量是难以预料的,导致成本较高、不确定性因素多、责任难以划分且管理难度大,进而为跨境电商贸易的开展带来了诸多风险。

4.物流成本风险

跨境物流涉及多种运输方式及物流节点,对货物的包装技术、存储条件、退换货流程等方面提出了更高的要求,增加了物流过程中的包装、库存及运输等方面的物流成本,跨境物流成本风险即来源于此。包装是企业生产的终点及物流的起点,其质量影响着整个供应链的运作,大多数货物必须经过包装才能进入流通。跨境电商贸易对货物包装提出三点要求:一是包装质量过硬,货物包装在控制成本的条件下保证包装质量,经得住跨境的长途跋涉;二是包装规范化,跨境物流中物流器具标准不统一,若包装和物流设施间无法实现有效衔接,将进一步降低物流运作效率并增加物流总成本;三是包装材料绿色化,需要符合不同国家/地区的相关标准及法规。为了满足以上要求,保证货物在流通环节不被损坏并能顺利出入各国/地区海关,需要增加其在包装环节中的人力、物力及技术方面的成本投入。库存成本主要包括库存持有成本、订购成本、缺货成本及在途库存成本四个方面,跨境电商贸易的特点使存储环节增多、出入库操作增多、存储及在途时间增加,最终导致库存成本的多方面提升。运输成本在总物流成本中的比重较大,对总体物流服务质量有重要的影响,跨境物流增加了运输距离及中间环节,使装卸、搬运次数增多,以及多种运输方式间或不同标准运输工具间的换装成本增多,最终导致跨境物流运输成本及整体成本大幅增加。

5.环境风险

跨境电商物流的环境风险是指外部环境的不确定性对跨境电商物流产生的风险,包括不可抗力、经济环境、政策环境及行业环境等四个方面。不可抗力风险主要来源于自然灾害和战争,指由于火灾、洪涝、地震等自然灾害以及战争的发生,在人员、货物、财产等方面将造成重大损失。经济环境方面,其风险主要源于国际市场复杂多变,市场经济波动以及汇率、利率变动较国内贸易更为明显,跨境贸易活动中应更为关注宏观经济市场的变动情况。政策环境风险主要体现在国家针对跨境电商物流领域所制定、推行的政策是否有利,以及国家为其发展所建设的物流基础设施水平的高低。行业环境也影响着跨境电商物流的发展,行业市场的需求波动情况、增长速度、竞争程度以及发展前景等因素都制约着跨境物流活动的开展。

(四)跨境电商物流的代表性企业

跨境电商物流按进出口方式分为跨境电商进口物流和跨境电商出口物流,其中跨境电商出口物流发展比较成熟。目前从事跨境电商物流的企业有国内快递公司、传统货代公司、传统海运公司、邮政、国际快递公司等,也有大的跨境电商平台如全球速卖通(AliExpress)、兰亭集势、Shopee平台等通过海外仓的形式建立跨境电商物流体系,大的制造企业如海尔、海信、富士康等利用海外渠道加入跨境电商物流领域,中外运、中国海运等海运公司通过与阿里巴巴合作进入跨境电商物流领域。

1.阿里巴巴

阿里巴巴成立菜鸟网络科技有限公司(简称菜鸟网络),通过流动的数据、智能的服务、高效的协同,将不同物流服务商串接在一起,搭建起智慧物流平台。其物流体系构建属于轻资产模式,优点是占用资金少,占有大数据资源,具有很强的预测能力;缺点是其整合的物流公司服务水平良莠不齐,尤其是在双十一购物狂欢节(简称双十一)期间会出现大量压单,造成买家体验不良。近几年,菜鸟网络为提高对物流的控制能力,已经形成全国七大区域枢纽＋数百个区域仓、城市仓＋城市配送网络＋末端驿站布局,包括华北、华东、华南、华中、西南、西北、东北等,在每个区域的城市之间,又形成了大节点带动小节点的行业示范效应,各类枢纽分别承担了仓储、转运、进口保税、出口集货等不同的物流功能。

根据国内电商物流体系构建的经验,菜鸟网络在跨境电商物流体系构建方面,继续发挥整合能力,速卖通与新加坡邮政、澳大利亚邮政、巴西邮政等建立战略合作关系,通过对新加坡邮政的投资,共享万国邮政资源。截至 2019 年底,菜鸟网络的跨境物流合作伙伴数量已经有 89 家,包括中通、圆通、EMS 等,其物流覆盖能力可至全球 224 个国家/地区,跨境仓库数量达到 231 个,搭建起一张真正具有全球配送能力的跨境物流网。

2. 亚马逊

亚马逊一直秉持"客户为中心"的经营理念,为了实现客户花最少的钱最快拿到货品的愿望,亚马逊自建了物流网络,一方面为自营商品提供送货服务,另一方面为第三方卖家提供统一的仓储和配送。截至 2019 年 12 月底,亚马逊已在全球 20 多个国家/地区开展业务,并拥有 175 个运营中心和 40 多个分拣中心,能将商品配送至 185 个国家/地区。

亚马逊最成功的是 FBA 仓。FBA 仓的特点是只要把订单交给亚马逊,其他的事情诸如库存管理、包装、配送等均由亚马逊完成,实现顾客便捷收货、跟踪的同时,达到卖家库存、物流成本控制的目的。亚马逊还在仓库中大量运用 Kiva 机器人,机器人会根据指令自动将货架运送到捡货工人面前,完全颠覆了传统仓库"人找货"的模式,实现了"货找人",作业效率提升了 2～4 倍,准确率达到 99.99%。大数据分析技术同样被运用于配送环节,智能系统会根据订单分布情况进行分析,并据此计算最优配送路径,更科学合理地安排每个配送员的派单工作,提升了配送效率。

3. 京东

在跨境电商物流体系构建方面,京东采取的方式首先是跨境直采,从进口上打开局面,充分运用国内的自建物流体系,同时尝试在韩国自建海外仓,与澳大利亚邮政、俄罗斯快速运营商 SPSR Express、德国物流企业 DHL、日本物流企业雅玛多等公司达成战略合作。从京东的跨境电商物流体系搭建上可以看出,其一改国内大手笔自建物流的做法,推进自建海外仓和整合资源并重的模式,京东跨境物流网络已覆盖全球 50 多个国家/地区。

京东物流正在携手航空、铁路、海运、仓储、配送等各界合作伙伴一同推进全球智能供应链基础网络的建设,践行短链、智能、共生的 3S 理论,搭建全面开放的平台,致力于成为链接人、货、场的基础设施,减少搬运次数,降低全链条运营成本,助力商业增长。同时,京东物流提出"双 48 小时"的目标,第一个"48"是指从中国到其他国家/地区或者从其他国家/地区到中国实现 48 小时内通达,第二个"48"是指在各个国家/地区当地实现 48 小时内送达,帮助中国制造通向全球,全球商品进入中国。

4. 递四方速递

递四方速递与阿里巴巴、亚马逊、京东相比体量很小,其优势是较早拓展海外仓模式,境外海外仓具有与跨境电商平台对接的信息系统。递四方速递凭借成熟的海外仓资源优势成功植入 eBay、速卖通、亚马逊等大型商业生态系统,成为这些大型商业生态系统中不可缺少的模块,而这些大型商业生态系统本身就是非绑定式、长尾式、多边平台式商业模式的复合体。另外,递四方速递具有灵活整合资源的能力,比如递四方速递的头程为亚马逊海运或空运,充分整合了亚马逊的优质干线运输资源,在阿里巴巴和亚马逊不能合作的时候,递四方速递充当了一个重要的资源传递角色。

递四方速递目前拥有国内跨境电商服务领域完整的产品服务,分3大类、50余种物流产品和服务,包括中国直发,也包括全球仓发以及双向物流,不仅可以将商品发到目的地,同时还有能力做到让商品回到发货地。

5. 顺丰速运

顺丰速运一方面加强国内的覆盖范围和多样化的交付选择,其在国内拥有13000多个服务点,同时拥有50多架航空货运货机,以及数千架有腹舱容量的客运航班,顺丰速运将全面的服务网络开放给所有的电商;另一方面,在海外物流市场拓展中,与国内、国外邮政建立联盟,借助万国邮政联盟(UPU)所具有的共享的信息系统接口、便捷支付通道、优先派送权限、强大通关能力等,快速实现跨境业务的拓展,实现资源的互补。

2017年9月,美国联合包裹运送服务公司(UPS)和顺丰速运的合营公司在中国获得监管部门的批准。该公司将顺丰速运在中国300多个城市的13000多个服务点与UPS全球整合的220个国家/地区网络相结合。利用UPS的货机、基础设施和先进的运营团队,顺丰速运将享受更多的线路选择和更好的送货服务,将货物送到美国和其他海外城市;同样,UPS也可以从顺丰速运强大的交付网络和中国的国内覆盖中受益。

第二节　跨境电商物流特征

【学习情景】

绿色速递:不忘初心的跨境电商物流征程

在中国物流行业刚刚萌芽及行业不规范的最初几年里,绿色国际速递集团有限公司(简称绿色速递)历经挫折与困惑,在不断的摸索和思考总结中前行。绿色速递的发展历程,也是公司管理团队与管理理念逐步完善的过程。

第一阶段:创立与探索(2007年3月—2010年4月)

绿色速递从2007年3月开始将业务类型从国内快递转型到国际快递,并且敏锐地洞悉到国际快递这个行业的发展前景非常广阔,逐步把国际快递业务作为公司的主营业务,明确了公司发展的方向和目标。一开始,绿色速递只在浙江省台州市玉环县开展业务。随着国际快递业务的顺利运营,总经理蔡吉祥先生果断决定要"走出去",将目标市场聚焦在杭州市,将主营业务转为B2B的商业快递。在这一阶段,绿色速递为解决快件资料保存和财务结算系统化的问题,独立研发了单机版和网络版的快件管理系统。

第二阶段:深化渠道合作,跨境电商业务迅速发展(2010年5月—2016年2月)

2010年5月,绿色速递与杭州邮政系统达成战略合作,以此为基础,公司的跨境电商物流业务迅速启动,业务规模迅猛发展。从2010年12月至2011年3月,短短4个月内,

绿色速递的销售业绩就从每月 100 万元增长到 300 万元。2011 年 4 月,绿色速递成为阿里巴巴旗下全球速卖通(AliExpress)平台的跨境电商物流推荐单位,其业务又迎来了新一轮的增长。2011 年 9 月,绿色速递的快件管理系统从网络版升级为企业版,该系统虽然经过多次改版和升级,但始终是绿色速递发展进程中的一个重要基石。

第三阶段:多元化发展,打造专属的物流渠道(2016 年 3 月—　)

绿色速递于 2016 年开始推出英国专线小包、欧洲快递专线、欧洲邮政专线小包业务,从开发至运营,不断地提高自身对渠道的把控能力和处理能力。2017 年,绿色速递推出了欧洲 FBA 空派、海派、铁路等渠道,和多家同行持续推进战略性合作,并且坚定不移地与合作伙伴"共生、共赢",实现可持续增长,稳定渠道的发展,业务量再创新高。2018 年,绿色速递开发了美国 FBA 空派、海派渠道,通过时刻洞察 UPS、FedEx 价格变动与时效优势,给各合作伙伴带来最大的利益;同时,不断优化该渠道的服务并首创产品的分段合作,开启合作伙伴联网黄金时代。

【学习任务】

认识跨境电商物流的类型和特征。

【相关知识】

一、跨境电商物流的类型

(一)邮政小包

邮政小包主要通过万国邮政联盟(UPU)来邮寄包裹,以个人邮包的形式来发送。万国邮政联盟成员之间的低成本结算,使得邮政小包的物流成本非常低廉,具有很强的价格竞争优势,一般按克(g)收费,2000g 以内的包裹基本以函件的价格结算,这大大提高了跨境电商产品综合售价的优势。万国邮政联盟成员之间的海关清关便利,使得邮政包裹的清关能力比其他商业快递要强,产生关税或者退回的比例相对要小。万国邮政联盟成员之间强大的网络覆盖也使得邮政包裹送无不达,目前邮政网络覆盖全球 220 个国家/地区,比其他任何物流渠道的网络覆盖都要广。邮政小包本身所具有的价格便宜、清关方便、覆盖面广等特点,使其成为跨境电商的主要物流配送模式。

(二)商业快递

商业快递四大巨头,即 UPS、FedEx、DHL 和 TNT 等四个实力强大的跨国快递公司。商业快递优势明显,高效、安全、专业、服务可靠,清关能力较强,能够全程跟踪并提供即时信息服务和门到门服务。商业快递的缺点有清关产品受限,像一些仿牌、含电等特殊类的商品基本不能走快递渠道,因此商业快递在跨境电商物流中只占据很小一部分市场份额,同时价格昂贵始终是它的短板,可供海外消费者选择的快递公司少。

(三)专线物流

专线物流主要有跨境电商平台海外专线和第三方物流企业海外专线两种,大多设置了出口仓库,在仓库完成物品的理、拣、配和包装,采取航空集中托运方式,根据货物流向,统一订购飞机舱位,统一分拣、统一发货,在目的国/地区使用邮政系统投递货物的方式。专线物流主要依托于发件国/地区与收件国/地区的业务量规模,在此前提下,业内使用最普遍的专线物流包括美国专线、西班牙专线、澳大利亚专线、俄罗斯专线、中东专线、南美专线、南非专线等。

(四)海外仓

海外仓即海外建仓,是指在境外独立或合作建设、租赁仓库,货物就近存储,买家线上订购,商家线下从当地仓库发货,通过自营和外包两种形式进行经营管理,满足电商企业的实际需求。货物是在买家下订单之前就已经运往海外仓库的,这样可以避开货物运输的高峰时间,选择成本较低的运输方式,节约了物流成本,而在为买家配送的过程中,快速安全的物流也能够获取买家的满意,从而提升跨境电商企业的竞争力。相对于传统国际物流配送时间长、配送成本高、包裹安全缺陷、商品退换难、海关障碍多等问题,海外仓在很大程度上能够解决上述问题,成为强势发展的物流模式。

(五)其他物流渠道

其他代表性的物流渠道还有电商平台自营物流和仓储集货服务。如亚马逊将自身平台开放给平台上的卖家,将其库存纳入自身全球物流网络,为其提供包括仓储、拣货、打包、配送、收款、客服与退货处理的一条龙式物流服务,从中收取服务费用。仓储集货服务类似邮局的信件处理方式,集腋成裘,当到达同一城市或地区的订单积累到一定量后再集中装运发货,到达目的地分发中心后再各自派送。

每种物流渠道各有利弊,优劣各不相同。邮政小包费用低、手续简便、网络覆盖广、清关能力强,但是速度最慢、风险最高。商业快递的优势和劣势都很明显,速度快、作业规范、物流跟踪能力强,但价格高昂。专线物流经济实惠,价格向邮政小包看齐,速度时效与商业快递相差不大,全程有信息跟踪服务,性价比非常高。海外仓离终端市场最近,交货速度最快,风险最低,费用也较低,能够给市场提供非常丰富的产品,给客户提供最好的售后服务和最佳的购物体验,但目的国/地区的仓储运营成本高、初期投资大。

二、跨境电商物流的特征

随着跨境电商的高速发展,适应跨境电商需求的各种类型的跨境电商物流服务也衍生出来。根据物流功能的不同,我们可以把跨境电商物流划分为很多类型,其中邮政小包、商业快递、专线物流、海外仓是跨境电商企业选择的主要物流类型。区别于传统物流,跨境电商物流强调以下特征。

(一)物流速度反应快速化

跨境电商要求供应链上下游对物流配送需求的反应速度要非常迅速,因此整个跨境电商物流前置时间和配送时间间隔越来越短,商品周转和物流配送时效越来越快。

(二)物流功能的集成化

跨境电商将物流与供应链的各个环节进行集成,包括物流渠道与产品渠道的集成、各种类型的物流渠道之间的集成、物流环节与物流功能的集成等。

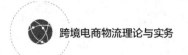

(三)物流作业的规范化

跨境电商物流强调作业流程的标准化,包括物流订单处理模板的选择、物流渠道的管理标准制定等操作,使复杂的物流作业流程变得简单、可量化、可考核。

(四)物流信息的电子化

跨境电商物流强调订单处理、信息处理的系统化和电子化,用 ERP(enterprise resource planning,企业资源计划)信息系统功能完成标准化的物流订单处理和物流仓储管理。通过 ERP 信息系统对物流渠道的成本、时效、安全性进行关键绩效指标考核,以及对物流仓储管理过程中的库存积压、产品延迟到货、物流配送不及时等进行有效的风险控制。

第三节 跨境电商物流优劣势对比

【学习情景】

国洋运通深耕细作,打造企业核心竞争力

深圳市国洋运通国际物流有限公司(简称国洋运通)成立于 2013 年,是深圳市第一批进入跨境电商物流的企业,是跨境电商物流领域最早的一批探索者。经历多年的磨炼和开拓,国洋运通在产品、系统、营销等方面找到了适合自己的方式。

国洋运通

1. 定位产品,提供优质的物流服务

跨境电商物流以"头程运输+清关+配送"模式为主要业务类型,例如,"空+派",即头程空运,抵达目的国/地区后一般采取一般贸易和快件清关两种模式,再使用本地卡车或本土快递送货上门。国洋运通在渠道选择及产品开发上,没有跟随市场大流,没有拼渠道价格,而是结合自身优势,优化渠道,打磨操作流程,培养专业团队,提供更优质的物流服务。

2. 投资百万,研发自有的操作系统

操作系统是跨境电商物流企业至关重要也是无法回避的痛点。物流企业自主研发操作系统的优点是可以更好地适应自身产品的需求,但缺点是研发成本高、周期长。国洋运通坚持投入巨资,全力打造自有操作系统,在梳理、整合资源的基础上,优化整个业务链条,使业务流程更为顺畅、便捷,提高工作效率,最终更好地服务客户。

3. 借力网络,制定专业的解决方案

国洋运通借助线上网络和线下展会,对目标客户进行团队公关,针对客户的需求和痛点,组建专门的项目小组来制定专业的运输解决方案。国洋运通善用互联网思维,将网络融合到跨境电商物流的解决方案中,可达到线上营销、线上订单、线上结算等,可达到每个订单、每个操作环节可视化。

4.坚持原则,确保清关的安全高效

绝大多数的跨境电商物流企业都曾经或正在经历清关带来的痛,国洋运通在清关这一环节上,秉着阳光化、规范化、合法化的服务理念,始终坚持以下四个原则:一是务必要了解清关口岸的规则,不做违法的行为;二是尽可能做预清关,到港后直接缴税、提货;三是使用真实有效的实体公司作为收货人,做到真实交易、有据可查;四是拒绝双清包税。

【学习任务】

认识跨境电商物流发展的机遇与挑战。

【相关知识】

一、跨境电商物流优势分析

近年来,我国跨境电商发展十分迅速。电子商务研究中心的统计数据显示,2017年我国出口跨境电商交易规模为6.3万亿元,同比增长14.5%。其中,出口跨境电商中B2B市场交易规模为5.1万亿元,同比增长13.3%;出口跨境电商网络零售市场交易规模为1.2万亿元,同比增长21.2%。在这个背景下,我国跨境电商物流发展十分迅速,已逐渐积累了开展更大规模跨境电商物流的基础条件。

2013年,中国海关启动跨境贸易电商服务试点,同时明确了跨境电商发展的相关监管措施及政策,提出了一般出口、特殊区域出口、直购进口和网购保税等四种新型海关通关监管模式。跨境电商出口模式的实施能够积极推动我国产品出口的多样化发展,帮助更多小微企业进入跨境电商行列中,由此增加跨境电商物流业务量。

二、跨境电商物流劣势分析

我国跨境电商物流的劣势主要是物流成本较高、配送周期较长以及售后服务有待完善等。首先,物流成本较高。跨境电商物流服务需从国内向国际上进行业务扩展,整个物流业务链条变得更长,涉及的环节也较多,并且在海关检查的环节中,不可控的因素非常多,操作难度较大,最直接的结果就是提高了物流运输成本。其次,物流配送周期较长。在跨境电商物流发展中,物流交期长、时效不稳定严重影响消费者的购物体验。其原因在于跨境电商面临的物流环节更多,其中海关清关和检验检疫的等待时间必不可少,导致跨境电商物流的平均周期通常是国内电商物流平均周期的5倍甚至更多。物流配送周期较长是限制跨境电商物流发展的重要因素之一。最后,物流售后服务有待完善。我国电商在进入欧美等发达国家的市场后,退换货率居高不下,但由于缺乏强大的物流支撑和顺畅的物流通道,退换货变得非常困难,尤其是退换货的物流成本费用过高,甚至出现物流成本超过商品本身价值的情况。因此,我国多数跨境电商物流企业无法满足消费者的退换货要求,这也是售后服务不到位的体现。

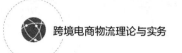

三、跨境电商物流机遇分析

2013年以来,阿里巴巴、京东等国内电商巨头纷纷布局海外市场,积累了相当多的跨境电商运营经验,为跨境电商物流发展提供了很好的机遇。一方面,发达国家跨境电商物流发展经验为我国相关行业的发展提供了有益借鉴。在欧美发达国家,退换货属于一种常见的消费行为,而这一点恰恰是我国跨境电商物流企业不适应之处。随着国外电商物流企业进驻中国市场,他们在解决消费者退换货方面的做法值得我们学习。事实上,国内跨境电商物流企业正在尝试通过海外仓业务模式来解决物流成本高、配送时间无保障、消费者退换货服务不完善等问题,已取得良好效果。

另一方面,鼓励企业"走出去",在"一带一路"国际大通道、沿线中心城市、重点境外经贸合作区大力建设物流中心和保税仓,鼓励企业设立海外仓,补足跨境电商物流仓储短板,降低跨境电商物流成本。支持国内跨境电商物流企业与外资合作,引进先进服务理念,提升服务能力,我国跨境电商物流将越来越成熟。

四、跨境电商物流挑战分析

目前,我国跨境电商物流还存在以下两个方面的挑战。一是国际物流企业所带来的挑战。随着国际物流企业业务扩张和本土化程度加深,国际物流企业已经在中国铺设了庞大的物流网络,发展速度甚至远远超过了绝大多数本土跨境电商物流企业。例如,FedEx已经在中国的220个城市开展业务,是拥有直飞中国航班数目最多的国际快递公司。这些国际物流企业在中国的快速扩张,对国内跨境电商物流行业造成了一定的冲击,不利于本土跨境电商物流企业向外扩张。二是全球贸易摩擦所带来的挑战。受政治因素的影响,贸易摩擦高发成为一种常态,在贸易摩擦下,进出口商品关税的增加和成本的提高将会导致商品市场价格的急剧上升,而根据供求关系,市场价格的上升又会影响消费者对商品的需求量,进而导致跨境电商物流规模缩减,因此我国对外贸易严峻的形势将对我国跨境电商物流的发展产生阻碍。

第四节　跨境电商物流发展方向

【学习情景】

国洋运通布局海外仓储,克服跨境电商物流痛点

随着跨境电商规模的不断壮大,跨境电商物流的供应链问题也不断涌现,其中比较棘手的问题之一,就是如何解决电商海外备货和发货的需求。深圳市国洋运通国际物流有限公司(简称国洋运通)于2015年开始筹备建设海外仓,在欧洲,已有自己的荷兰仓,也有合作的德国仓和英国仓,可以覆盖整个欧洲的货物运输以及FBA退货换业务;在美国,已有两个仓库,分别是位于芝加哥的美东仓库和位于洛杉矶的美西仓库;在日本,有位于千

叶县的船仓和佐仓两大仓库。

随着跨境电商开始以客户满意度为经营重心,对于海外仓来说,提供增值服务势在必行。目前,海外仓退货服务、修理翻新服务、客户服务等增值业务变得越来越重要。国洋运通推出海外仓 B2B/B2C 发货、仓储、产品检测、FBA 退货换标等增值服务。

海外仓 B2B 发货。国洋运通的海外仓可以为客户提供标准 B2B 发货服务,帮助客户发货给亚马逊等平台或公司。

海外仓 B2C 发货。国洋运通的海外仓可以为客户提供标准 B2C 发货服务,帮助客户发货给国外用户。

海外仓仓储。国洋运通的海外仓为客户存放、保管、储存物品,实现客户商品在国外安全可靠地存放。

产品检测等增值服务。国洋运通可以为客户检测产品,并按照客户要求提供增值服务(如更换外包装、电池等),帮助客户对旧的产品进行修复和更新,以便此类产品可以继续流通。

海外仓 FBA 退货换标。由于亚马逊 FBA 仓库的退货地址只支持仓库所在国家,所以对于国内卖家来说 FBA 退货非常不便。国洋运通在各个国家有自己专属的海外仓,为FBA 卖家在当地提供优质高效的退货和换箱贴标服务,并提供多种退运物流方案供客户选择,实现退货再流通以帮助客户减少不必要的费用和损失。

【学习任务】

认识跨境电商物流的发展前景和方向。

【相关知识】

一、建立良性跨境电商物流产业环境

跨境电商物流清关难、退换货难本质上是通关难,而通关难则难在海关管理制度、政策规定以及流程烦琐,为此行业管理部门急需进行政策创新,达到既能有效维护国家利益和海关秩序,又能简化货物进出口通关程序、手续,提高跨境电商物流效率和效益。跨境电商政策具有贸易政策、竞争政策和产业政策等多重属性,建议通过实施多目标协同的跨境电商政策,建设起公平竞争的跨境电商物流市场环境,让跨境电商物流企业充分竞争、优胜劣汰,倒逼企业以市场需求为导向不断创新、优化和完善,形成企业自组织、自适应、自革新成长机制,推动跨境电商物流健康发展。鼓励跨境电商物流企业做强做大,通过竞争、淘汰、兼并、重构等多种方式淘汰散小乱差、无诚信、不规范的企业,改变跨境电商物流行业资源重复配置现象,用市场机制调整跨境电商物流行业资源配置,提高资源配置效率和水平。同时加强对跨境电商物流行业的市场监管,完善相关法律法规,维护跨境电商物流企业、客户等市场主体权益。

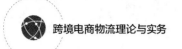

二、创新和丰富跨境电商物流模式

物流联盟为跨境电商物流发展提供了新思路。跨境电商物流联盟,是指为实现比单独从事跨境电商物流业务更高的效率和效益这一战略目标,两家或两家以上的物流相关企业通过协议或契约建立的一种较为稳定的资源共享、互利共赢、优势互补、风险共担的新型物流联盟组织,既包括横向的物流企业协作,也包括供应链上下游节点间的垂直联盟。一方面,该联盟能够基于物流合作节省跨境电商市场交易成本,并将市场与联盟及其企业自身优势结合起来,实现整体效益的最大化,同时提高对多变国际环境的应对能力,降低由此带来的经营风险;另一方面,该联盟有助于破解目前跨境电商物流中环节多、交期长、清关难、成本高等众多难题,改善跨境电商物流格局,提升物流服务水平。

三、设计、优化跨境电商物流服务项目

跨境电商物流远比国内电商物流服务复杂得多,其链条长、难度大、专业性强,需要更多增值服务。跨境电商物流客户希望物流企业能提供其所需要的服务项目,尤其是面对自身不擅长的专业性任务时希望能够"一揽子"外包,然而,受限于自身实力和经济基础,跨境电商物流企业很难提供相关服务。由于各国/地区经济、技术等差异,若要顺利、高效地完成跨境电商物流任务,需要境内、境外等物流各子系统协调同步,需要以多种物流增值服务为支撑,而这些取决于跨境电商物流企业的物流服务项目开发与设计。基于跨境电商物流的复杂性,须考虑多层次、多类型的客户需要,物流服务项目的设计需要满足客户需求的多样性,尤其是针对物流中存在的难点、焦点、热点问题进行整体设计,如解决成本高、交期长、退换货难等可作为服务项目设计的对象。

四、构建全球视野的跨境电商物流体系

跨境电商经营无国界、无地域限制,未来将会覆盖全球范围,跨境电商物流服务对象也将是全球经济体。从长远角度来说,应着眼于建立全球化视野的跨境电商物流体系。然而,构建该跨境电商物流体系将面对范围广、跨度大、难度大、风险高等问题,同时企业自建该跨境电商物流体系的投资大。从资源基础理论角度看,自建行为会造成社会资源配置低效,形成资源不经济,因此可以运用整合思维,整合企业内外、行业内外、国内外物流资源或物流子体系,建立全球视野的跨境电商物流体系,让跨境电商物流不再"散、小、乱、差",助推跨境电商物流产业升级,提高跨境电商物流服务水平。

五、加大跨境电商物流信息化建设

物流"过程黑箱"是跨境电商物流被诟病最多的问题,也是众多问题的起因。鉴于跨境电商物流涉及全球范围,各国/地区经济以及电子商务和物流的技术、管理等差异较大,应因地制宜采取多渠道、多途径、多方法解决物流追踪难问题,特别是对于一些非主流语言国家或者是经济欠发达地区,要寻求物流信息追踪的突破口和新途径。如果不能从技术上解决难题,可考虑将技术与管理创新结合,寻找物流信息追踪的新途径,解决物流信息盲点。跨境电商物流企业也需增强自身物流网络信息化水平,让物流过程透明化,提高

跨境电商物流服务质量,降低货损、丢包、调包以及交期长等问题的概率及风险,减轻退换货难的压力,提升跨境电商物流服务品质。

【知识测试】

1.简述电商物流与跨境电商物流的区别。
2.简述跨境电商物流的主要风险。
3.简述常见的跨境电商物流类型。
4.简述跨境电商物流存在的劣势和挑战。
5.简述跨境电商物流的发展趋势和方向。

【实践操作】

实践项目:完成所在城市跨境电商物流发展现状及对策调研。

实践要求:通过实地调研、资料收集、文献阅读,了解你所在城市跨境电商物流的发展现状,包括相关物流数据、存在的问题和发展对策。

实践形式:学生以小组为单位,建议 3～5 人为一组,分工合作,共同完成调研报告。

第二章

跨境电商物流模式

【学习目标】

✿ 知识目标:

- 了解跨境电商物流的四种模式;
- 熟悉跨境电商物流的运作流程;
- 掌握跨境电商物流的核心节点。

✿ 能力目标:

- 能解读跨境电商物流运作流程;
- 能分析跨境物流对跨境电商的重要性;
- 能结合实际提出跨境电商物流发展对策。

【思维导图】

第一节 跨境电商物流分类

【学习情景】

YDH:买全球、卖全球跨境物流运营商

上海义达国际物流有限公司(简称 YDH)于 2001 年成立,注册资本 1025 万元,总部

设在上海。YDH 为跨境电商平台的外贸进出口商家提供免费上门揽收、进出口通关、跨境干线运输、海外仓储、保税备货、全球落地配送、退换货管理、供应链金融、支付物流等一站式全方位国际运输解决方案，是中国较早经营跨国快递业务的民营企业之一。经过多年耕耘，YDH 已成为集空运、海运、快件、海外仓储为一体的买全球、卖全球跨境物流运营商。

YDH 以上海总部为中心，在广州、深圳、杭州、宁波、义乌等城市设有分公司，拥有日本、美国、欧洲等多个国家/地区通关资质，并获得中国民用航空运输销售代理业务资格认可证书、中国海关监管场所注册企业、上海海关 A 类管理企业、出入境快件运营单位、代理报检企业等多项资质。

针对客户的不同需求，YDH 整合全球末端资源，利用网络、物流、技术和管理优势，拥有两大核心业务板块，即"买全球"（进口直邮）和"卖全球"。其中，"卖全球"包括义速宝、义邮宝、义头程、义仓宝四大明星产品。

义速宝是针对销往日本、英国、法国、德国、意大利、西班牙、美国、加拿大、澳大利亚、俄罗斯、印度等国家的货物推出的一款妥投率高、时效快捷、价格亲民的国际专线产品。该服务由 YDH 自主研发渠道，头程使用上海、广州、武汉、香港等丰富的航班资源，空运直飞至各目的国/地区，并以商业和邮政两种模式清关，末端由本土商业快递公司和本土邮政负责承运派送。

义邮宝是一款平邮小包产品，通过整合各国/地区的优质邮政资源，由海外邮政清关和派送，并提供可追踪和半追踪两种服务，无须收取偏远地区附加费。

义头程是针对销往日本、美国和欧洲等各国/地区产品推出的一种以空派为主、海派为辅的直发海外仓库服务。该服务由 YDH 专为各跨境电商平台卖家量身定制，头程通过空运、海运和铁路至各目的国/地区口岸，并结合通关优势、完善的派送网络等完成最终派送。

义仓宝是一款海外仓服务产品，借助仓库管理系统（WMS）和运输管理系统（TMS），由 YDH 完成入库质检、货物上架、库存管理、订单分拣、代加包装、贴标换标、常规维修、退换货、重新上货或重派等服务，轻松实现一站式物流仓储服务。

秉承"安全、快捷、准确、专业"的服务宗旨，YDH 为客户提供全方位国际运输解决方案，专业、快捷、优质的国际快递和跨境物流服务，以及与供应链相关的增值服务。

YDH

【学习任务】

认识跨境电商物流的四种模式。

【相关知识】

一、邮政包裹物流模式

近代邮政起源于英国。1635 年，英国建立了国家邮政系统，最初，邮政主要为英国皇家提供服务,后来,信函市场需求量急剧扩张,其业务才转向民间企业和私人,并逐步扩展到国际邮政业务。1840 年,英国把重量较轻的国内信函邮资确定为 1 便士,以维多利亚女王肖像作为标志,采用黑色油墨印制了世界上第一枚邮票,后世广为流传,称其为"黑便士"。随即,140 多个国家/地区纷纷效仿英国发行邮票,掀起了轰轰烈烈的世界邮政革命。邮政系统大多由国家主办,通过市场运营适当收费,国家财政弥补其资金不足,带有明显的公益性特征,国家邮票制度改革是近代邮政公共事业化的主要标志。

随着国际商务的日益繁荣,国际信函数量与日俱增,国家与国家之间的信函交换系统由于缺乏统一标准而无法适应当时飞速发展的国际贸易。1874 年 10 月 9 日,美国、德国、法国、英国等 22 个国家在瑞士首都伯尔尼签订《伯尔尼条约》,成立"邮政总联盟",其宗旨是促进国际邮政业务便利化,解决国际邮资纠纷,向成员提供邮政技术支持。1878年,"邮政总联盟"更名为"万国邮政联盟"。

邮政网络基本覆盖全球,比其他任何物流企业的渠道都要广。这主要得益于万国邮政联盟和卡哈拉邮政组织(Kahala Post Group,KPG)。万国邮政联盟由于成员众多,而且成员之间的邮政系统发展很不平衡,因此很难促成成员之间的深度邮政合作。于是在2002 年,邮政系统相对发达的 5 个国家(中国、美国、日本、澳大利亚、韩国)的邮政部门在美国召开了邮政 CEO 峰会,并成立了卡哈拉邮政组织,后来西班牙和英国也加入了该组织。卡哈拉邮政组织要求所有成员之间的投递时限要达到 98% 的质量标准。如果货物没能在指定日期投递给收件人,那么负责投递的运营商要按货物价格的 100% 赔付客户。这些严格的要求促使成员之间深化合作,努力提升服务水平。

据不完全统计,中国出口跨境电商 70% 的包裹都是通过邮政系统投递的,其中中国邮政占据 50% 左右。中国邮政旗下一般适用出口电商的国际物流服务包括大包、小包,其中邮政小包因其时效快、价格低的综合特质而使用最为广泛。除了中国邮政之外,通过货运代理走新加坡邮政等渠道也是国内商家的重要选择。因此,目前跨境电商物流还是以邮政的发货渠道为主。

虽然邮政的渠道比较多,但是也很杂乱。商家在选择邮政包裹发货的同时,必须注意出货口岸、时效、稳定性等因素。例如,从中国通过 e 邮宝发往美国的包裹,一般需要 15日才可以到达。

二、国际商业快递物流模式

国际商业快递物流模式是指在两个或两个以上国家/地区之间所进行的快递、物流业务。当前在国际商业快递行业中成绩卓著的主要是四大巨头:美国联合包裹运送服务公司(UPS)、美国联邦快递公司(FedEx)、德国敦豪快件服务公司(DHL)、荷兰天地快运公司(TNT)等。中国知名的快递公司也正在拓展国际快递业务,包括 EMS、顺丰速运和"三通一达"等。在跨境物流方面,"三通一达"中的申通和圆通布局较早,美国申通在 2014 年3 月上线,圆通与 CJ 大韩通运合作是在 2014 年 4 月,而中通和韵达则是 2015 年开始启动跨境物流业务。顺丰速运的国际化业务则要成熟些,目前已经开通到美国、澳大利亚、韩国、日本、新加坡、马来西亚、泰国、越南等国家的快递服务。EMS 的国际化业务是较完善的,依托邮政渠道,EMS 可以直达全球 60 多个国家/地区。

国际商业快递具有时效性高、丢包率低、可追溯查询等优点,且其全球网络较完善,能够实现报关、报检、保险等辅助业务，支持货物包装与仓储等服务，可以实现门到门服务以及货物跟踪服务。但是，国际商业快递的价格偏高，尤其在一些国家或偏远地区收取的附加费更是惊人。国际商业快递也会遭遇一些国家/地区的限定，尤其针对货物类型方面。如在美国，新鲜/罐装的肉类与肉制品、植物种子、蔬菜、水果、非罐装或腌熏之鱼类及鱼子等货物被列入国际商业快递的禁运目录。

三、专线物流模式

专线物流是指通过搭乘国际"班轮""班机""班列"，将客户所订货物运送至目的国/地区。其优势在于能够集中大批量到某一特定国家/地区的货物，通过规模效应降低物流成本。因此，跨境专线物流一般价格比较优惠，时效上普遍低于国际快递、高于邮政包裹。目前，一些跨境电商平台与第三方物流企业积极拓展海外专线业务。市面上较普遍的专线物流产品是美国专线、欧美专线、澳大利亚专线、俄罗斯专线等，也有不少物流公司推出了中东专线、南美专线、南非专线等。

四、海外仓物流模式

海外仓储服务是指由网络外贸交易平台、物流服务商独立或共同为商家在销售目的地提供的货品仓储、分拣、包装、派送的一站式控制与管理服务。商家将货物存储到当地仓库，在买家有需求时，第一时间做出快速响应，及时进行货物的分拣、包装以及速递。整个流程包括头程运输、仓储管理和本地配送三个部分。

头程运输：中国商家通过海运、空运、陆运或者联运将商品运送至海外仓库。

仓储管理：中国商家通过物流信息系统，远程操作海外仓储货物，实时管理库存。

本地配送：海外仓储中心根据订单信息，通过当地邮政或快递将商品配送给客户。

海外仓模式的好处在于，能从买家所在国发货，从而缩短订单周期，完善客户体验，提升重复购买率。再结合海外仓库当地的物流特点，可以确保货物安全、准确、及时地到达终端买家手中。然而，不是任何产品都适合使用海外仓，库存周转快的热销单品适合此模式，否则极容易压货。同时，海外仓模式对商家在供应链管理、库存管控、动销管理等方面提出了更高要求。

第二节　跨境电商物流运作流程

【学习情景】

务实经营，YDH 致力于中日专线

上海义达国际物流有限公司（YDH）自成立起即专注于中日专线，现在具有成熟的中日专线快递经验，拥有日本独立保税仓库，且具备日本东京、大阪口岸自主清关资质。YDH 的"日本出口快递服务"提供中国全境取件，通过华东、华南口岸出口至日本，在东

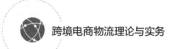

京、大阪进行清关,利用日本国内网络派送至日本全境。使用 YDH 的"日本出口快递服务",快件仅需 1～2 个工作日便可送达日本大部分区域,在东京和大阪更可做到隔日送达。YDH 在日本东京和大阪设有自己的分支机构和转运中心,确保快件能够安全且快速抵达日本的任何地区。

YDH 提供出口商业快件、义云宝和义达宝三类日本出口快递服务。出口商业快件(B2B 快件):日本全境 24～48 小时送达服务,该线路的特点是精选航线、高效清关、速度优先。义云宝(B2C 小包):中国境内直发,48 小时客户送达服务,该线路的特点是操作灵活简便、时效内可覆盖日本大多数地区。义达宝:中国境内直发,48～72 小时送达签收,该线路的特点是价格优惠。

在日本,YDH 提供指定日快递服务、休息日特派服务和限时特派服务三类增值服务。指定日快递服务是指 YDH 根据客户的需求,在指定的日期内将快件送达客户指定的配送地点。休息日特派服务是指客户的快件抵达日本完成清关后,时间有时会正处在休息日,休息日不进行派送,若客户急需该快件,YDH 会在休息日进行配送,但是此服务需提前预约。限时特派服务是指 YDH 根据客户的要求,在当日指定时间将快件送达客户的指定地点。

【学习任务】

熟悉跨境电商物流的运作流程。

【相关知识】

跨境电商物流实现了商品从卖家流向买家,借助各种运输方式,实现了商品的跨境空间位移,也包括最后一个环节,即配送。跨境电商物流是跨境电子商务生态系统的一个重要环节,也是跨境电子商务交易实现的重要保障。不同的跨境电商模式又产生了不同的跨境电商物流运作流程。从整体上看,跨境电商物流的运作流程表现为当卖家接到订单后,安排相应的物流企业,进行输出地海关与商检、国际货运、输入地海关与商检等活动,随后进入输入地物流,直到商品配送到买家手中。

无论是跨境出口电商业务,还是跨境进口电商业务,按照商品流动方向看,都会涉及输出、国际运输与输入环节。因此,跨境电商物流运作流程又细分为输出地物流运作流程、国际段物流运作流程和输入地物流运作流程,各物流环节都具有各自的运作流程与核心节点。

一、输出地物流运作流程

根据跨境商品流动方向,首先涉及输出地物流环节,主要从供应商到跨境电商企业再到海关组织,如图 2-1 所示。其中,关键节点表现为供应商的仓储环节,商品从供应商到跨境电商企业的物流运输环节,跨境电商企业所属的仓储与分拣环节,商品从跨境电商企业到海关分拣中心的物流运输环节,商品在海关的报关与报检环节,以及商品在海关分拣中心的分拣环节等。跨境电商物流与国内电商物流最大的区别在于跨境,成交商品需要通过海关进出境,商品进出境的方式决定了跨境物流的运作方式和复杂程度。

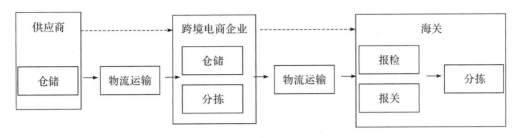

图 2-1　输出地物流运作流程

二、国际段物流运作流程

商品完成输出地物流运作环节后,会通过海路、陆路或机场口岸出境,然后进入国际段物流运作环节。根据跨境商品交易涉及国家的不同,国际段物流运作会涉及不同的运输方式,主要有航海运输、航空运输、公路运输、铁路运输,抑或国际多式联运等。当商品通过国际运输抵达输入地海关时,跨境电商企业还需要进行商品的报关与报检工作,以便商品能够通过输入地海关,如图 2-2 所示。

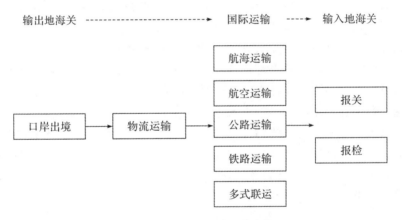

图 2-2　国际段物流运作流程

三、输入地物流运作流程

商品通过输入地海关后,会在海关分拣中心先进行商品分拣,再运输到输入地物流承运企业的仓储中心,然后根据购买商品的消费者具体所在地进行分拣、物流运输等。与国内电商物流运作流程相似,跨境电商物流也有配送环节,将商品运送到消费者手中,从而完成跨境电商物流所有运作流程。这些物流运作均在消费者所在国境内实现并完成,相对于跨境电商企业所在国而言,该部分也称为输入地物流,如图 2-3 所示。

图 2-3　输入国物流运作流程

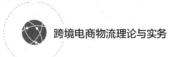

第三节　跨境电商物流企业类型

【学习情景】

境内＋境外，YDH 进军跨境电商物流市场

上海义达国际物流有限公司（YDH）在国际快递领域积累了多年服务经验，采用全新的业务管理方案，依托全自主的快递操作平台及良好的海关信誉，致力于不断地满足数万家大中小企业不断增长的业务需求，为客户提供各种国际运输解决方案及专业化的、快捷的、门到门的、优质的国际快递和国际物流服务以及与供应链相关的增值服务。

2011 年，YDH 先后多次斥资收购、合并联营多家国内网络物流、快递公司，构筑中国境内的物流网络平台。YDH 以代理加盟的形式迅速整合各项资源，营业网点在短时间内覆盖沿海地区并深入内陆，西达安徽、南至香港、北接青岛、东连上海，充分贯彻"以上海为龙头、江浙为两翼，向全国重点城市挺进"的发展思路。

2014 年，YDH 在掌握越来越多行业资源与合作伙伴的基础上，提出"第三方物流解决专家"的行业角色定位，更加深入地为客户量身定制多样化的物流解决方案，为客户与合作伙伴打造跨境及国内业务价值链上的完美通道。

2018 年，YDH 搭上跨境电商高速发展的快车，进军跨境电商物流市场。作为产品开发元年，YDH 相继开通英、法、德、意、西、美、加、澳等国家的自主专线及平邮线路，成立了美国分公司，完成了直营分公司团队建设，实现业绩突破性增长。未来，YDH 将陆续开通东南亚、中东、非洲等航线，并对现有产品系统进行优化升级，力争成为专业、快捷、优质的跨境电商物流服务商。

【学习任务】

认识跨境电商物流企业的主要类型。

【相关知识】

一、跨境电商物流企业主要类型

在跨境电商物流发展的成长初期，对于涉猎跨境电商物流业务范畴的物流企业来说，不仅扩大了企业的业务范围，提升了企业对潜在市场的占有率，同时也刺激了跨境电商物流市场的发展。尽管跨境电商物流发展相对较晚，但其企业类型并不是杂乱无章的，而是根据电商交易的发展进行区分的，现将其归纳如下。

（1）传统零售企业通过发展跨境电商业务，自有的业务量足以支撑跨境物流的需求，纷纷成立跨境物流网络,代表企业有沃尔玛、家得宝、Cdiscount 等。

（2）传统交通运输业、邮政业的企业顺应跨境电商市场的需求,纷纷增加跨境物流业务,代表企业有中远、中集、马士基、万国邮政联盟等。

（3）大型制造企业或传统行业的大型企业凭借原有的物流资源,一般隶属于集团的物流公司或物流职能部门,伴随自身跨境电商市场的扩张,开始涉足跨境物流业务,代表企业有海尔物流、安得物流等。

（4）传统电商企业随着跨境电商业务的扩张,刺激了跨境物流的需求,在国内市场自建了物流体系,并尝到自建物流带来的优势,随之将其扩散到跨境物流市场,自建跨境物流网络,代表企业有京东物流、阿里巴巴菜鸟网络、兰亭集势兰亭智通、亚马逊物流等。

（5）传统快递企业不愿错失跨境物流市场,纷纷介入跨境物流业务,代表企业有UPS、FedEx、顺丰速运、申通快递、驿马快递（Pony Express）等。

（6）新兴的跨境物流企业,成立之初就专注于跨境物流市场,代表企业有俄速通、俄罗斯物流公司 SPSR、巴西物流公司 Intelipost、巴西物流公司 Loggi、递四方速递、出口易等。

二、典型跨境电商物流企业

（一）出口易

1. 基本概况

出口易是一家隶属于广州市贝法易信息科技有限公司旗下,以全球仓储为核心,整合全球物流网络资源,为跨境电商卖家提供海外仓储、FBA 头程、国际专线、国际小包、国际快递等跨境物流服务以及本地化售前售后服务,解决订单管理、金融融资等难题,打造值得信赖的跨境电商全程物流解决方案提供商。

出口易

自 2003 年成立起,从通过 eBay 平台开展跨国 B2C 业务,到建立英国仓、美国仓和澳大利亚仓等海外仓扩大跨国 B2C 业务,再到海外仓的升级,出口易逐渐成为亚马逊（Amazon）、Wish、全球速卖通（AliExpress）、京东（JD）、虾皮（Shopee）等平台认可并着重推荐的海外仓储和配送服务公司。截至 2016 年底,出口易已在英国、美国、德国、澳大利亚、加拿大五大主流外贸市场设置海外自营仓储物流中心;在香港、广州、深圳、上海等国内城市设有处理中心;从自主开通中英、中美、中德、中澳等多条国际专线服务以来,其业务亦逐步覆盖全球。

2. 主要跨境电商物流运作模式

（1）自建海外仓储模式。目前,出口易的海外仓储中心和物流线路网络已占领欧美等主要的国际市场,其营业收入也呈递增式增加。出口易海外仓储中心的主要服务对象是各跨境电商平台上的销售企业,同时方便企业能够提前将货物存放在目标市场的仓库中。通常条件下,出口易能够利用自身信息系统和数据库来帮助相关合作企业进行需求数据分析,根据不同类别的商品历史销售情况并结合目标市场的经济情况,预估下一周期各类商品的需求数量,再提前一个月左右的时间由出口易通过海、陆、航等运输方式将这些商品运送到其遍布在全球的海外仓库中。当客户通过跨境电商平台下单之后,商品就能够从出口易在目标市场提前存放的货物中直接进行发货配送,并通过本土化物流配送在相对较短的时间内把货物送至终端消费者手上。

（2）国际专线物流模式。目前,出口易已经拥有英国专线、美国专线、德国专线、欧陆通专线、澳大利亚快线、俄罗斯专线、美国专线平邮、法国专线平邮、意大利专线平邮等9条线路。专线物流的具体操作方式:海外买家购买商品之后,卖家在出口易系统建立发货订单,打包、贴标、发货,再到海外买家收货。出口易首创国际专线物流模式,头程使用航空运输,可控性强,极大地缩短了整体派送时间,且支持退换货服务,而且拥有配套的供应链金融、保险、结汇等服务。

（3）邮政包裹和国际商业快递模式。出口易没有独有的物流运输设备,拖车、拼箱等环节均外包给货代公司,出口报关外包给代理公司,海外当地配送交给当地的物流配送公司,通过一系列的资源整合来完成相应的跨境物流服务。除商品存储是由出口易自建的海外仓库来完成之外,其他的环节都不能够通过自有的物流体系来完成,而需要通过对外部资源的整合完成,其中主要包括货代、国际运输、进出口代理报关、境内的本土第三方物流以及便利店等配送终端。

（4）定制物流方案以及亚马逊物流解决方案。定制物流方案是指出口易根据不同客户的需求来制定全程物流方案,帮助客户选择成本与效率的最优方案组合,同时还能够提供出口退税、运输保险、共享库存、退换货管理、网络营销等方面的相关增值服务。

亚马逊物流解决方案是指出口易以亚马逊商家的物流诉求为出发点,整合其自身的全球仓储网络系统以及物流优势,为商家提供专业化的FBA头程和商家自发物流服务,同时,提供多样化的增值服务,以解决商家遇到的类似订单管理和融资困难等难题。

（二）递四方速递

1. 基本概况

递四方速递(4PX Express)是一家致力于为跨境电商提供全球物流和全球仓储领先服务的专业物流方案提供商。公司旗下拥有3大类、50余种物流产品和服务,全面覆盖物流、仓储服务,并能提供反向物流解决方案,能够满足不同类型和不同规模跨境电商的需求。递四方速递的核心产品包括全球仓储及订单履约服务(FB4)、全球小包专线服务(联邮通)、全球速递专线服务、全球退货服务(GRS)以及面向海淘消费者的全球集货转运服务等。2016年,递四方速递获得阿里巴巴集团旗下菜鸟网络投资,成为阿里巴巴集团实现"买全球、卖全球"战略的核心物流伙伴。

递四方速递

2. 主要跨境电商物流运作模式

（1）海外仓储模式。4PX目前已经在美国、英国、德国、日本、澳大利亚、西班牙等国家拥有10多个海外仓库,尽管其海外仓库数量相对较少,但是在物流运作模式上4PX采用先进的仓库管理系统(WMS)为商家量身定做集采购、仓储、订单、库存和物流配送管理于一体的仓储外包服务。跨境电商企业只要把商品寄存在4PX分布在全球的仓库,由4PX完成包括入库质检、货物上架、库存管理、订单接收、订单分拣、订单复核和多渠道发货等全部环节的物流操作,轻松让跨境电商企业实现一站式的物流仓储服务。同时,4PX利用其海外仓库及全球物流网络系统,建立自有的全球退货服务功能,帮助商家实现对退货的准确度和高效管理,较大幅度地降低营运成本,进而提高国际销售的综合竞争力。

（2）国际商业快递和国际邮政小包模式。4PX 通过资源整合的方式与诸如 DHL、FedEx、UPS 等国际快递公司以及诸如新加坡邮政、中国邮政等国际邮政公司合作,以实现完整物流配送的模式。4PX 的邮政小包是针对小件物品而设计的空邮产品,其运输时效短但是成本相对较高。

（3）集货转运模式。4PX 利用自身的海外优势资源,将同一个国家/地区的货物集中运往海外,再由 4PX 在当地的代理商负责将货物转运至该国家/地区的各地点,利用当地的邮政和快递网络实现消费国/地区的本土化派送服务。其头程运输主要是运用国际空运模式,与传统的集货转运模式相比,大大提升了其配送时效性,而且其本土配送速度也基本稳定在 4~10 个工作日内,这对提升跨境电商卖家竞争优势有很大的帮助。

4PX 在逐步提升其跨境电商物流运作模式的同时,也开始涉足金融行业,其目前涉及的金融增值服务也仅仅是保险服务和保价服务。

第四节　跨境电商物流核心节点

【学习情景】

从中国到英国可查询邮政小包解决方案——YDH 英国电商小包

英国电商小包是上海义达国际物流有限公司（YDH）整合空运和英国皇家邮政开发的 DDP（delivered duty paid,完税后交货）快递服务,是针对销往英国货物推出的一款妥投率高、时效快捷、价格实惠的优质渠道。该服务目前仅支持申报价值 15 英镑以下的免税货物,在当地清关完成后,直接交由英国皇家邮政派送到目的地收件人手中,全程仅需 5~8 个工作日,支持端到端查询,具体操作流程如图 2-4 所示。

（1）客户生成订单,打印标签并生成预报,信息传输至 YDH 的订单管理系统;

（2）客户发件或 YDH 上门揽收,所有包裹均使用统一标识的标签;

（3）YDH 营业部收到包裹,按照单件进行扫描、称重等处理;

（4）YDH 安排进行中转运输及出口报关;

（5）包裹转运至 YDH 伦敦清关处理中心,进行商业清关;

（6）清关完成后由英国皇家邮政在 48 小时内进行终端投递;

（7）单件包裹签收确认,同时客户可在 17TRACK 和 Trackingmore 上全程查询中国至英国的物流信息。

图 2-4　英国电商小包标准操作流程

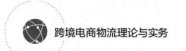
该服务需要客户在发货前确保所发包裹符合中国出口禁限运品规定、航空运输禁品规定,以及英国当地禁止、限制投递物品之相关规定。此外,该服务的退返件处理包括国内退件和国际退件。国内退件:包裹到达 YDH 口岸处理中心但未操作前需要退返的,YDH 将选择国内快递到付方式退回至客户指定地址;一旦操作将不支持国内退件。国际退件:由于收件人拒收、地址错误、收件人搬迁等不可控原因造成的退件,将会退运至英国退货仓;如果不需要退返,YDH 将作为弃件处理;如果需要退返,客户需要承担相应的运费和税费。

【学习任务】

掌握跨境电商物流的核心环节。

【相关知识】

从纵向角度上来说,跨境电商物流是一条完整的供应链,涉及物品的采购、入库、仓储保管、包装运输,到物品的配送、中转等环节,中间还有支付、报关、商检、售后物流等,形成了相当完整的跨境物流网络体系;从横向发展上来说,跨境电商物流包括卖家所在地的物流、出境海关和商检、国际物流、入境海关和商检、买家所在地的物流、配送等环节。

一、集货

集货是指企业将分散的、小批量的货物集中在一起,经过集货中心处理,将原来不容易进行批量运输的货物,形成批量运输的起点,从而实现大批量、高效率、低成本、高速度的快递运作。因此,集货是运输和配送的基础工作。

二、仓储

狭义的仓储可以描述为静态仓储,是指在仓库等相关场所实现对各种物品的储存与保管,可形象地比喻为储存水的水池。广义的仓储除了具备最基本的物品保管和储存功能外,还包括物品在仓库期间的分拣组合、装卸搬运、流通加工等各项增值服务,是一种过程性的动态仓储,可形象地比喻为流动的江河。

仓储不仅仅是为了满足货主继续运输的需要,而且还对货主在生产、交换、流通、消费等各个物流环节中产生作用。高质量、高效率的仓储对保障跨境电商物流的质量和效率起着至关重要的作用。

三、分拣

分拣是将物品按品种、出入库先后顺序进行分门别类地堆放的作业。分拣是完善送货、支持送货的准备性工作,是不同配送企业在送货时提高自身经济效益的必然延伸,有配送分拣和寄递分拣两种形式。

（一）配送分拣

配送分拣是指物流配送中心依据顾客的订单要求或配送计划，迅速、准确地将商品从其储位或其他区位拣取出来，并按一定的方式进行分类、集中的作业过程。配送分拣通常有订单别拣取、批量拣取及复合拣取三种方式。

（1）订单别拣取。订单别拣取是针对每一份订单，分拣人员按照订单所列商品及数量，将商品从储存区域或分拣区域拣取出来，然后集中在一起的拣货方式。其特点是作业方法简单，接到订单可立即拣货，作业前置时间短，作业人员责任明确，但是当商品品项较多时，拣货行走路径加长，拣取效率较低。

（2）批量拣取。批量拣取是将多张订单集合成一批，按照商品品种类别加总后再进行拣货，然后依据不同客户或不同订单分类集中的拣货方式。其特点是缩短拣取商品时的行走时间，增加单位时间的拣货量，但是需要订单累积到一定数量时，才做一次性的处理，会有停滞时间产生。

（3）复合拣取。复合拣取克服了订单别拣取和批量拣取方式的缺点，即根据订单的品种、数量及出库频率，确定哪些订单适用于订单别拣取，哪些订单适用于批量拣取，分别采取不同的拣货方式。

（二）寄递分拣

寄递分拣是邮政企业与快递企业在邮件（快件）内部处理过程中的一道重要工序，即分拣人员根据邮件（快件）封面上所书写的地址，按本企业内部自我编列的分拣路由（即路向），逐件分入相关格口或码堆的过程。

四、通关

通关即结关、清关，是指进出口货物和转运货物，进出入一国海关关境或国境必须办理的海关规定手续。只有在办理海关申报、查验、征税、放行等手续后，货物才能放行，放行完毕称为通关。同样，载运进出口货物的各种运输工具进出境或转运，也均需向海关申报，办理海关手续，得到海关的放行许可。货物在结关期间，不论是进口、出口或转运，都是处在海关监管之下，不准自由流通。

跨境电商通关流程主要分为传统邮递商品和快件的流程、基于海关联网平台的通关流程两种，而当前我国跨境电商呈现出多边化、小批量、高频率、数字化等特征，B2C、B2B2C甚至C2C模式在我国跨境电商业务中的比例逐渐提高并发展成为主流。在此背景下，基于海关联网平台的通关流程逐渐成为当前的主要流程。通关流程可以分为两个阶段：第一个阶段是报关前阶段，第二个阶段则是正式报关阶段。以当前普遍的进口商品通关为例：

在报关前，进行跨境电商商务活动的跨境电商企业都需要事前备案，即将企业信息和商品信息进行备案，当消费者在平台上下单并支付时，跨境电商企业和支付企业需要分别把订单信息、订单支付信息发送至服务平台进行申报，而跨境物流企业则需要根据订单安排物流。若采取集装箱运输，则跨境物流企业需要把相应的舱单信息发送至服务平台进行申报。服务平台在收集到三方信息后自动生成清单供具有报关报检资质的企业进行通关申报。

在正式报关时,由具有报关报检资质的企业根据实际情况提供表 2-1 中所提及的单据来办理申报手续,若是个人报关,则按照进出境个人邮寄物流有关规定办理征免税手续。当货物抵达海关处,则由海关对货物进行查验,看实际通关货物与单据是否一致,若无问题海关则放行货物,最终货物由跨境电商企业所委托的目的国/地区的物流方对商品进行终端运输,最终交付至消费者手上。

表 2-1 我国跨境电商不同的通关程序

对照项目	1210	9610	9710	9810
名称对比	保税跨境贸易电子商务	跨境电子商务零售一般进出口	跨境电子商务企业对企业直接出口	跨境电子商务出口海外仓
适用范围	电子商务零售出境商品(限特殊监管区域及保税物流中心)	电子商务零售进出境商品	电子商务 B2B 进出境商品	电子商务 B2B2C 进出境商品
适用主体	1.电子商务平台企业; 2.消费者(订购人); 3.特殊区域或场所内的跨境贸易电子商务经营企业; 4.支付企业; 5.物流企业	1.电子商务平台企业; 2.消费者(订购人); 3.支付企业; 4.物流企业	1.电子商务平台企业; 2.跨境电商企业; 3.物流企业等	1.电子商务平台企业; 2.物流企业; 3.开展出口海外仓业务的跨境电商企业等
企业备案	适用主体向所在地海关办理注册登记	适用主体向所在地海关办理注册登记	适用主体向所在地海关办理注册登记	1.适用主体向所在地海关办理注册登记; 2.向海关开展出口海外仓业务模式备案
出口申报	1.按一般贸易报关进入海关特殊监管区域; 2.按 1210 方式出去	1.三单校验、清单核放、汇总统计; 2.三单校验、清单核放、汇总申报	1.传输交易订单信息; 2.清单或报关单申报	1.传输交易订单信息; 2.校验跨境电商出口海外仓企业信息表; 3.清单或报关单申报
通关管理	清单核放,转关出口	清单核放,转关出口	1.报关单模式下适用,全国通关一体化或转关模式出口; 2.清单模式下转关出口	与 9710 一致
退货监管		出口商品 1 年内退运进境		1.1 年内退运进境; 2.以企业和商品为单元建立底账数据; 3.退货申报、总量控制

由进口跨境电商通关流程不难看出,第三方综合服务平台承担着信息收集、数据交换、通关服务等综合功能,随着跨境电商的发展,目前已经出现了个别具有更多元化功能的综合服务平台,如部分物流企业在承担境外、境内物流的同时,还具有报关报检、缴纳税

款等功能。

五、国际运输

国际运输指用一种或多种运输工具,把货物从一个国家/地区的某一地点运到另一个国家/地区的某一地点的运输。国际运输的方式很多,包括国际陆路(公路、铁路)运输、国际海洋运输、国际航空运输或是多式联运等。

(一)国际公路运输

国际公路运输是主要使用汽车,也使用其他车辆(如畜力车)在公路上进行国际货物运输的一种运输方式。公路运输主要承担近距离、小批量的货运,水路、铁路运输难以到达地区的长途、大批量货运,以及水路、铁路运输优势难以发挥的短途运输。由于公路运输有很强的灵活性,近年来,在有铁路、水路运输的地区,较长距离的大批量运输也开始使用公路运输。公路运输的主要优点是灵活性强,公路建设期短,投资较低,易于因地制宜,对收到站的设施要求不高。它可以采取门到门的运输形式,即从发货者门口直到收货者门口,而不需转运或反复装卸搬运。公路运输也可作为其他运输方式的衔接手段。

在跨境电商活动中,国际公路运输主要在陆路相接的国家之间使用。例如,龙瑞高速公路已成为中缅两国之间的跨境电商物流运输的主要通道。

(二)国际铁路运输

国际铁路运输是使用国际铁路运输专列运送国际货物的一种运输方式。铁路运输主要承担长距离、大批量的货运。在没有水运条件的地区,几乎所有大批量货物都是依靠铁路运输的,它是干线运输中的主力运输形式。

在国际货物运输中,铁路运输是仅次于海洋运输的主要运输方式。海洋运输的进出口货物,也大多是靠铁路运输进行货物的集中和分散。铁路运输有许多优点,一般不受气候条件的影响,可保障全年的正常运输,而且运量较大,速度较快,有高度的连续性,运转过程中发生风险的可能性也较小。铁路运输手续的办理过程比海洋运输简单,而且铁路运输的发货人和收货人可以在就近的始发站(装运站)和目的站办理托运和提货手续。它的主要缺点是灵活性差,只能在固定线路上实现运输,需要其他运输手段的配合和衔接。

(三)国际海洋运输

国际海洋运输属于水路运输的一种,是使用船舶运送货物的一种运输方式,是在国际货物运输中运用最广泛的运输方式。目前,海运量在国际货物运输总量中占80%以上。

1. 优势

海洋运输之所以被如此广泛采用,是因为它与其他国际货物运输方式相比,主要有下列明显的优势。

(1)运输量大。国际货物运输是在全世界范围内进行的商品交换,地理位置和地理条件决定了海洋货物运输是国际货物运输的主要手段。因为船舶向大型化发展,使其载运能力远远大于火车、汽车和飞机,成为运输能力最大的运输工具。

(2)通过能力大。海洋运输利用天然航道四通八达的优势,不像火车、汽车要受轨道和道路的限制,因而其通过能力要优于其他运输方式。如果因政治、经济、军事等条件的

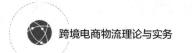

变化,还可随时改变航线驶往有利于装卸的目的港。

(3)运费低。船舶的航道多为天然构成,加上船舶运量大、港口设备一般均为政府修建、船舶经久耐用且节省燃料等特点,使得货物的单位运输成本相对低廉。

(4)对货物的适应性强。海洋运输基本上适应绝大多数货物的运输,如石油井台、火车、机车车辆等超重大货物,其他运输方式无法装运的,船舶一般都可以装运。

2. 劣势

在跨境电商物流运输中,海洋运输也有其劣势。

(1)运输的速度慢。由于船舶体积大、水流阻力大,加之装卸时间长等各种因素的影响,其货物的运输速度比其他运输方式慢,较快的班轮航行速度也仅为48千米/时左右。

(2)风险较大。船舶在海上航行时受自然气候和季节的影响较大,海洋环境复杂,气象多变,随时都有遇上狂风、巨浪、暴风、雷电、海啸等人力难以抗衡的海洋自然灾害袭击的可能,遇险的可能性比陆地、沿海要大。同时,海洋运输还存在着社会风险,如战争、罢工、贸易禁运等。为减少损失,企业应为海洋运输的货物、船舶购买保险。

(四)国际航空运输

国际航空运输是使用飞机或其他航空器进行国际货物运输的一种运输方式。航空运输的单位成本很高,因此,适合该方式运载的货物主要有两类:一类是价值高、运费承担能力很强的货物,如贵重设备的零部件、高档产品等;另一类是紧急需要的物资,如救灾抢险物资、易贬值或时效性较高的物资,如商业文件、手机、计算机以及疫苗等。

航空运输的主要优点是速度快,不受地形的限制。在火车、汽车都无法到达的国家/地区也可依靠航空运输,因而有其重要意义。在B2C跨境电商物流运输中,航空运输是非常重要且常用的一种运输方式。

(五)管道运输

管道运输是利用管道输送气体、液体和粉状固体的一种运输方式。其运输形式是靠物体在管道内顺着压力方向循序移动来实现的。和其他运输方式的重要区别在于,管道设备是静止不动的。

管道运输的主要优点是,由于采用密封设备,在运输过程中可避免物体散失、丢失等,也不存在其他运输设备本身在运输过程中消耗动力所形成的无效运输问题。另外,管道运输的运输量大,适合于大且连续不断运送的物资。

由于管道运输的物资多为石油等特殊物资,故在跨境电商物流运输中,它不属于主要运输方式,本章不再详细论述。

(六)集装箱运输和国际多式联运

1. 集装箱运输

集装箱运输是以集装箱作为运输单位进行货物运输的一种现代化的先进运输方式,它适用于海洋运输、铁路运输及国际多式联运等。

2. 国际多式联运

国际多式联运是在集装箱运输的基础上产生和发展起来的一种综合性的连贯运输方式,一般以集装箱为媒介,把海、陆、空各种传统的单一运输方式有机地结合起来,组成一种国际的连贯运输。

目前国际上采用的多式联运有下列几种。

(1)公铁联运。公铁联运是指由公路运输与铁路运输组成的一种新的联合运输方式。最著名的和使用最广泛的多式联运系统是将卡车拖车或集装箱装在铁路平板车上的公铁联运或驮背式运输。由铁路完成城市间的长途运输,余下的城市间的运输由卡车来完成,这种运输方式非常适合城市间物品的配送。若配送中心或供应商在另一个比较远的城市,可以采用这种运输方式,实现无中间环节的一次运输作业完成运输任务。

(2)陆海联运。陆海联运是指由陆路运输与海洋运输一起组成的一种新的联合运输方式。这也是我国近年来采用的运输新方式。它先由内陆起运地把货物用火车装运至海港,然后由海港代理机构联系第二程的船舶,将货物转运到目的国/地区。货物发运后,内陆有关公司可凭联运单据就地办理结汇。

(3)陆空(海空)联运。陆空(海空)联运是指由陆(或海)路运输与航空运输组成的一种新的联合运输方式。中国在1974年开始应用这种方式,并得到迅速发展。其运输的商品也从单一的生丝发展到服装、药品、裘皮等多种商品。其运输方法一般是先由内陆起运地把货物用汽车装运至空港,然后从空港空运至国外的中转地,再由汽车陆运至目的地。陆空(海空)联运方式具有手续简便、速度快、费用少、收汇迅速等优点。

(4)大陆桥运输。大陆桥运输是以国际标准集装箱为容器,以铁路或公路系统为桥梁,把大陆两端的海洋运输连接起来的多式联运方式,具有提前结汇、手续简便、节约费用、安全可靠等优点。目前世界上主要的陆桥有:西伯利亚大陆桥、新亚欧大陆桥、北美大陆桥、南美大陆桥等。

六、商检

商检即商品检验(commodity inspection),是指商品的产方、买方或者第三方在一定条件下,借助于某种手段和方法,按照合同、标准或国内外有关法律、法规、惯例,对商品的质量、规格、重量、数量、包装、安全及卫生等方面进行检查,并做出合格与否或通过验收与否的判定,或为维护买卖双方合法权益,避免或解决各种风险损失和责任划分的争议,便于商品交接结算而出具各种有关证书的业务活动。

商品检验是国际贸易发展的产物,它随着国际贸易的发展成为商品买卖的一个重要环节和买卖合同中不可缺少的一项内容。商品检验体现不同国家对进出口商品实施品质管制,通过这种管制,从而在出口商品生产、销售和进口商品按既定条件采购等方面发挥积极作用。《中华人民共和国进出口商品检验法》明确规定对法定检验的进口商品未经检验的,不准销售、使用;对法定检验的出口商品未经检验合格的,不准出口。

目前我国进出口商品检验工作主要有以下四个环节。

(1)接受报验。报验是指对外贸易关系人向商检机构报请检验,同时填写"报验申请单"并提交相关资料。

(2)抽样。商检机构接受报验之后,及时派员赴货物堆存地点进行现场检验、鉴定。

(3)检验。商检机构接受报验之后,认真研究申报的检验项目,确定检验内容,仔细审核合同(信用证)对品质、规格、包装的规定,弄清检验的依据,确定检验标准、方法,然后进行抽样检验、仪器分析检验、物理检验、感官检验、微生物检验等。

(4)签发证书。在出口方面,凡列入进出口商品目录的出口商品,经商检机构检验合

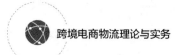

格后签发放行单。在进口方面,进口商品经检验后,分别签发"检验情况通知单"或"检验证书",供对外结算或索赔用。

七、配送

物流企业通过运输解决商品在生产地点和需求地点之间的空间距离问题,从而创造商品的空间效益,实现其使用价值,以满足社会需要。配送是由运输派生出来的功能,随着配送的发展,它包括了物流的所有职能,成为物流的一个缩影,体现了物流、资金流和信息流的集成。配送的流程可描述如下:配送是根据客户订货的要求,在货物集结地的配送中心按照货物种类、规格、品种搭配、数量、时间、送货地点等要求,进行分拣、配货、装卸、车辆调度和路线安排等一系列作业,最终将货物运送给客户的一种特殊的送货形式。

此外,末端配送就是俗称的"最后一公里"配送问题,在跨境电商物流体系中属于最后一个环节,是直接接触到消费者的环节。由于末端配送的服务范围较为广泛、需求具有较大的随机性、价值的附加值较小等,因此,末端配送是跨境电商物流体系中最难控制的环节,也是最容易引起消费者不满的环节。由于每个客户对配送的要求会有差异,因此末端配送问题呈现出不同的表现形式。

(1)根据客户对配送任务要求的不同,末端配送问题可分为纯取货问题、纯送货问题以及同时取送货问题。配送是指对局域范围内的客户进行多客户、多品种、按时联合送货的活动。《物流术语》(GB/T 18354—2006)对配送的定义是:"在经济合理区域范围内,根据客户要求,对物品进行拣选、加工、包装、分割、组配等作业,并按时送达指定地点的物流活动。"合理的配送能够提高快递企业的经济效益,实现企业低库存。

(2)根据物流体系中配送中心数量的不同,末端配送问题可分为单个配送中心问题和多个配送中心问题。对于只有单个配送中心的末端配送路径优化问题,其处理相对较简单;如果遇到多个配送中心问题,通常先将客户按区域划分,转化为单配送中心问题,而后通过智能算法进行求解。

(3)根据客户对时间窗要求的不同,又出现带时间窗约束的末端配送问题。其中根据是否允许延时,末端配送问题可分为带硬时间窗约束的末端配送问题和带软时间窗约束的末端配送问题。由于商品是否在客户所要求的时间窗内送达客户直接影响客户的满意度,因此配送速度非常重要。

【知识测试】

1. 分析四种跨境电商物流模式的优劣势。
2. 简述跨境电商物流的运作流程。
3. 简述我国跨境电商物流企业的类型。
4. 分析我国出口跨境电商的通关程序。
5. 简述国际运输的主要方式。

【实践操作】

　　实践项目：绘制商品从输出地输出、国际运输再到输入地配送的一整套运作流程图。

　　实践要求：通过实地调研、资料收集和文献阅读，绘制出产品集货、仓储、分拣、通关、国际运输、商检和配送的整个流程，包括需要提交的资料。

　　实践形式：学生以小组为单位，建议 3～5 人为一组，分工合作，共同完成绘制实践。

邮政物流

第三章

【学习目标】

✱ 知识目标：

- 了解邮政物流的业务模式与典型特征；
- 熟悉行邮渠道与业务分类；
- 掌握邮政物流的运费核算。

✱ 能力目标：

- 能解读邮政物流的相关政策及分析邮政物流的发展现状；
- 能根据实际情况核算包裹运费；
- 能结合实际提出邮政物流的适用范围。

【思维导图】

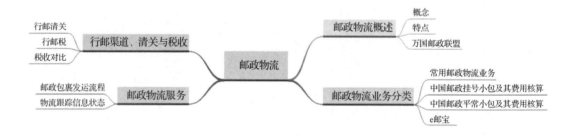

第一节　邮政物流概述

【学习情景】

上海颐龙：专注国际快递十余年

上海颐龙国际货运代理有限公司（简称上海颐龙）成立于 2006 年 5 月，至今已有十余年的从业经历，一直秉承"全心全意为客户服务"的宗旨，努力使自己成为客户贴心的物流伙伴。同时在这十余年中，上海颐龙积累了丰富的国际快递经验，组建了一支精诚团结的国际快递业务团队，拥有众多优势的国际快递线路，能为客户量身定制最合适的国际快递方案。目前，上海颐龙的国际快递线路有邮政线路、四大国际快递和颐龙专线快递。

　　邮政线路：作为邮政的一级代理，上海颐龙与上海邮政总局、香港邮政总局、青岛邮政总局、广州邮政总局、长沙邮政总局、苏州邮政总局、嘉兴邮政总局、湖州邮局等以及瑞典邮政总局建立了长期稳定的合作关系，能代理邮政的所有国际快递线路，如 EMS、e 邮宝、e 特快、大包(航空、SAL、海运)、中邮小包国际快递线路等。

　　四大国际快递：上海颐龙成为四大国际商业快递(DHL、UPS、TNT、FedEx)的优质代理商，既能让利出最优惠的价格，又能在四大国际商业快递的上海口岸、浙江口岸、香港口岸、广州口岸快速出货，具有"质优、时效快"的特点。

　　颐龙专线快递：上海颐龙在十余年的发展过程中，在一些特定的国家/地区，与当地的优质快递公司合作，逐步成立了价优、快捷的颐龙专线国际快递，已开通的专线有日本专线、东南亚专线、印度专线、中东专线和欧洲专线等。

上海颐龙

【学习任务】

　　认识邮政物流在 B2C 端的重要作用，了解邮政物流的相关概念，学会邮政物流的运费核算。

【相关知识】

一、邮政物流概念

　　邮政国际物流是通过各国/地区的邮政物流网络，将物品在全球范围内运送的一种物流模式。随着近些年我国跨境电商的发展，邮政国际物流业务逐渐被社会大众所熟知，如中国邮政的"中国邮政航空小包"。事实上，邮政国际物流在跨境电子商务之前就已经存在，并历经长期的发展，国际邮政包裹通过万国邮联体系采用个人邮包的形式实现商品的运输配送，各国/地区的邮政体系都能提供相关业务，如中国邮政、新加坡邮政、英皇邮政等。虽然各国/地区邮政所提供的服务存在一定差异，但在万国邮联的框架协议下，它们共同遵守相关的国际标准。

　　邮政物流的支持推动了跨境电商的发展，反过来跨境电商的发展又助推邮政物流的规模效应显现，两者相互促进，开拓了全球贸易的新趋势。近些年，在跨境电商的带动下，邮政物流规模持续扩大。《2018 年 6 月中国快递发展指数报告》的数据显示，跨境网络逐步健全，跨境寄递成为快递业务增长亮点，2018 年上半年国际及港澳台快递业务量约为5.2 亿件，同比增长 43.1%，增速超行业整体增速 15.6 个百分点，增速连续 13 个月高于行业整体增速。该报告还显示，跨境寄递业务成为 2017 年快递业务增长的亮点，2017 年跨境寄递业务量达到 8.3 亿件，同比增长 34.5%。

同样,来自国外的数据也显示出邮政包裹量在近些年的迅速增长。俄罗斯卫星通讯社的消息显示,2018 年上半年,俄罗斯邮政处理了 1.913 亿件内装商品的国际邮政包裹,与 2017 年同期相比增加了 30%。2018 年上半年,俄罗斯所收国际邮包中的 84% 来自中国。

中国邮政从 2010 年联合 eBay 进行跨境电商业务,可以说较早地进入跨境电商这个市场。截至 2020 年 6 月,主营跨境电商轻小件的国际 e 邮宝业务,可通达 39 个国家/地区;国际 e 特快可通达 106 个国家/地区;海外仓包括美国东仓、美国西仓、美国南仓、英国仓、法国仓、捷克仓、西班牙仓、意大利仓、俄罗斯仓、澳大利亚仓等已正式投入运营,头程运输方式包括海运和空运。

中国邮政和各国/地区邮政与跨境电商企业融合发展,主要做了三件事:第一,主动融入电商的产业链,在各国/地区调整发展方向,聚焦包裹业务和跨境电商业务的各个环节;第二,提升网络服务能力,加强与各国/地区邮政合作,推进基地建设,加大与各大邮政、各大平台的对接,在海关组织和邮联组织的帮助下实现邮件的快速清关,提高邮政的处理时限;第三,使用机器人做分拣,并测试无人机投递物件,加强新技术的应用。

二、邮政物流特点

(一)优点

邮政物流不同于国际商业快递,更不同于传统外贸的商品运输,邮政的全球性与公共服务性决定了其有自身显著的特征。

1. 全球范围内网点齐全

在全球范围内,邮政物流可以将包裹送达几乎任何一个国家/地区的客户手中,只要有邮局的地方都可以到达,大大拓展了传统外贸的市场空间,特别是在跨境电子商务平台与移动手机终端开始被广泛认可与使用之后,跨境电商与邮政物流相互促进,彼此赋能。

2. 价格相对低廉

与商业快递相比,邮政物流的价格低廉,有利于降低成本。国际商业快递一般是 500 克计重一次,且首重费用较高,而邮政物流的费用核算则是以 1 克为基本计重单位,且费率低。这样一来,邮政物流的总费用会相对国际商业快递便宜很多,适合小件包裹的邮寄。

3. 公共服务的便捷性

虽然世界各国/地区邮政的运营存在差异,但是一般属于国家直营机构,因此相比于其他物流模式而言,邮政具有一定的公共服务属性。这就决定了邮政物流能够为绝大多数人服务,网点建设与服务更具便利性,无论是寄件还是收件都较为方便。卖家根据要求在箱身粘贴航空标签、报关单、地址和挂号单号码后,就可以完成投递,商品投递之后所有的手续包括报关、商检等都由邮政代为完成。

(二)缺点

邮政物流也存在缺点,主要表现在以下三个方面。

1. 时效长

邮政物流在各国/地区的环境差异性大,即法律法规、人文习俗、语言、科技发展程度和硬件设施等的差异较大。所以从整体上来说,邮政物流的运送时效长,即便是在较为发达的国家/地区,由于邮政系统并不是以盈利为首要目标,而是要兼顾公共服务属性,因而成本的限制在一定程度上牺牲了运送效率与服务水平。

2. 跟踪信息有待完善

邮政物流的信息化要求决定其先进性,对信息的提供、收集与管理有更高的要求,要求有国际化信息系统的支持。而信息化系统的建设需要全球各国/地区的共同支持与维护,各国/地区经济发展与硬件建设的不平衡性,再加之产业发展与城镇化进程的不一致,导致了邮政物流信息建设的落后。

3. 丢包与纠纷率高

邮政物流由于系统范围的广泛性、快递本身的复杂性,再加上国际业务的特殊性,其操作难度较大,面临风险更多。相对于追求服务质量与专业水平的国际商业快递而言,邮政物流的丢包率较高,由此而产生的纠纷率相应地也会变高。

总之,邮政物流的属性特征,决定了其在一定的时期内扮演着重要的角色。特别是跨境电商在全球范围内的兴起,B2C端业务量的迅猛增长,让邮政物流进入了大众的视野,并在跨境电商领域内提供了重要支持。但是各国/地区物流环境的差异,尤其是软环境的差异,诸如法律法规、人文习俗、管理水平等因素不同,使得邮政物流受到很多限制。

三、万国邮政联盟简介

万国邮政联盟(Universal Postal Union,UPU),简称万国邮联或邮联,是商定国际邮政事务的政府间国际组织,其前身是1874年10月9日成立的邮政总联盟,1878年改为现名。该组织于1978年7月1日起成为联合国一个关于国际邮政事务的专门机构,总部设在瑞士首都伯尔尼。

1. 历史沿革

万国邮联作为世界上第一批成立的国际机构,其历史与文明史密切相连。直到中世纪,邮政发展还处于萌芽状态。随着人类智慧的升华,15世纪欧洲开始出现国际邮政业务。18世纪,各国/地区均组织起公共事业邮政,签署国际函件互换的双边协议。由于各国/地区货币不同,计算往来业务资费复杂,因此在英国的建议下诞生了邮票,统一了资费。各国/地区资费的统一需要协议,于是1862年美国邮政部长蒙斯特马利·布莱尔提议召开第一次国际会议,会议于1863年在巴黎举行,欧洲和美洲15个国家派代表出席。该会议只通过了有关国际函件互换的一般性原则,但此次会议为创建邮政总联盟播下了种子。

由于在双边协议框架下靠实行统一原则满足不了国际关系发展的需求,1868年北德意志联邦邮政高层负责人亨利·德·斯特凡提出了建立邮政联盟的设想,建议其政府将这份设想草案提交全权代表会议讨论。之后,应瑞士政府邀请,会议于1874年9月15日在伯尔尼召开,欧洲部分国家、美国、土耳其和埃及等22个国家派代表参加会议。会议结束时签署了《关于创设邮政总联盟条约》(又称《伯尔尼条约》),根据该条约成立了邮政总联盟,并批准了第一个国际邮政业务集体公约。该公约于1875年7月1日起生效。3年后,由于自执行《伯尔尼条约》以来又有许多国家参与进来,邮政总联盟于1878年5月在巴黎举行第二次代表大会,将邮政总联盟改名为"万国邮政联盟"。

万国邮联的业务协定现有七项:《邮政包裹协定》《邮政汇票和邮政旅行支票协定》《邮政支票业务协定》《代收货价邮件协定》《托收票据协定》《国际储蓄业务协定》《订阅报纸和期刊协定》,每项协定均有实施细则。这些协定及其实施细则仅对参加成员有约束力,参加成员有权对协定某项规定提出保留,保留项目列入有关协定的最后议定书。

2. 宗旨和原则

赞成邮政联盟组织法的各成员,以万国邮政联盟的名义,组成一个邮政领域,以便互换邮件,使得转运自由在整个邮政联盟领域内得到了保证。

万国邮联的宗旨在于组织和改善国际邮政业务,通过邮政业务的有效运作,发展各成员人民之间的联系,促进文化、社会与经济领域的国际合作,在力所能及的范围内,提供成员要求的邮政技术援助。

3. 主要跨境工作

2019 年 11 月,在万国邮联电子商务时代跨境合作全球大会上,万国邮联发布了一项重要的全球性共识——《厦门倡议》,呼吁邮政、海关、航空和铁路等各利益相关方在跨境电子商务领域通力合作。

《厦门倡议》提出,万国邮联、相关铁路组织和各成员将进一步加强沟通协作,推动建立开放合作、共治共赢的多式联运铁路和公路运输发展模式;对于万国邮联各成员政府,要高度关注世界贸易组织《贸易便利化协定》以及跨境电子商务发展趋势,健全政策体系,优化管理制度,积极推动各国邮政、海关、航空、跨境管理机构开展紧密合作,切实加强邮政网络跨境寄递安全监管;对于万国邮联各成员邮政经营者,要主动满足电子商务对配送时限、物流信息和简捷退货等方面日益增长的新需求,不断发展完善全球邮政网络、创新寄递产品、促进全球贸易可持续发展。

对于跨境电商物流而言,万国邮联通过其在全球范围内构建的邮政包裹服务网络,为跨境电商提供了有力的支持。邮政的国际包裹业务以其遍布全球的网点、低廉的价格、统一的服务、便利的通关等优势为跨境电商,特别是 B2C 的客户提供了极具竞争力的物流方案选择。这在一定程度了推动了全球范围内的普惠贸易,让更多的经济主体参与到全球经济中,推动了全球化进程。

第二节　邮政物流业务分类

【学习情景】

上海颐龙:瑞典小包操作流程

上海颐龙与瑞典邮政合作,是瑞典邮政在中国区的一级代理。其代理的瑞典小包是瑞典邮政推出的一项针对货物重量在 2 千克以下的一种邮政小包服务,具有时效好、通关能力强的特点。瑞典小包经中国香港上航班,货物先到达瑞典邮政在新加坡的邮件处理中心,再转运至全球 210 个国家/地区,大部分西欧国家可以全程跟踪货物的签

收状态。

1. 资费表

瑞典小包的资费要求如表 3-1 所示。

表 3-1　瑞典小包资费要求

分区	国家/地区	费率 （元/千克）	挂号费 （元/单）
1 区	中国香港、韩国	56	12
2 区	希腊	61	23
3 区	奥地利	68	27
4 区	捷克、丹麦、爱沙尼亚、法国、德国、匈牙利、印度尼西亚、爱尔兰、荷兰、新西兰、波兰、斯洛伐克、西班牙、瑞典、瑞士、乌克兰、泰国、马来西亚、文莱	76	12
5 区	以色列、澳门、菲律宾、中国台湾	83	12
6 区	美国、比利时、越南	84	13
7 区	意大利	87	31
8 区	柬埔寨、印度、马耳他、芬兰、英国、葡萄牙	88	1
9 区	卢森堡、斯里兰卡、巴西、挪威	92	13
10 区	塞浦路斯、加拿大、日本、巴基斯坦、保加利亚、克罗地亚、拉脱维亚、立陶宛、罗马尼亚、土耳其、澳大利亚、俄罗斯	98	13
11 区	南非、科威特、沙特阿拉伯、塞尔维亚、冰岛	112	13
12 区	阿根廷、智力、墨西哥	118	12
13 区	秘鲁、亚美尼亚、阿塞拜疆、白俄罗斯、波斯尼亚、哥伦比亚、哈萨克斯坦、乌拉圭、乌兹别克斯坦	124	12
14 区	世界其他国家/地区	130	12.5

2. 一般寄件要求

(1)重量要求。单票实重或者材积最大重量都不能超过 2 千克。

(2)长度和体积要求。货物若为方形，长＋宽＋高≤90 厘米，且单边长度≤60 厘米；货物若为轴状，直径×2＋长≤104 厘米，单边长度≤90 厘米。

(3)申报要求。在填写报关单时，客户需要填写真实的物品名，且申报价值要与物品实际价值相吻合(瑞典邮政不接受品名笼统如 gift、accessory 等的查件)。

(4)禁寄物品要求。国家/地区明令禁止出口货物，如古董、货币以及纯电池产品、液体、粉末、膏状体、毒品、军火、仿牌、宗教类、化妆品、带有气体类、香烟、警棍、攻击性武器、防狼器、刀具(餐具除外)、电棒、打火机、仿真枪等违禁品。

3. 交货须知

(1)本渠道暂无平邮，只接受挂号。

(2)称重，以上海颐龙实际收货重量为准，并保留小数点后 2 位数，计费方式＝重量×

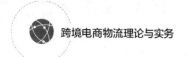

单价+挂号费,挂号费按票收取。

(3)客户交货时,货物要贴有上海颐龙的打印标签,并请提供实际交货清单。

(4)本渠道可接受纺织品货物和带电池产品,其中意大利、希腊、奥地利最低计费250克起,其他所有国家/地区100克起。

4. 赔偿条款

(1)如发生货物遗失或破损的情况,未上网的退运费;上网后遗失的按申报价值赔偿,最高不超过300元人民币,上海颐龙不承担因货物遗失或破损所产生的额外损失赔偿。

(2)开档提交查询后若90天无回复,可申请按照申报价值赔偿,最高不超过300元人民币,按照申报价值和300元人民币之间取低值,上海颐龙不承担因货物遗失或破损所产生的额外损失赔偿。

5. 退件安排

国外有通知退件的,上海颐龙会通知客户,由客户确认是否需要退回;确定要退回的货物,上海颐龙只能退回到新加坡邮件处理中心,费用为20元/千克。

【学习任务】

认识邮政物流的常见业务模式,了解各类业务的差别和适用范围,学会相应的运费核算方法。

【相关知识】

一、常用邮政物流业务

(一)中国邮政包裹

各国/地区的邮政物流都推出了相关的国际包裹业务,以下以中国邮政的产品为例进行介绍。中国邮政的国际包裹业务主要有中国邮政航空小包和中国邮政大包,其中邮政航空小包又可分为挂号和平邮两种。

中国邮政航空小包(China post airm mail)又称中国邮政小包、邮政小包、航空小包,是指包裹重量在2千克以内,外包装长、宽、高之和小于90厘米,且最长边小于60厘米,通过邮政空邮服务寄往国外的小邮包,包含挂号、平邮两种服务,可寄达全球各个邮政网点。中国邮政航空小包出关不会产生关税或清关费用,但在目的国/地区进口时有可能产生进口关税,具体根据每个国家/地区海关税法的规定而各有不同(相对其他商业快递来说,航空小包能最大限度地避免关税)。

中国邮政大包裹国际物流服务(SAL),是中国邮政国际货运的一个项目,在大包裹寄递的国际物流服务中,货重超过2千克的货件被称为SAL大包,其优势是安全、经济。因是国际快运的方式又被称为国际大包,还有根据运输方式命名的,例如,航空运输的被称为航空大包,海运的被称为水陆大包,邮政的被称为SAL大包。

此外,中国邮政还针对跨境电商的重点客源国/地区,开设了一些邮政物流产品,如

e邮宝、e特快、e包裹等。

(二)常用邮政小包的比较

邮政小包是跨境电商卖家使用最广泛的物流产品,也是入门级物流选择方案。中国邮政小包、中国香港邮政小包、新加坡邮政小包、欧洲一些国家的邮政小包都是跨境电商行业广泛使用的产品,以下是市面上主流邮政小包产品的特点。

1.中国邮政小包

中国邮政小包价格优势明显,挂号小包市场占有率第一,其优点是线路覆盖广、最具价格优势。

中国邮政小包是市面上最有价格优势的小包产品,被广泛运用。有卖家举例,发1千克的邮政小包到南美洲、非洲的基础收费为120元,亚洲邻国则为80~90元,其他地区均价为100元左右,在这个基础上加上8元挂号费,再乘以各地的货代折扣,才是最终的发货成本。相较之下,其他小包即使基础收费持平也鲜有折扣,甚至会高一个档次收费,成本优势都不如中国邮政小包。

总的来说,中国邮政小包总体时效尚可,部分地区甚至谈得上很快。不过,无论是价格还是时效,它都比较不稳定。当然,其上网速度是极快的,只需要1~2个工作日。目前,北京、上海、广州、深圳、天津、广州是中国邮政发货较快的城市,内陆城市的折扣则比较高。

2.中国香港邮政小包

中国香港邮政小包是最早被用于跨境电商领域的产品,资历最老,其优点有:综合质量较高、各项指标较稳。

在价格方面,中国香港邮政挂号小包比中国邮政挂号小包略贵。不过在所有小包中,它还是价格较优的产品,中国香港邮政平邮小包的性价比尤高,几乎没有敌手。

在普货配送方面,中国香港邮政小包是各种小包中在时效、价格、清关等方面都较为稳定的产品。另外,其丢包现象较少。就综合质量而言,中国香港邮政小包是各种小包中的理想选择,对主要市场发货都适用,客户体验更有保障,因物流引发的售后问题相对较少。

值得注意的是,中国香港邮政小包发货时,需要将货物转运到中国香港,这和内地邮政发货不一样,上网时效是2~4个工作日,稍慢。当然这不影响总体时效,也不排除个别货代能做到承诺的次日上网。

3.新加坡邮政小包

新加坡邮政小包是三大邮政小包之一,带电小包(货物装有电池)曾是其"王牌",其在东南亚地区有优势,在三大邮政小包中,成本优势仅次于中国邮政小包。

中国邮政小包和中国香港邮政小包都限制运输带电产品,新加坡邮政小包则是该类产品的主要出货渠道,并且就价格优势而言,也仅次于中国邮政小包。

对于东南亚市场而言,新加坡邮政的配送服务、时效及收费均具有优势。此外,根据官方资料来看,其发货到西欧国家的时效是10~15个工作日。

4.德国、比利时、瑞士、荷兰等邮政小包

德国、比利时、瑞士、荷兰等邮政小包齐齐上阵抢占市场,促进了邮政小包整体服务水

平的提升。其优点是时效快、配送稳,是发往欧洲地区的理想选择,所发物品可带电。

在价格方面,这些邮政小包的产品价格优势不是那么明显,不过若卖家一心想提升客户体验,则不失为理想选择。

在时效方面,德国邮政小包寄到英、法、德只需要 5~8 个工作日,部分线路可发带电物品;瑞士邮政小包最快时效能做到 10 个工作日,也支持带电产品配送。在一些欧盟国家如意大利、德国等较易卡关的国家,这些邮政小包的时效会打折。不过,发往比利时、西班牙、荷兰、瑞典、挪威、芬兰、丹麦还有其他欧洲国家,这些邮政小包很靠谱,几乎 8~15 个工作日妥投。此外,欧盟的邮政小包产品,由本土邮政承运,本土清关能力强,一般欧盟境内无须二次清关,同时稳定性好、配送及时、丢包现象少。值得注意的是,瑞士不是欧盟国家,需要二次清关。

5. 瑞典、马来西亚邮政小包

瑞典、马来西亚邮政小包相比较中国香港邮政小包、新加坡邮政小包价格优势明显,其优点是超平价、可带电。

瑞典邮政小包发往美国、加拿大、欧洲的平均时效在 20~30 个工作日,不算突出,但可运输内置电池、配套电池货品,且无须特殊包装,增加了其优势。马来西亚邮政挂号小包可运输所有含电池货品,无须特殊包装,同样也是超平价小包产品。对于尤其注重成本的卖家来说,这两个邮政小包产品是理想的选择。

(三)使用邮政小包的注意事项

(1)邮政小包产品中没有不丢包的,因为中间环节多,整个过程"睁眼瞎",能看到节点信息,却不能知道在哪个环节出现了问题,需要及时止损或者追责,因此更适合走货值较低的产品。

(2)有些国家/地区不能查询妥投信息,即使挂号方式也不行,这就存在一定的风险,要么关闭对该国/地区的交易,要么更换物流方式。此外,有些国家/地区延误严重,丢包率居高不下,若无理想解决方案,建议发往这些国家/地区的物流渠道不采用邮政小包。

(3)邮政小包时效长,客户对到货时间感到不确定,从而对物流动态的咨询剧增。为了降低这部分客服工作量,可以事先给客户发信息,进行友情提示,强调平均时效,或自动发邮件告诉客户可以在哪个时间段来询问。

(4)不同的邮政小包,在不同国家/地区的清关上、时效上都有不同的优势,可以同时考虑多渠道发货。邮政小包在旺季时发件,这对物流工作人员而言是很大的挑战,此时建议多渠道分流,以及采用更好的物流产品分担压力,降低物流风险。

二、中国邮政挂号小包及其费用核算

(一)中国邮政挂号小包

中国邮政挂号小包(China post registered air mail)是中国邮政针对 2 千克以下的小件物品推出的空邮产品,运送范围为全球 177 个国家/地区。

随着跨境电商包裹数量的逐年增加,中国邮政挂号小包的发货越来越便捷。从最初在包裹上粘贴单号标签,到电子单号打印,再到邮政与平台合作,线上发货提高效率。

中国邮政挂号小包的线上发货旨在为卖家提供更便捷的国际小包服务,卖家可以在线下单、打印面单后直接由邮政上门揽收或将邮件交付中国邮政的集货仓,即可享受快捷、便利的国际小包服务。中国邮政挂号小包提供全程跟踪查询服务。邮件若丢失或损毁,可提供赔偿,可在线发起投诉,投诉成立后最快5个工作日完成赔付。

中国邮政挂号小包的交寄便利,北京、上海、深圳、广州、佛山等城市都提供上门揽收服务,非揽收区域卖家可自行寄送至集运仓库。

(二)运费核算

运费＝小包重量×计重费率＋挂号费

在国际包裹的运费核算中,对于计重重量的核算一般有两种方法。第一种是以克为单位进行计重,如中国邮政挂号小包发往同一个地区的两个包裹只要重量不一样,计重运费就不一样;第二种是阶梯性的区间计重,如EMS以500克为一个计重区间,那么一个100克的包裹与一个200克的包裹的计重运费是相同的。

国际包裹涉及的运送地区很多,不同的国家/地区由于距离等因素的影响,计重费率是不同的。之前的费率是按照大区来划分的,就是把世界上的运送国家/地区分为几个区块,每个区块一个计重费率,此费率有点类似于国内快递,如江浙沪为一个区,费率相同。2020年7月,中国邮政调整了国际小包的费率,费用与挂号费根据国家/地区与克重区间而不同,如表3-2所示,根据包裹重量按千克计费,费率以人民币为计算单位。

表3-2　中国邮政挂号小包正向配送费率(节选部分国家/地区)

国家/地区			包裹重量≤150克		150克<包裹重量≤300克		300克<包裹重量≤2000克	
			费率(元/千克)	挂号费(元)	费率(元/千克)	挂号费(元)	费率(元/千克)	挂号费(元)
俄罗斯	Russian Federation	RU	75.77	24.00	75.77	23.00	71.27	23.00
美国	United States	US	94.89	39.00	93.89	39.00	92.89	39.00
法国	France	FR	89.52	13.00	71.75	15.37	71.75	15.37
英国	United Kingdom	UK	73.20	17.50	73.20	17.50	72.20	17.50
澳大利亚	Australia	AU	93.00	16.50	88.00	16.50	85.00	16.00
德国	Germany	DE	79.97	15.80	73.97	16.00	70.97	16.50
以色列	Israel	IL	59.00	18.50	59.00	18.50	57.50	19.00
西班牙	Spain	ES	77.45	20.00	77.45	20.00	77.45	20.00
加拿大	Canada	CA	99.00	19.00	99.00	19.00	98.00	19.00
荷兰	Netherlands	NL	73.72	20.00	73.72	20.00	73.72	20.00
意大利	Italy	IT	77.66	24.80	77.66	24.80	76.66	24.80
挪威	Norway	NO	82.46	19.30	82.46	19.30	82.46	19.30

续表

国家/地区			包裹 重量≤150克		150克＜包裹 重量≤300克		300克＜包裹 重量≤2000克	
			费率 （元/千克）	挂号费 （元）	费率 （元/千克）	挂号费 （元）	费率 （元/千克）	挂号费 （元）
捷克	Czech Republic	CZ	86.75	14.50	72.75	14.50	69.75	14.50
瑞士	Switzerland	CH	77.97	25.00	75.97	25.00	72.97	25.50
波兰	Poland	PL	83.72	15.00	77.72	15.00	69.72	16.00
智利	Chile	CL	102.17	18.00	89.17	18.00	82.17	18.00
比利时	Belgium	BE	77.45	25.40	77.45	25.40	73.45	25.40
墨西哥	Mexico	MX	101.37	22.30	92.37	23.00	87.37	24.00
日本	Japan	JP	41.01	26	41.01	26	41.01	26
韩国	Korea	KR	47.49	18.35	47.49	18.35	47.49	18.35

例如,一个 100 克的包裹运往俄罗斯,费率为 75.77 元/千克,挂号费为 24.00 元,则

运费＝0.1 千克×75.77 元/千克＋24.00 元＝31.577 元

当包裹重量为 200 克的时候,费率与挂号费就要按照 150～300g(含)的区间进行计算,则

运费＝0.2 千克×75.77 元/千克＋23.00 元＝38.154 元

三、中国邮政平常小包＋及其费用核算

(一)中国邮政平常小包＋

中国邮政平常小包＋(China Post Ordinary Small Packet Plus)是中国邮政针对订单金额 5 美元以下、重量 2 千克以下小件物品推出的空邮产品,运送范围通达全球 212 个国家/地区。

中国邮政平常小包＋的线上发货旨在为卖家提供更便捷的国际小包服务,卖家可以在线下单、打印面单后直接由邮政上门揽收或将邮件交付中国邮政的揽收仓库,即可享受快捷、便利的国际小包服务。与中国邮政挂号小包相比,中国邮政平常小包＋不需要挂号费,适合货值低、重量轻的物品。

中国邮政平常小包＋的交寄便利,北京、上海、深圳、广州、佛山等 100 多个城市提供上门揽收服务,非揽收区域卖家可自行寄送至揽收仓库。

中国邮政平常小包＋的国内段邮件丢失或损毁提供赔偿,卖家可在线发起投诉,投诉成立后最快 5 个工作日完成赔付。中国邮政平常小包＋提供国内段邮件的收寄、封发、计划交航等信息,不提供国外段跟踪信息,且部分仓库发往某些国家/地区不能提供这三个节点信息。

对于除了美国、澳大利亚、英国、法国等 32 个国家以外的寄达国/地区,中国邮政平常小包＋只提供收寄信息。

(二)运费核算

中国邮政平常小包＋的费用核算可分为两个部分:当包裹重量在 30 克及以下时,按照区间计费,即包裹在 0~30 克时,都是一样的费用;当包裹重量在 30 克以上时,按照克重计费,2020 年 7 月新调整后的费用报价如表 3-3 所示。

(1)包裹重量在 30 克及以下:费用=固定值。

(2)包裹重量超过 30 克:费用=首重价格+(小包重量－0.03)×计重费率。

例如,发往美国的包裹,一个 15 克的包裹和一个 25 克的包裹,费用都是 22.50 元。具体计重费率可查询表 3-3,发往美国的包裹,30 克及以下的都是 22.50 元。

再如,发往澳大利亚的包裹,重量为 50 克,则

费用=9.82 元+(0.05－0.03)千克×107.42 元/千克=11.97 元

又如,发往澳大利亚的包裹,重量为 100 克,则

费用=9.82 元+(0.10－0.03)千克×82.19 元/千克=15.57 元

表 3-3 中国邮政平常小包十正向配送费率(节选部分国家/地区)

国家/地区			包裹重量≤30 克	30 克<包裹重量≤80 克		包裹重量>80 克	
			首重价格(首重30 克)	首重价格(首重30 克)	高出 30 克的配送服务费(根据包裹重量按克计费)	首重价格(首重30 克)	高出 30 克的配送服务费(根据包裹重量按克计费)
			元	元	元/千克	元	元/千克
美国	United States	US	22.50	22.50	96.00	22.50	96.00
澳大利亚	Australia	AU	9.82	9.82	107.42	9.82	82.19
以色列	Israel	IL	8.91	8.91	81.53	8.91	59.10
瑞典	Sweden	SE	9.50	9.50	89.28	9.50	73.79
加拿大	Canada	CA	10.04	10.04	121.60	10.04	96.97
挪威	Norway	NO	9.67	9.67	99.46	9.67	80.46
瑞士	Switzerland	CH	9.50	9.50	88.97	9.50	71.34
日本	Japan	JP	8.66	8.66	52.01	8.66	39.39
墨西哥	Mexico	MX	8.07	8.07	104.48	8.07	86.00
丹麦	Denmark	DK	9.50	9.50	88.18	9.50	71.36
土耳其	Turkey	TR	7.34	7.34	69.91	7.34	50.60
芬兰	Finland	FI	9.48	9.48	87.44	9.48	71.39

续表

国家/地区			包裹重量≤30克	30克＜包裹重量≤80克		包裹重量＞80克	
			首重价格（首重30克）	首重价格（首重30克）	高出30克的配送服务费（根据包裹重量按克计费）	首重价格（首重30克）	高出30克的配送服务费（根据包裹重量按克计费）
			元	元	元/千克	元	元/千克
匈牙利	HunGary	HU	7.67	7.67	86.41	7.67	68.65
新西兰	New Zealand	NZ	10.45	10.45	125.00	10.45	111.08
斯洛伐克	Slovakia	SK	8.01	8.01	88.01	8.01	71.20
奥地利	Austria	AT	9.51	9.51	90.71	9.51	71.29
泰国	Thailand	TH	7.67	7.67	69.69	7.67	50.47
希腊	Greece	GR	9.49	9.49	99.93	9.49	77.10
新加坡	Singapore	SG	8.00	8.00	71.86	8.00	51.67
韩国	Korea	KR	8.02	8.02	71.57	8.02	51.38

四、e邮宝简介

e邮宝是中国邮政速递物流为适应国际电子商务轻小件物品寄递市场需要而推出的一款跨境国际速递产品,该产品以EMS网络为主要发运渠道,出口至境外邮政后,通过目的国/地区邮政轻小件网络投递邮件。e邮宝为跨境电商平台和跨境卖家提供便捷、稳定、优惠的物流轻小件服务。

中国邮政速递物流

e邮宝支持发往美国、英国、澳大利亚、加拿大等35个国家/地区。

e邮宝的运费根据包裹重量按克计费,美国、俄罗斯、新西兰、日本,按照1克起重计费、乌克兰按照10克起重计费,其他国家/地区无起重要求。2020年7月中国邮政调整后的费用报价如表3-4所示。

例如,一个100克的包裹运往美国,资费标准是25元/件和70元/千克,运输附加费为15元/千克,则

运费=25元/件+0.1千克×70元/千克+0.1千克×15元/千克=33.5元

表3-4　e邮宝费率(节选部分国家/地区)

路向	地区	资费标准		运输附加费	起重	限重	备注
		元/件	元/千克	元/千克	克	克	
美国	北美洲	25	70	15	1	2000	
加拿大	北美洲	19	65	35	1	2000	

续表

路向	地区	资费标准		运输附加费	起重	限重	备注
		元/件	元/千克	元/千克	克	克	
巴西	南美洲	25	80	40	50	2000	
澳大利亚	大洋洲	19	60	25	1	2000	
俄罗斯	欧洲	17	55	20	1	3000	北京、上海、江苏、浙江、福建、广东、黑龙江、新疆乌鲁木齐适用价格
		18	55	20	1	3000	除上述8省（区、市）以外其他地区适用价格
法国	欧洲	19	60	0	1	2000	
英国	欧洲	18	55	0	1	499	
		25	45	0	500	1999	
		35	45	0	2000	5000	
德国	欧洲	19	60	0	1	2000	
以色列	亚洲	17	60	15	1	5000	
瑞典	欧洲	19	60	0	1	2000	
西班牙	欧洲	14	60	0	1	2000	
乌克兰	欧洲	8	75	0	10	2000	
日本	亚洲	15	40	15	50	2000	
土耳其	亚洲	25	60	15	1	2000	
马来西亚	亚洲	15	40	15	1	2000	
韩国	亚洲	20	40	15	1	2000	
泰国	亚洲	14	45	15	1	2000	
越南	亚洲	12	45	0	1	2000	
印度尼西亚	亚洲	14	45	15	1	2000	

单件最大尺寸：长、宽、厚合计不超过90厘米，最长一边不超过60厘米。圆卷邮件直径的两倍和长度合计不超过104厘米，长度不得超过90厘米。

单件最小尺寸：长度不小于14厘米，宽度不小于11厘米。圆卷邮件直径的两倍和长度合计不小于17厘米，长度不小于11厘米。

查询：e邮宝提供收寄、出口封发、进口接收实时跟踪查询信息，不提供签收信息，只提供投递确认信息。客户可以通过EMS网站或拨打客服专线、寄达国邮政网站查看邮件跟踪信息。

赔偿：e邮宝暂不提供邮件的丢失、延误、损毁补偿、查验等附加服务。对于无法投递或收件人拒收邮件，提供集中退回服务。

投递范围：①美国——本土及本土以外所有属地和其海外军邮地址；②英国——本土

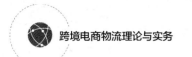

及海峡群岛、马恩岛;③法国——仅本土区域,法国海外属地无法投递;④其他国家和地区——仅本土。

第三节　行邮渠道、清关与税收

【学习情景】

环贸仓配:坚持以市场为导向、以客户为中心

深圳市环贸仓配服务有限公司(简称环贸仓配)临近深圳市宝安国际机场,海、陆、空交通十分便捷。因其独特的地缘优势,环贸仓配深耕出口物流,主营业务有邮政小包和国际货运代理。环贸仓配始终坚持"以市场为导向、以客户为中心"的服务宗旨,不断优化物流服务以提高物流系统的敏捷性,再采用可靠安全的运营网络、先进的管理技术和高效的计算机管理系统,为客户提供门对门、仓对仓的一站式物流服务。

环贸仓配一直在经营邮政的航空小包和速递的国际e邮宝,在选择渠道上,会优先选择货源地的邮政渠道。广东、浙江和福建是环贸仓配的主要货源地,这三个地区的货量充足,且当地邮局的全年任务会比内地城市的任务更多,渠道相对稳定,折扣率波动相对小,有利于留住客户。

在挑选邮政渠道的时候,环贸仓配秉着认真谨慎的态度,在现有资料基础上进行调研、分析与评估。前期的两个市场调研是重中之重:一是调研渠道的邮局情况,了解内容包括邮局的任务量和缺口量、日均处理邮件量、折扣期限等情况;二是调研客户对渠道的满意度,了解内容包括上网时效、退件处理、货物索赔等情况。我们的目标是为客户提供稳稳当当的物流服务。

【学习任务】

认识行邮渠道,了解我国的行邮税政策,能够对比不同方式入关的税收差别。

【相关知识】

一、行邮清关

个人邮递物品是指通过邮运渠道进出境的包裹、小包、国际特快专递邮件等中的个人物品。进出境个人邮递物品,以自用合理数量为限。个人寄自或寄往港、澳、台地区的物品,每次限值为800元人民币;寄自或寄往其他国家/地区的物品,每次限值为1000元人民币,个人邮寄进出境物品超出规定限值的,应办理退运手续或者按照货物规定办理通关手续。但邮包内仅有一件物品且不可分割的,虽超出规定限值,经海关审核确属个人自用

的,可以按照个人物品规定办理通关手续。邮运进出口的商业性邮件,应按照货物规定办理通关手续。个人邮寄进境物品,海关依法征收进口税,但应征进口税税额在人民币50元及以下的,海关予以免征。

以我国上海海关的政策❶为例,具体说明进境和出境的相关规定。

(一)进境

(1)在限值范围内,不含国家禁止进境物品,或含有国家限制进境物品但未超出免税额,或含有国家限制进境物品但能提供有效证件的邮包,海关予以放行。

(2)对超出免税额的邮包,海关开具《旅客行李、个人邮递物品进口税款缴纳证》,由邮局向收件人代为征收进口税。

(3)对含有国家限制进境物品但未提供有效证件的邮包,海关暂留并发出面洽通知书,待收件人提供有效证件后予以放行。

(4)对邮包内含有禁止进境物品,海关予以扣留并开具《接受海关调查通知书》,随邮包或单独邮寄给收件人。

(5)对经海关认定超出正常自用范围或限值的邮包及不能属于个人自用的物品、公司样品等,收件人必须按贸易性货物的报关程序向海关申报;或在海关监督下办理退运手续,海关在邮包上加盖"不准进口退回原处"印章,由邮局直接退运境外。

(6)邮包内含有限制进境物品但无法提供有效证件,或收件人要求将应税物品退运境外的,在海关监管下办理上述物品的退运手续。

(7)对超过邮局保管期限,但收件人未纳税、领取的邮包,海关在邮包上加盖"准予退运"印章,由邮局退运境外。

(8)其他邮件在处理中需要面洽当事人的,发出面洽通知书。邮包收件人应根据海关要求,持凭面洽通知,到海关指定地点面洽。对需要纳税的邮包,收件人可在领取邮包时向邮局缴纳;对需提供有效证件的邮包,收件人应向海关面交有关证件后领取邮件。

(二)出境

寄件人可以在设有国际邮件收寄业务的邮政局办理邮寄手续,并在报关单上如实填报内装物品的品种、数量、价值等。邮包汇总并运抵海关指定监管场所后,海关进行监管,根据具体情况进行处理:

(1)对不含国家禁止、限制出境物品且未超过限值,或超过限值但能提供有效出口证件的邮包,予以放行,交邮局投递。

(2)对邮包内含有的禁止出境物品,海关扣留并开具《接受海关调查通知书》,邮寄给寄件人。

(3)对超过限值或含有国家限制出境物品,但不能提交有效出口证件的邮包,海关在邮包上加盖"不准出口"印章,由邮局退回寄件人。

(4)个别邮件在处理中海关要求面洽当事人的,发出面洽通知书。邮包寄件人应根据海关要求,持凭面洽通知,到海关指定地点面洽。

(5)对于出境修理需要返回的个人物品,须到海关窗口办理登记备案手续。

---

❶　http://www.customs.gov.cn/shanghai_customs/423515/423550/423553/427738/index.html.

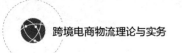

二、行邮税

行邮税是行李和邮递物品进口税的简称,是海关对入境旅客行李物品和个人邮递物品征收的进口税。由于其中包含了进口环节的增值税和消费税,行邮税也是对个人非贸易性入境物品征收的进口关税和进口工商税收的总称。

行邮税的征收对象是进境物品,具体指旅客行李物品、个人邮递物品及其他个人自用物品。行邮税的纳税义务人是指携有应税个人自用物品的入境旅客、运输工具服务人员、进口邮递物品的收件人,以及以其他方式进口应税个人自用物品的收件人。

通过邮政行邮渠道进入境内的包裹,各个国家/地区在税收方面都有不同的政策。在我国,2018 年 11 月 28 日,商务部、发展改革委、财政部、海关总署、税务总局、市场监管总局联合下发《关于完善跨境电子商务零售进口监管有关工作的通知》,自 2019 年 1 月 1 日起将跨境电子商务零售进口商品的年度交易限值由每人每年 20000 元提高至 26000 元;同时,将单次交易限值由每人每次 2000 元调整至 5000 元。此次政策红利惠及 37 个跨境电商综合试验区城市,个人单次购买限值和年度限值均有提升,跨境正面清单商品新增 63 个税目商品。

三、税收对比

2016 年 4 月 8 日,《关于跨境电子商务零售进口税收政策的通知》开始实施。自此,一件商品从境外发货至境内,合规的入境方式主要有一般贸易、跨境电商和行邮通道,这三种入境方式的对比如表 3-5 所示。

表 3-5 一般贸易、跨境电商、行邮通道对比

入境方式	商品状态	税收	特征
一般贸易	货物	关税、增值税、消费税	按现行规定办理
跨境电商	个人货物	关税、增值税、消费税	"三单"对碰
行邮通道	个人物品	行邮税	身份证、运单、购物小票

表 3-5 中所指的"个人货物"是为了区别一般贸易下的货物和行邮通道下的个人物品,在官方文件中仅显示为"货物"。表 3-5 中所指的"行邮通道",是严格按照海关要求进行申报通关的入境方式,并非低报、漏报、瞒报等灰色通关方式。

三种入境方式在税收方面的差异,可以通过具体的产品进行对比,值得注意的是:①税率每年都可能有变化,本次对比的是 2019 年 4 月 9 日开始执行的税率;②一般贸易的完税价格是 CIF(cost insurance and freight)价,而跨境电商和行邮通道的完税价格是零售价;③对于列出的大部分商品来说,由于涉及商检方面的前置审批,因此一般贸易进口与跨境电商零售进口的税率比较仅供参考,实际意义并不大;④一般贸易的增值税可以抵扣,本书在比较中未考虑这点;⑤税率的计算公式具体如表 3-6 所示,典型商品的税率比较具体如表 3-7 所示,其中:

跨境电商综合税率=[(增值税税率+消费税税率)/(1-消费税税率)]×70%

一般贸易进口税率＝(进口关税税率＋增值税税率＋进口关税税率×增值税
税率＋消费税税率)/(1－消费税税率)

表 3-6　一般贸易、跨境电商和行邮通道的进口税率计算公式

税率类型	计算公式
一般贸易进口税率	1.完税价格＝CIF 价 2.关税税额＝完税价格×关税税率 3.消费税额＝[(完税价格＋关税税额)/(1－消费税税率)]×消费税税率 4.增值税额＝(完税价格＋关税税额＋正常计征的消费税税额)×增值税税率 5.应纳税额＝关税税额＋消费税税额＋增值税税额
跨境电商综合税率	1.完税价格＝单价＋保险费＋运费 2.在限值以内进口的跨境电子商务零售商品,关税税率暂设为 0,进口环节增值税、消费税取消免征税额,暂按法定应纳税额的 70％征收,计算规则如下: 应纳税额＝完税价格×[(增值税税率＋消费税税率)/(1－消费税税率)]×70％ 3.进口货物完税价格超过 5000 元单次交易限值但低于 26000 元年度交易限值,且订单下仅一件商品时,可以自跨境电商零售渠道进口,按照货物税率全额征收关税和进口环节增值税、消费税,交易额计入年度交易总额。计算规则如下: 应纳税额＝完税价格×[(进口关税税率＋增值税税率＋消费税税率＋进口关税税率×增值税税率)/(1－消费税税率)]
行邮税率	1.个人邮寄进境物品,海关依法征收进口税,但应征进口税税额在人民币 50 元(含 50 元)以下的,海关予以免征。个人邮寄进境物品超出规定限值的,应办理退运手续或者按照海关规定办理通关手续。但邮包内仅有一件物品且不可分割的,虽超出规定限值,经海关审核确属个人自用,可以按照个人物品规定办理通关手续 2.我国将进境物品划分为三个大类,实行 13％、20％和 50％三档税率进行征税,《中华人民共和国进境物品归类表》和《中华人民共和国进境物品完税价格表》列明了商品名称、单位名称、完税价格和税率,适用第一档 13％税率的物品包括书报、教育用影视资料、计算机、食品、饮料、金银、家具、玩具、游戏品、节日或其他娱乐用品等;适用第二档 20％税率的物品包括运动用品(不含高尔夫球及球具)、纺织品及其制成品、电视摄像机、自行车等;适用第三档 50％税率的物品包括烟、酒、贵重首饰及珠宝玉石、高尔夫球及球具、高档手表等

表 3-7　典型商品的税率比较　　　　　　　　　　　　单位:％

商品名称	最惠国关税税率	增值税率	消费税率	跨境电商综合税率	行邮税率	一般贸易进口税率
未焙炒的咖啡	8	13	0	9.1	13	22.04
已焙炒的咖啡	15	13	0	9.1	13	29.95
棉制羽绒服	6	13	0	9.1	20	19.78
化学纤维制羽绒服	8	13	0	9.1	20	22.04

续表

商品名称	最惠国关税税率	增值税率	消费税率	跨境电商综合税率	行邮税率	一般贸易进口税率
天然或养殖珍珠制品	10	13	10	17.9	50	38.11
高尔夫球	6	13	10	17.9	50	33.09

在实际比较中,切不可直接比较税率,原因有以下三个方面:①行邮税有50元起征点,而跨境电商综合税没有起征点;②表3-7所列的跨境电商综合税率,适用的进口货物完税价格是同时低于5000元单次交易限值和26000元年度交易限值的;③进口关税税率视中国对原产国/地区相关贸易政策而定,表3-7所列为最惠国关税税率。

第四节 邮政物流服务

【学习情景】

国际铁路运邮的"中国方案":中欧班列

2018年1月24日,中欧班列(义乌—波兰)运邮测试发车仪式上,100件运邮测试件"登"上中欧班列,它们从义乌出发,将途经多个国家/地区,最终抵达波兰马拉舍维奇站,完成终端配送。这批测试邮件最快将于15天后运抵波兰,运输时间比海运节省20多天,成本仅为空运的1/5。义乌成为继重庆后,全国第二个开展中欧班列运邮测试的城市。

以前受《国际铁路货物联运协定》相关条款限制,中欧之间的国际邮包运输无法正常通过铁路运输,只能通过海运或空运。自2017年8月义乌成功获批中欧班列运邮试点城市以后,国际邮件"坐"火车往来不再是梦想。相比于其他运输方式,"义新欧"中欧班列具有比海运时间短、比空运价格低、不受天气限制、准点率高等优势,与邮件运输匹配度高。此次运邮测试,开辟了便宜、便利、性价比更高的国际邮包运输新模式。

在中国邮政集团公司、国家铁路局和中铁总公司等单位的积极协调和努力下,中国邮政开创中欧国际铁路货运班列全程运输国际邮包的先河。按照先出口后进口的原则,中国邮政在2014年开始尝试利用中欧班列运输出口邮件。但是,首次尝试便遭遇了"滑铁卢",邮件在新疆阿拉山口口岸出关时被海关退回,因为国际铁路合作组织(OSJD)1956年颁布的《国际铁路货物联运协定》规定,在国际铁路直通货物联运中不准运送邮政专运物品。

中国邮政开始潜心研究运输环节涉及的国际组织规定和邮政、海关、铁路等一系列环节及问题。随后,中国邮政借助万国邮联平台,与相关国家/地区邮政开展多轮双边、多边谈判,并在国内海关、铁路等部门的配合和支持下,多方发力,逐步打通了中欧班列出口邮件运递的各环节。

自 2016 年 9 月起至 2017 年 10 月，经过 9 次测试，中国邮政形成了一套被各方认可的国际货运列车常态化运邮的标准流程。中欧班列运邮工作已经由测试期逐渐迈入规模化和常态化运邮阶段。依托中欧班列，中国邮政推出了国际小包业务，让国际邮件在一个月内直抵欧洲腹地，实现欧洲 23 国“自由行”，满足了跨境电商客户的寄递需求。

资料来源：https://zj.zjol.com.cn/news/857430.html.

【学习任务】

认识邮政包裹的发运流程，掌握邮政包裹的跟踪状态。

【相关知识】

一、邮政包裹发运流程

（一）物流运输环节流程

跨境电商物流的运输可以按照流程分为以下六个环节，每个环节中又包含几个常见的内容，现将这些环节中的内容进行整理归类如下。

（1）发件国/地区物流渠道：实重、体积重量、跟踪号、转单号、排仓、爆仓、偏远、上网时效、起飞时效、未上网、申报；

（2）发件国/地区海关：出口总包护封开拆、出口总包直封分发、出口总包护封分发；

（3）空运、在途中：交航、转运/中转；

（4）收件国/地区海关：清关、税号、检疫、关税、扣关、清关时效；

（5）收件国/地区物流：丢弃/退件、代收、丢件；

（6）收件人签收、妥投。

（二）国际物流名词解释

1. 实际重量(actual weight)

实际重量是指一批货物包括包装在内的实际总重量。

2. 体积重量(volumetric/dimension weight)

在 EMS 与商业快递的收费方式中，除了包裹实重外，还会计算包裹体积重量，体积重量与实重择其较大者作为收费标准。当体积重量＞实重，则按照体积重量收取运费；反之，则按照实际重量收取运费。按照体积重量收费的货品称为抛货，按照体积重量收费的方式又称为计抛。EMS 只有在长、宽、高三边中任一单边达到 60cm 及以上的，才需计体积重量。EMS 体积重量的计算公式：长(cm)×宽(cm)×高(cm)÷6000＝体积重量(kg)。

3. 跟踪号(tracking number)

当包裹被物流渠道服务商揽收后，物流渠道服务商会提供一组英文字母加数字或是纯数字组合的物流信息跟踪号，买家可以通过这组跟踪号追查包裹目前最新状况。以下用中国邮政挂号小包为示例单号解释：RR123456789CN。

根据万国邮联规定,查询号码的统一规则(由字母及数字组成 13 位标准单号):前面 2 个字母,中间 9 位数字,后面 2 个字母是根据标准 ISO 3166−1 国家名称简码定义发件国/地区,部分国家/地区可能存在自己定义的特殊单号。

4. 转单号(transfer number)

转单号是航空包裹无法由寄件国/地区直达收件国/地区,途中经过第三方国家/地区因而产生的另外一组追踪号;或是抵达收件国/地区之后,当地的派送公司可能另外给出的追踪号;也有可能是遇到异常情况的转单号。

5. 排仓(row positions)

排仓是指已经被海关放行的货物被航空公司根据货物尺寸、轻重编排装载表,然后交给货站进行货物装箱或预配。一般指四大快递航班仓位不足而需要等待的情况,可能会收取排仓费。

6. 爆仓(blasting warehouse)

一般指物流旺季快递或者邮政渠道包裹太多而超出承受能力,来不及分拣,甚至没办法再收件,大量快件滞留在始发站或中转站,到达目的地的时间相对比较长。发生的原因有:天气因素(如大雪、洪水、台风等)、网购高峰期(大多是节日后,如圣诞节、元旦、春节、情人节等)、国际赛事加强安检(如奥运会等)、长假期快递公司多数人员休假等。

7. 偏远地区(remote area)

针对商业快递发货的包裹,部分地区邮路不发达,因此快递公司会收取一些额外的服务费用。通过邮政渠道(包含 EMS)发货,不收取偏远地区费用。

8. 上网时效(information received)

上网时效是指邮局收货并在货后把单号数据上传到官网的速度。如果是直封分发,那通常在拿到单号之后的 1～3 个工作日内就可以查看到物流信息开始更新。通过线上发货的包裹,仓库在工作日收到包裹后的隔天,基本上都可以看到物流信息更新。若是线下发货的包裹,超过 3～5 天仍看不到物流信息更新,那卖家们就需认真考虑此货代处理货物的时效性了,很有可能货代将货物转手给其他货代造成物流信息更新滞后。平台大促或是购物旺季来临时,因为各个邮局的处理能力有限,爆仓时货物堆积如山,很有可能导致物流信息更新严重滞后。

9. 起飞时效(dispatched to overseas)

起飞时效通常是指邮局把货物送到海关进行商检,海关放行后货物在机场等待航班的时间。一般来说,到欧美的航班班次多,速度更快,到未开发国家/地区则需要等待更长的时间。

10. 未上网(information failed)

未上网是指单号数据在官网上还未更新或暂时查询不到包裹任何信息。

11. 申报(claim)

申报是指发件人对包裹内容进行陈述,将物品详情、数量、金额三大要素体现在形式发票(快递)或报关单(小包)上,以便收件国/地区海关对该货物进行检查。比如,加收关税等动作就是根据申报信息而产生的。

12. 出口总包护封开拆(arrival at transit office of exchange)

一般寄出口包裹时,会根据不同的目的国/地区,将包裹装在邮递袋子里封好,称为总包。经过海关检查后合格的总包,要再封上,称为护封。邮局把货交给海关(都是一大袋一大袋装好的,每个大的袋子里装了很多的中国邮政的小包),海关会把邮局的包裹大袋子拆开,过机扫描,有时会抽查,看物品是否和申请的一致。所以货物名称要写清楚,如果信息存在模糊的情况,海关就会做拆包检查,会耽误货物发出的时间。

13. 出口总包直封分发

出口总包护封开拆以后一般会显示出口总包直封分发,这表示包裹已经顺利地通过海关检查,并被重新打包好,交给航空公司,航空包裹由寄件国/地区直达目的国/地区,途中不经过第三方国家/地区。

14. 出口总包护封分发

需要中转的包裹,根据不同地址分拣后的进口小包裹,再次封装成为总包,发往目的国/地区的投递站点。

15. 交航

寄件国/地区的物流服务商已经把货品交给机场,包裹已经在机场或者已经交给发货的航空公司,显示交航就是说明货品已经上了去往收件国/地区的航班,下一条更新信息就是货品已经抵达收件国/地区了。

16. 转运/中转(transport/transit)

转运/中转是指航空包裹无法由寄件国/地区直达收件国/地区,途中需经过第三方国家/地区。在转运/中转过程中,若物流操作人员操作不规范或暴力分拣,则可能导致货物破损或丢失。多次转运/中转,可能导致货物上网信息非常慢。

17. 清关(clearance)

清关即结关,是指报关单位已经在海关办理完毕进出口货物通关所必需的所有手续,完全履行了法律规定的与进出口有关的义务,包括纳税、提交许可证件及其他单证等,进口货物可以进入境内市场自由流通,出口货物可以运出境外。

18. 税号(tax number)

纳税人识别号就是税务登记证上的号码,通常简称为税号。每个企业的税号由税务部门编制,唯一且终身不变。在某些国家,除了有企业税号,也有个人税号,如巴西、澳大利亚等。个人税号与企业税号的区别在于清关能力不同,当申报金额较高的货品时,极有可能无法使用个人税号去报税清关。

19. 检疫(quarantine inspection)

检疫是卫生检疫、动植物检疫、商品检疫的总称,对电子类产品主要是要求各种认证和查仿牌。

20. 关税(custom duty/tax)

关税是指国家/地区授权海关对出入关境的货物和物品征收的一种税,基本每个国家/地区都有申报关税的起征点。当货品申报的价值超过目的国/地区进口货物最高免税金额时,就必须缴纳关税。

例 3-1　英国税率起征点是 15 英镑,则

综合关税的组成＝VAT(增值税)＋DUTY(关税)＋ADV(清关杂费)

VAT(增值税)＝货值(向海关申报)＋运费＋DUTY(关税)

DUTY(关税)＝货值×产品税率

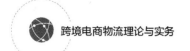

例 3-2　澳大利亚税率起征点是 1000 澳元,则

综合关税的组成＝GST(商品及服务税)＋DUTY(关税)＋ADV(清关杂费)

GST(商品及服务税)＝[货值(向海关申报)＋运费＋DUTY(关税)]×10%

DUTY(关税)＝货值×税率

例 3-3　美国税率起征点是 200 美元,则

综合关税的组成＝DUTY(关税)＋ADV(清关杂税)

DUTY(关税)＝货值×税率

以上范例的起征点仅供参考,发货若涉及关税,请事先跟买家或是货代公司确认目的国/地区的税率和免税额等。卖家虽然没有承担关税的责任与义务,但买家极有可能因为高昂的关税而无法清关,进而产生交易纠纷。

21. 扣关(detained by customs)

包裹在收件国/地区海关因某些原因而被当地海关查扣,大多是以下几种情况:申报价值和估价不一致、品名和产品不符、装箱清单不详、收货人条件不允许(没进出口权等)、包裹价值超过收件国/地区的免税金额(需要补交关税)、违禁产品等。

22. 清关时效(arrived at overseas)

清关时效是指货物在海关完成正常手续并放行的时间。

23. 丢弃/退件(abandon/return)

包裹到了收件国/地区之后,因为"任何"原因无法顺利妥投,就会面临丢弃或是退件。在某些国家/地区,即使是丢弃,也会被收取处理费。如选择"退件",万国邮政联盟明确规定了小包退回到发件国/地区是免费的,如新加坡邮政发往美国的小包退回到新加坡是免费的,但是如若还需要这个货物的话,从新加坡到中国的运费则需要寄件人自行承担,并且可能会产生进口关税。商业快递如若需要退件,基本上退件费用是寄件费用的 3～5 倍,所以商业快递请不要随便让客户拒签。

24. 代收(waiting collection)

当包裹在收件国/地区无法顺利妥投时,通常会被暂存在当地的物流服务中心 1～3 个星期,具体的暂存时间因国家/地区而有所不同,然后物流服务中心会通知收件人在暂存时间内自行前往领取,若暂存时间结束仍无人领取,则包裹有可能会被丢弃或做退件处理。

25. 丢件

丢件是指在网上已无信息更新,邮政并未回复查件结果并且客户未签收的货物。货物确认丢失后,邮政会提供限额赔偿(很多情况下可能不是丢件,而是收件国/地区不支持物流信息更新造成的)。

二、物流跟踪信息状态

(一)查询不到

包裹查询不到跟踪信息,可能有以下四种情况:①运输商还未接收到您的包裹;②运输商还未对您的包裹进行跟踪信息的录入;③提交的单号错误或者无效;④提交的单号已经过期。

一般来说,包裹发货后,运输商需要时间进行包裹处理及跟踪信息的录入。因此,包裹发货后并不一定可以马上查询到跟踪信息,如图 3-1 所示。在未上网或查询不到的状态下,可以与运输商联系确认,或稍后再进行查询。

图 3-1　包裹跟踪状态——查询不到

(二)运输途中

包裹正在运输途中,可能有以下五种状态:①包裹已经交给了运输商;②包裹已经封发或离港;③包裹已经到达目的国家/地区,正经海关检验;④包裹正在目的国家/地区进行国/地区内转运;⑤其他的一些运输过程,如中转至其他目的国家/地区等。

包裹在运输途中时,一般要留意查看详细跟踪信息,如图 3-2 所示。如包裹已经到达目的国家/地区,建议隔 1~2 天查询一次,以确保收件人顺利、及时地收取到包裹。

图 3-2　包裹跟踪状态——运输中

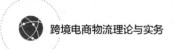

(三)到达待取

到达待取是指包裹已经可以收取,即包裹已经到达目的国家/地区的投递点或者包裹正在投递过程中。

在包裹到达待取的情况下,建议收件人联系目的国家/地区的运输商了解投递事宜。需要注意的是,一般运输商对取件有一定的暂存时间,如图 3-3 所示,收件人应尽快取件,以免包裹被退回。

单号(状态) ❓	发件国家(运输商) ❓
🏳 RF772112558CN 到达待取 ↻	中国 (China Post) ✅ 最新事件 —— 2017-07-13 12:51 土耳其, 邮政局试投

目的国家 - 缓存时间:2017-07-15 11:19

发件国家 - 查询耗时:15906 毫秒

- 2017-07-13 12:51　土耳其, 邮政局试投
- 2017-07-11 16:41　TR3401, 移交海关
- 2017-07-11 13:41　土耳其伊斯坦布尔, 到达互换局
- 2017-06-23 12:21　上海浦东, 离开交航
- 2017-06-23 11:50　上海浦东, 到达
- 2017-06-22 18:18　温州互换局, 已出口直封
- 2017-06-22 17:02　温州互换局, 已出口开拆
- 2017-06-22 15:35　温州市两包集中收寄中心, 离开 , 下一站【温州国际】
- 2017-06-22 15:33　温州市两包集中收寄中心, 已封发
- 2017-06-22 15:07　温州市两包集中收寄中心, 已收寄
- 2017-06-20 14:07　电子信息已收到

图 3-3　包裹跟踪状态——到达待取

(四)成功签收

正常情况下,成功签收表示收件人已经成功收取包裹,如图 3-4 所示。如果收件人并未接收到包裹,建议收件人咨询目的国家/地区运输商或发件人在发件国家/地区开档查询投递情况。

单号（状态）❓	发件国家（运输商）❓
✔ RF740810371CN 成功签收（13天）	中国（China Post）✅ 最新事件 — 2017-06-15 11:36 MALE, Deliver item (Inb)

目的国家 - 缓存时间：2017-07-15 10:45

- 2017-06-15 11:36　MALE, Deliver item (Inb)
- 2017-06-12 16:41　MALE, Receive item at delivery office (Inb)
- 2017-06-12 08:49　MALE, Send item to domestic location (Inb)
- 2017-06-12 08:13　MALE, Receive item at office of exchange (Inb)

发件国家 - 缓存时间：2017-07-15 10:45

- 2017-06-07 14:36　北京, 启运
- 2017-06-07 01:48　北京航站, 离开交航
- 2017-06-06 21:58　北京航站, 到达
- 2017-06-06 15:35　北京互换局, 已出口直封
- 2017-06-06 10:32　北京互换局, 已出口开拆
- 2017-06-03 15:40　义乌互换局, 已出口互封(国内经转)
- 2017-06-03 15:00　义乌互换局, 已出口开拆
- 2017-06-02 20:22　中国邮政集团公司浙江省义乌市邮购配送公司, 离开, 下一站【义乌】
- 2017-06-02 20:15　中国邮政集团公司浙江省义乌市邮购配送公司, 已封发
- 2017-06-02 19:32　中国邮政集团公司浙江省义乌市邮购配送公司, 已收寄
- 2017-06-02 12:30　电子信息已收到

图 3-4　包裹跟踪状态——成功签收

（五）运输过久

运输过久是指包裹已经运输了很长时间而仍未投递成功,可能出现以下三种情况：①运输商在到达某个运输阶段后,不再进行跟踪信息的录入;②运输商遗漏了跟踪信息的录入;③包裹在运输过程中可能丢失或者出现延误的情况等。

如果出现运输过久的状态,建议与运输商联系确认包裹的具体情况。

【知识测试】

1. 简述邮政物流的优点和不足。
2. 简述万国邮联的主要工作。
3. 简述中国邮政小包的特点。

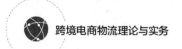

4.简述行邮税的概念。

5.简述常见的物流跟踪信息状态。

【实践操作】

实践项目:完成所在城市邮政物流发展现状调研。

实践要求:通过实地调研、资料收集、文献阅读,了解你所在城市有没有跨境邮政物流服务,及其服务范围、价格等信息。

实践形式:学生以小组为单位,建议 3～5 人为一组,分工合作,共同完成调研报告。

第四章

国际快递

【学习目标】

✿ 知识目标：

- 了解国际快递的概念、业务特征、业务模式和主要国际快递公司；
- 熟悉国际快递的业务流程、业务环节、禁运品以及处理办法；
- 掌握国际快递的费用构成、费用计算方式。

✿ 能力目标：

- 能够根据实际情况选择合适的国际快递公司业务；
- 能够寄送国际快递包裹；
- 能够正确计算国际快递费用。

【思维导图】

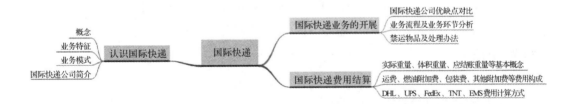

第一节　认知国际快递

【学习情景】

上海亚翔：一体化跨境电商物流解决方案

上海亚翔国际货物运输代理有限公司（简称上海亚翔）是一家多年致力于国际快递及

国际货物运输服务的企业。上海亚翔不断与时俱进,目标是创建中国最受信赖的国际快件品牌。为了解决跨境电子商务卖家的物流需求多样化问题,上海亚翔推出一整套的 B2C 跨境物流解决方案,包括亚翔代理专线方案、快件类方案、经济类方案、FBA 头程空派方案、FBA 头程经济方案、仓储代发货方案等。其中,快件类方案可选择渠道有 DHL、UPS、FedEx、TNT、顺丰速运国际专线和 EMS(见表 4-1)。

上海亚翔

表 4-1　上海亚翔快件类方案的主要内容

渠道	收寄国家/地区	参考时效(工作日)	燃油附加费
DHL	全球 220 个国家/地区	3~6	有
UPS	全球 220 个国家/地区	2~5	有
FedEx	全球 220 个国家/地区	国际优先快递(IP):2~4 国际经济快递(IE):3~7	有
TNT	全球 220 个国家/地区	3~6	有
顺丰速运国际专线	美国、加拿大、新加坡、马来西亚、日本、韩国、澳大利亚、泰国、越南、蒙古、印度、印度尼西亚、俄罗斯、柬埔寨、墨西哥、缅甸、智利、巴西、欧洲等 28 个国家/地区	5~7	无
EMS	全球 190 个国家/地区	3~10	无

【学习任务】

认识国际快递的概念、业务特征、业务模式和著名的国际快递公司。

【相关知识】

一、国际快递的概念

国际快递指的是在两个或两个以上国家/地区之间进行的快递、物流业务。国际快递的跨境运输方式有空运、海运、陆运等,是一种将客户的货物从发件人运送到收件人的门到门的物流服务。

二、国际快递业务的特征

国际快递虽然属于国际物流的组成部分之一,但是国际快递和国际物流在许多方面都有不同之处,其内容上是有所区分的。首先,从服务对象来说,国际快递的服务对象主要是个人的货物或个人/单位的文件;而国际物流的服务对象主要是大型的外贸公司。其次,从费用上来说,国际快递的运输对象是少量、小件的货物,单价较高;国际物流的货量较大,平均摊算下来,费用会更加低廉。最后,从时效与派送方式上来说,如果是寄往同一目的地,国际快递所花的时间比国际物流快3~4天,而且采用的是门到门服务,不需要客户自取;而国际物流的派送方式有两种,第一种是收货人到物流网点自取,第二种是选择上门送货。

国际快递作为跨境运输物流服务的种类之一,具有如下特点。

(1)时效性。对于任何一类信息或物品的传递,时效性是其一定具有的特点。因为快递的出现其基础是消费者对于运输的时间限制越来越精细化,对于寄运货品的时间有更高的要求,因此快递的时效性是其最主要的特点之一。由此,快递行业也延伸出了与时间节点相关的产品与服务,如今日达、次日达等。决定国际快递质量高低的关键因素还得看时效。

(2)服务性。相比于国际邮政小包,国际快递的价格相对高昂,产品定位也相对高,因此客户既然支付了比一般国际物流服务更高的价格,自然是希望在整个物流服务过程中客户的参与程度更少、便利度更高。国际快递属于门到门服务的类型。门到门服务具体指的是承运公司将货物揽收后,全程负责将货物运送到指定收货人的一种服务,客户不必为其中的交接环节操心。

(3)信息化。快递的服务性和时效性特点,要求其必须及时、有效地接收来自不同客户的信息,并且快速完成系统规划的安排和流程。但是,在现代的国际物流中,物流信息系统不仅仅是简单发挥货物调配的作用,随着客户对货物实时追踪的要求越来越高,国际快递企业还需要先进的计算机网络技术和通信技术,才能保证对货物的实时动态进行跟踪和反馈,才能及时发现货物在哪个环节出现问题。

三、国际快递业务的模式

在跨境电子商务业务越来越普遍的情况下,国际快递市场也越来越充满活力。消费者对货物运送的需求,也催生了许多国际物流模式的产生,国际快递这一板块也不例外。在这几年的国际快递发展过程中,根据运作主体的不同,催生出两种主要的国际快递模式。

(一)国际商业快递模式

国际商业快递模式指的是由国际商业快递公司运用自身的物流网络和信息系统来为跨境客户提供的门到门服务。在现今的快递市场上,UPS、TNT、FedEx、DHL等公司采用的就是国际商业快递模式。这些快递公司拥有自己的全球物流网络和发达的物流信息系统,能依靠自身的物流运输能力,帮助客户完成货物的运输。这种模式主要利用航空飞机将货物运输到全球各地,为各国/地区客户提供了极大的便利和良好的购物体验。

(二)国际邮政包裹模式

国际邮政包裹指的是在货物跨境运输时,通过万国邮政联盟体系来进行货物的进出口运输,主要是运送重量在2kg以下,外包装长、宽、高之和小于90cm,且最长边小于60cm的包裹。一般采用个人邮包形式发货。其中,国际邮政包裹国际小包分为平邮和挂号两种。前者费率较低,邮政系统不提供跟踪查询服务,虽然挂号业务费率稍高,但客户可在网上查询物流动态。

相对于国际商业快递来说,国际邮政包裹的运输时间和运输质量更不稳定;但由于其

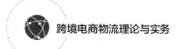

费用更为低廉,因此据中国电子商务研究中心的数据,现在我国跨境电商出口 70% 的业务仍选择以此种方式进行运输。对于国际商业快递和国际邮政包裹这两种运输方式来说,其区别具体如表 4-2 所示。

表 4-2　国际商业快递模式与国际邮政包裹模式区别

对比项	国际商业快递	国际邮政包裹
时效	3~7 个工作日	5~15 个工作日
价格	有首重,续重	无首重,续重
重量	单件 79kg 以下	单件 2kg 以下
其他费用	无	有超长、超重、偏远地区附加费
通邮范围	全球 220 个国家/地区	全球 220 个国家/地区
跟踪查询	均提供	挂号提供、平邮不提供
退件说明	退件快	退件慢

四、主要国际快递公司

早在 20 世纪 70 年代末,中国对外贸易运输(集团)总公司(简称中国外运(集团)总公司)就率先与日本海外新闻普及株式会社(Oversea Courier Service, OCS)签订了第一份快递代理合同,标志着快递业正式进入中国。1980 年 7 月,邮政机构也开始办理国际快递业务(EMS);1984 年,FedEx 以代理的形式开始在中国提供快递服务;1986 年 12 月,中外运-敦豪国际航空快件有限公司在北京正式成立;1988 年,UPS 通过与中国外运(集团)总公司建立合资企业,利用其物流网络进入中国的国际快递市场;1988 年,TNT 公司与中国外运(集团)总公司合资建立了中外运-天地快件有限公司,开拓在中国的快递业务,中国的国际快递业开始了全面发展。

(一)德国敦豪快件服务公司(DHL World Wide Express)

DHL 公司成立于 1969 年,最早以运送文件为主,总部建在德国的布鲁塞尔,是目前航空快递业市场份额最大的快递公司之一,后德国邮政完成了对 DHL 的收购工作,使 DHL 成为德国邮政的全资子公司(见图 4-1)。

图 4-1　DHL 图标

DHL 这个公司名称来自三位创始人姓氏的首字母,他们分别是 A. Dalsey、L. Hillblom 和 R. Lynn。一开始,创始人们自己乘坐飞机来往于旧金山和夏威夷之间运送货物单证,这样就可以在货物到达之前进行货物的清关从而显著地缩短货物在港口的等待时间。凭

借这一概念,一个新的行业诞生了——国际航空快递,通过飞机快速运送文件和货物。DHL 的网络开始不断以惊人的速度扩展,向西不断挺进,从夏威夷到远东再到环太平洋地区,然后是中东、非洲、欧洲和亚洲。目前,DHL 主要包括以下四个业务部门:DHL Express、DHL Global Forwarding、Freight 和 DHL Supply China。

DHL 是四大国际快递公司中最早进入中国的。为了谋求在中国的发展,DHL 与中国外运(集团)总公司合作组建了中外运-敦豪国际航空快件有限公司(简称中外运-敦豪),并于 1986 年 12 月正式成立。2006 年 4 月,在中外运-敦豪成立 20 周年之际,DHL 正式发布了"中国优先"战略。目前,中国是 DHL 全球网络中发展最快的市场之一,在 DHL 亚太以及全球的发展中占有重要的战略地位。中外运-敦豪将继续执行"中国

DHL

优先"的业务策略,不断强化网络优势,提升产品与服务,与中国经济共同发展。

网址:http://www.cn.dhl.com/zh.html。

(二)美国联合包裹运送服务公司(United Parcel Service,UPS)

UPS 成立于 1907 年,总部设于美国佐治亚州亚特兰大市,现已成长为一家年业务量达到 16 亿件、营业额超过 740 亿美元的全球性公司(见图 4-2)。

成立之初,由于以"最好的服务、最低的价格"为业务原则,UPS 逐渐在整个美国西岸打开局面。到 20 世纪 30 年代,UPS 的服务已遍布所有美国西部大城市,并开发了第一个机械包裹分拣系统;到 50 年代,UPS 取得了"公共运输承运人"的资质,并将自己的包裹递送业务从零售店扩展到普通居民,从而成为美国邮政的直接竞争对手。如今的 UPS,是一家全球性公司,其商标是世界上最知名的商标之一。作为世界上最大的包裹递送公司和全球领先的专业运输与

图 4-2　UPS 图标

物流服务的供应商,UPS 通过结合货物流、信息流和资金流,不断开发物流、供应链管理和电子商务的新领域。

UPS 开展中国市场的业务始于 1988 年,同年 UPS 公司与拥有 40 多年运输经验的中国外运(集团)总公司签订了代理业务合作协议,正式进入中国市场。2001 年美国运输部授予 UPS 中国直航权。2003 年 UPS 将大中华区总部设在上海,表明了公司对中国市场客户的重视,并推进全球商务同步协调战略的实施。2004—2010 年,UPS 着重于基础设施建设和运营网络部署,在中国建立了与世界接轨的海陆空等不同规模的信息和交通运输网络,相继成立了上海国际转运中心和深圳亚太转运中心。上海国际转运中心将中国的各个地区与 UPS 的国际网络连接,主要为高科技、高附加值产品提供至欧洲、美洲和亚洲的直航服务,而深圳亚太转运中心主要是负责亚洲内部货物中转。2017 年,UPS 与顺丰速运成立了合资公司,该合作将两大运输网络高效连接,通过跨境 B2B 和 B2C 的物流解决方案,助力中国消费者和制造企业与美国客户实现无缝对接。

UPS

网址:https://www.ups.com/cn/zh/。

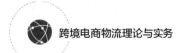

(三)美国联邦快递公司(FedEx)

联邦快递公司(FedEx)专为遍及全球的客户和企业提供涵盖运输、电子商务和商业运作等一系列的全面服务(见图4-3)。

图 4-3　FedEx 图标

FedEx 创始人是美国耶鲁大学毕业生弗雷德里克·史密斯(Frederick W. Smith),史密斯先生是富有想象力的退伍军人,1971 年他在美国阿肯色州的小石城成立了阿肯色航空公司。两年后这家公司迁往田纳西州孟菲斯,因为小石城机场官员拒绝为公司提供作业基地。史密斯先生向孟菲斯市机场提出申请并得到了批准,1973 年阿肯色航空公司迁入了孟菲斯市,改名为"联邦快递公司"。现在,FedEx 设有环球航空及陆运网络,通常只需 1～2 个工作日,就能迅速运送时限紧迫的货件,而且确保准时送达,同时设有"准时送达保证"承诺。FedEx 为全球超过 220 个国家/地区提供快捷、可靠的快递服务。在 2018 年《财富》世界 500 强排行榜中,FedEx 位居第 155 位。

FedEx 从 1984 年就开始在中国市场提供服务,但正式进入中国则是在 20 世纪 90 年代中。1995 年,FedEx 以 6750 万美元收购了当时唯一可以直飞于美国和中国之间的常青国际航空公司。在完成此收购之后,FedEx 成为第一家提供由美国直飞至中国的国际快递物流公司,美中主要城市之间的快递时间只需要 3 天。FedEx 是率先进入中国市场的航空快递公司,也是率先运用自设机队服务中国的航空快递公司。为更好开展国际快递业务,FedEx 把市场定位在业务量最为密集的地区,即外商集中的沿海和中心城市,从而提高了业务收益率,避免了不必要的损耗和成本。

FedEx

网址:http://www.fedex.com/cn/。

(四)荷兰 TNT 快递公司(Thomas National Transport,TNT)

TNT 是世界顶级的快递与物流公司,公司总部设在荷兰阿姆斯特丹,有超过 14.3 万名员工,为超过 200 个国家/地区的客户提供邮运、快递和物流服务。TNT 是欧洲最大的快递公司(见图4-4)。

图 4-4　TNT 图标

TNT 的创始人是澳大利亚人托马斯(Thomas),托马斯于 1946 年在澳大利亚悉尼成立 TNT 公司。1997 年 TNT 被荷兰邮政兼并,总部移至荷兰的阿姆斯特丹。1998 年荷兰实行邮政改革(邮电分营),荷兰邮政兼并了十几家大公司并成立了荷兰邮政集团(TNT Post Group)。TNT 提供全球门到门、桌到桌的文件和包裹的快递服务,特别是在欧洲、亚洲和北美洲等地,可以针对不同客户的需求,提供 9 点派送、12 点派送、Next Day 派送、收件人付费快件等服务内容。

2016 年 5 月,FedEx 宣布完成对 TNT 的收购。FedEx 和 TNT 携手合作并发挥两家公司的优势,在全球各地联系更广阔的客户群和开拓更广泛的服务范围,共同迈步向前。本次收购将世界最大的空运网络和一个无与伦比的欧洲公路运输网络进行了整合,以大幅拓展联邦快递现有的服务范畴,重塑全球交通运输和物流行业。

1978 年 TNT 进入中国香港,1988 年开始进入中国内地。TNT 先与中国外运(集团)总公司合作,2003 年又与超马赫国际运输代理有限公司合作,在 2007 年对华宇物流公司进行了收购,后更名为天地华宇。TNT 致力于向客户提供个性化的服务,让客户在递送途中的每个阶段均感到满意。

TNT

网址:https://www.tnt.com/express/zh_cn/site/home.html。

(五)全球邮政特快专递(Worldwide Express Mail Service)

EMS(express mail service)即邮政特快专递服务,它是由万国邮联管理的国际邮件快递服务,在中国境内是由中国邮政提供的一种快递服务(见图 4-5)。该业务在海关、航空等部门均享有优先处理权,它以高质量为用户传递国内外紧急信函、文件资料、金融票据、商品货样等各类文件资料和物品。

图 4-5　EMS 图标

在中国大陆境内提供 EMS 服务的为中国邮政速递物流公司,它是中国邮政集团公司直属全资公司,主要经营国内速递、国际速递、合同物流等业务,国内、国际速递服务涵盖卓越、标准和经济不同时限水平和代收货款等增值服务,合同物流涵盖仓储、运输等供应链全过程。

中国邮政速递物流公司成立于 2010 年 6 月,是中国经营历史最悠久、规模最大、网络覆盖范围最广、业务品种最丰富的快递物流综合服务提供商。截至 2018 年底,该公司注册资本 250 亿元,员工近 16 万人,业务范围遍及全国所有市县乡(镇),通达全球 200 余个国家/地区,自营网点超过 5000 个。

网址:http://www.ems.com.cn/。

第二节 国际快递业务的开展

【学习情景】

圆通国际推出全球 36 小时闪送业务

圆通蛟龙集团旗下圆通速递国际控股有限公司(简称圆通国际)和承诺达特快联合推出的"全球闪送"业务于 2018 年 7 月 29 日正式上线,利用前者的全球网络优势、业务能力和后者的时效优势、高性价比,为国际急件市场提供短至 10 小时,最长不超过 36 小时的"一对一"安全急送服务。

例如,北京时间 9:39,承诺达特快的客服接到一家海外车企询价,从舟山运输一批塑胶零件到美国的芝加哥。2 分钟内,客服确认总计 12 箱货物的重量与尺寸,并在 9:53 向客户提供从深圳出关经香港到芝加哥的解决方案和报价,客户在 15 分钟内确认。下午,客户准备好货物,专门负责"全球闪送"的承诺达特快小哥迅速出动,于 16:00 取货后送往舟山机场。此时,圆通国际的员工已预定好机票,货物送到机场后就由专人护送直飞深圳机场。货物于次日凌晨从深圳陆运出关,到达香港机场的同时,圆通国际已提前安排好在芝加哥的派送。专人搭乘的国际航班于当地时间 11:12 到达芝加哥,2 小时完成报关后即进行派送,系统显示 19:30 包裹被签收。这是"全球闪送"服务的一个典型案例。

"全球闪送"定位于高端国际闪送市场,主要针对高科技电子公司、时尚品牌、汽车公司和海外第三方代理等有高价值、高时效需求的客户群体。此项服务为用户提供的平均30 分钟响应、2 小时内上门、36 小时送达的急速式服务,极大弥补了传统国际快递在时效性、安全性和个性化等方面的不足。

资料来源:https://baijiahao.baidu.com/s? id=16403855783540833l7&wfr=spider& for=pc.

【学习任务】

认识国际快递的业务流程、业务环节、禁运品以及处理办法。

【相关知识】

一、国际快递公司快递业务优缺点对比

(一)EMS

优点:运费比较便宜,一般找货代都可以拿到至少 5 折的折扣,EMS 直达国家/地区都按照重量计算运费,自 2012 年 7 月 1 日起,EMS 线上发货都需要进行计算体积重量的

操作,体积重量(kg)=长(cm)×宽(cm)×高(cm)÷6000。长、宽、高测量值需精确到厘米,1cm以下去零取整。500g以下的物品可以按公司报价文件进行价格计算。EMS可以当天收货,当天操作,当天上网,清关能力比较强。EMS能运送出关的物品比较多,其他公司限制运行的物品它基本能运送,如化妆品、箱、服装、鞋子等各种礼品以及各种特殊商品等。

缺点:相比于商业快递,速度偏慢。查询网站信息滞后,通达国家/地区较少,一旦出现问题只能做书面查询,时间较长。

(二)DHL

优点:速度快,发往欧洲一般只需要3个工作日,到东南亚一般只需要2个工作日,派送网络遍布世界各地,查询网站货物状态更新也比较及时,遇到问题解决,21kg及以上物品寄送时可享受单独的大货价格,部分国家/地区的大货价格比国际EMS便宜。在日、韩、东南亚、欧洲等地区服务相当好。

缺点:走小货价格较贵,对所托运的物品限制较多,拒收许多特殊商品,且在部分国家/地区不提供DHL包裹寄送服务。

(三)UPS

优点:服务好、速度快,强项在于美洲等线路,特别是美国、加拿大、南美、英国、日本,适合发快件。送往美国的包裹,差不多48个小时能送达。货物可送至全球200多个国家/地区,可以在线发货,在国内100多个城市提供上门取货服务。

缺点:运费较贵,要计算产品包装后的体积重量,对托运物品的限制比较严格。

(四)FedEx

优点:到中南美洲和欧洲的价格较有竞争力,而其他公司的报价则比较高,价格相差30%～40%。适宜走21kg及以上的大货,FedEx的价格是DHL、UPS的一半,运输速度却是一样的。网站信息更新快,网络覆盖全,查询响应快。

缺点:价格较贵,折扣比同类快递公司高15%左右,若体积重量超过实际重量则按体积重量计算,对所运物品限制较多。

(五)TNT

优点:速度快,通关能力强,提供报关代理服务。在欧洲、西亚、中东国家/地区有绝对优势,特别是到西欧只要3个工作日,网络信息比较全,查询网站信息更新快,遇到问题响应及时。

缺点:需要考虑产品的体积重量,对所运货物限制比较严格,价格相对较高。

二、国际快递业务流程及业务环节

(一)国际快递业务流程

国际快递货物的流转是在物流企业各个网点间流转的过程,通常任何一票国际快递都是跨关境的,凡是跨越关境的货物都需要向海关申报,具体业务流程如图4-6所示。

操作,体积重量(kg)=长(cm)×宽(cm)×高(cm)÷6000。长、宽、高测量值需精确到厘米,1cm以下去零取整。500g以下的物品可以按公司报价文件进行价格计算。EMS可以当天收货,当天操作,当天上网,清关能力比较强。EMS能运送出关的物品比较多,其他公司限制运行的物品它基本能运送,如化妆品、箱、服装、鞋子等各种礼品以及各种特殊商品等。

缺点:相比于商业快递,速度偏慢。查询网站信息滞后,通达国家/地区较少,一旦出现问题只能做书面查询,时间较长。

(二)DHL

优点:速度快,发往欧洲一般只需要3个工作日,到东南亚一般只需要2个工作日,派送网络遍布世界各地,查询网站货物状态更新也比较及时,遇到问题解决,21kg及以上物品寄送时可享受单独的大货价格,部分国家/地区的大货价格比国际EMS便宜。在日、韩、东南亚、欧洲等地区服务相当好。

缺点:走小货价格较贵,对所托运的物品限制较多,拒收许多特殊商品,且在部分国家/地区不提供DHL包裹寄送服务。

(三)UPS

优点:服务好、速度快,强项在于美洲等线路,特别是美国、加拿大、南美、英国、日本,适合发快件。送往美国的包裹,差不多48个小时能送达。货物可送至全球200多个国家/地区,可以在线发货,在国内100多个城市提供上门取货服务。

缺点:运费较贵,要计算产品包装后的体积重量,对托运物品的限制比较严格。

(四)FedEx

优点:到中南美洲和欧洲的价格较有竞争力,而其他公司的报价则比较高,价格相差30%～40%。适宜走21kg及以上的大货,FedEx的价格是DHL、UPS的一半,运输速度却是一样的。网站信息更新快,网络覆盖全,查询响应快。

缺点:价格较贵,折扣比同类快递公司高15%左右,若体积重量超过实际重量则按体积重量计算,对所运物品限制较多。

(五)TNT

优点:速度快,通关能力强,提供报关代理服务。在欧洲、西亚、中东国家/地区有绝对优势,特别是到西欧只要3个工作日,网络信息比较全,查询网站信息更新快,遇到问题响应及时。

缺点:需要考虑产品的体积重量,对所运货物限制比较严格,价格相对较高。

二、国际快递业务流程及业务环节

(一)国际快递业务流程

国际快递货物的流转是在物流企业各个网点间流转的过程,通常任何一票国际快递都是跨关境的,凡是跨越关境的货物都需要向海关申报,具体业务流程如图4-6所示。

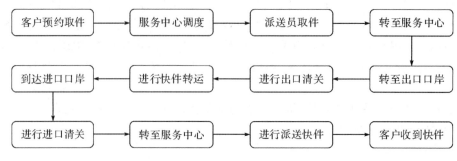

图 4-6　国际快递的业务流程

（1）揽件。国际快递揽件有以下两种形式：

①寄件人打电话给国际快递公司要求取件,快递公司客服人员通过客服系统下单,将下单数据传给调派系统;调派系统检查下单的数据,并指派快递员按正确的路线提货拿单。快递员通过手持终端,接收下单的信息,于寄件人处收件,寄件人按公司要求填写运单。

②寄件人将包裹直接送到服务站,并在服务站填写运单。快递员检查单据,确定正确的包装及标签,接受包裹,称快件重量,测量尺寸,用手持终端刷运单的条形码,且在运单中写下目的站代码,将目的站标签贴于包裹上。

（2）回站。包裹装上外务车,载回起运点服务站。

（3）制单、分拣、出口报检报关。起运点服务站操作员进行制单、出口报检报关等工作（国内快件没有这一项）,然后起运点服务站根据目的站代码完成分拣工作。

（4）快件运输到始发地机场。国际快递包裹分拣后装入运输卡车,载往始发地机场。

（5）国际航空运输。包裹在机坪打完盘柜后,根据不同的分拣中心,将盘柜上的包裹装上飞机,包裹发往快件转运中心。

（6）快件转运中心分拨。在快件转运中心,根据目的机场的不同,盘柜上的包裹被重新分拣及拆装后再装上盘柜。

（7）快件运输到目的地机场,并进行分拨、入库。包裹由转运中心飞往目的地机场,到目的地机场后将盘柜上的包裹卸下飞机,包裹卸下盘柜入库。

（8）进口报关。

（9）快件运输到目的站,并进行分拣。包裹进口报关结束,载往目的地服务站,在目的地服务站完成分拣。

（10）快件配送。快递员将快件配送至收件人处。

（11）收件人签收。

（二）国际快递业务环节分析

1. 国际快递物品的包装注意事项

包装是影响运输质量的一个非常重要的因素,它可由托运人自身完成,也可委托专业包装服务组织进行。包装材料的选择要视货物品质而定,目的是使货物得到安全的保护和支撑。

常用的包装材料有木箱、纸箱等。不同国家/地区对木箱的要求也不同,有些国家/地区要求使用熏蒸木箱。以下是国际快递物品包装的常见要求：

（1）钢琴、陶瓷、工艺品等重量大或价值高的物品要用木箱包装。

（2）美国、加拿大、澳大利亚、新西兰等国，对未经过加工的原木或原木包装有严格的规定，必须在原出口国进行熏蒸操作，并出示承认的熏蒸证，进口国方可接受货物进口。否则，将受到罚款或将货物退回原出口国。

（3）欧洲对松树类的木制包装要求较严，货物进口时必须有原出口国检疫局出示的没有虫害的证明。

（4）加工后的木制家具不需要进行熏蒸操作。

（5）日常生活中的常用类物品（如书籍、各种用具等）可用结实的纸箱自行包装，并做好防潮处理。

（6）易碎类的物品最好用东西填充好，避免损坏。

（7）若条件允许，在纸箱内铺垫一层防水用品（如塑料袋、布等）。

（8）在同一包装箱内，轻重物品要合理搭配放置，以便搬运。

（9）箱内最后要塞满填充物，且要充实，如可用纸巾、小衣物等填充，以防物品在搬运过程中因挪动而受损。

（10）服务组织若发现禁止进出境的物品，应移交海关处理。

2. 国际快递运单的填写方法

本节以 DHL 国际快递运单的填写方法为例进行介绍。客户通过 DHL 发送的每一票快件都必须完整地填写运单，理由有五条：第一，运单能够告知 DHL 客户的快件要发往何处，需要何种服务以及客户打算如何支付；第二，运单明示了 DHL 提供服务所遵循的标准运输条款（请仔细阅读，特别是免责及有限责任的相关条款）；第三，运单是货物所有权证明，客户可以凭唯一的运单号码在 DHL 网站上查询快件；第四，运单能够告知海关货物的具体内容，有助于快件快速清关，及时抵达目的地；第五，所有运单均有有效期规定，超出有效期后不可使用。

DHL 国际快递运单一般分为 8 个区域，如图 4-7 所示。

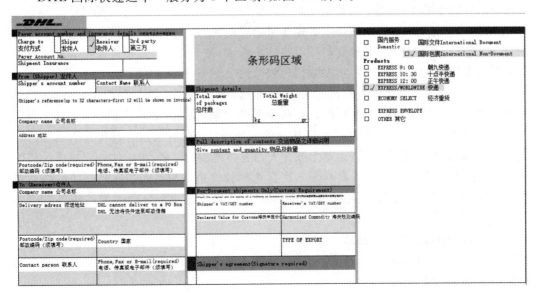

图 4-7 DHL 国际快递运单的填写方法（Excel 版）

（1）付款人账号。运费会计入发件人账号或在没有付款人账号的前提下以现金支付。如果运费由收件人支付,请确保正确填写付款人账号。如要安排保险,请填写保价金额。

（2）发件人信息。①发件人账号。此账号是用于支付运费的 DHL 账号,可以是注册的发件人账户、收件人账户或第三方账户。②联系人姓名。填写完整的发件人姓名。③发件人参考信息。可以选择填写发件人的参考信息,此信息会显示在 DHL 发票上(仅显示前 12 个字符),以明晰发送的货物内容、发送的缘由以及发送人。④发件人名称及地址。填写发件人的公司名称,以及包含邮编的完整地址。电话号码、传真或电子邮件是必填项。

（3）收件人信息。填写收件人的公司或个人名称并填写完整的地址信息,包括国家/地区、邮编和收件人姓名等。电话号码、传真或电子邮件是必填项,同时也要注意邮政信箱不能作为 DHL 运单的收货地址。

（4）快件详情。填写该票快件的具体数量、重量和尺寸。其中,总重量以千克为单位,四舍五入保留小数点后一位,每件货物的尺寸单位为厘米(长×宽×高)。

（5）完整的货物描述。准确填写每件货物的内容和数量。

（6）非文件类快件。为了快速并可靠地进行清关需申报货值,填写包括该出口货物实际价值在内的准确信息。如果申报价值大于 30 美元,在海关清关时会比较严格,另外,收件人也会多付关税。

（7）发件人签名。运单应由发件人签署姓名及日期。

（8）产品及服务。选择需要的快件服务,请向快递、货代公司确认当地是否开通此服务。

3. 国际快递分拣环节的操作

（1）早分拣。从外地区到本地区的快件,即递送员要送到收件人处的快件,一般在早晨 8:00 左右到达本地区的服务站,快件到达后,服务站操作人员需进行早分拣。

早分拣的业务流程:①服务站操作人员对所有总包快件进行扫描,这一扫描代表快件已经进入目的地服务站,即进行目的地服务站扫描;②服务站操作人员根据快件运单上的具体地址,将总包里的快件放到属于各递送员的配送区内;③递送员扫描分到自己区内的快件;④服务站操作人员和各递送员核对扫描快件量,每个递送员扫描快件量的总和应等于服务站操作人员的扫描快件量,在数据一致的情况下,分拣工作结束。

（2）晚分拣,从本地区到外地区的快件,即递送员从发件人处所取的快件,一般在晚上 8:00 左右从本地区的服务站装上班车运出,在运出之前,服务站操作人员需进行晚分拣。

晚分拣的业务流程:①各递送员将从寄件人处所取的快件与服务站操作人员进行交接;②服务站操作人员根据快件运单上收件人的具体城市和国名,将快件放到相应的按航线划分的区内;③服务站操作人员将录入各区内的快件信息与每个递送员交接的快件量进行核对,以保证录入信息无误;④服务站操作人员将各航线划分的区内的快件打成总包,分拣工作结束。

4. 国际快递报关环节的操作

（1）预录入。操作员根据发件人提供的发票、装箱单、快件运单等文件,填好报关单的草单,然后录入并打印报关单。

（2）递单。报关员按海关要求,将打印出来的进(出)口货物报关单,随报关单交验的发票、装箱单、进(出)口货物许可证、入境货物通关单或出境货物通关单,以及其他单证等递交海关。

(3)进出口货物的征税。海关在审核单证和查验货物以后,根据《中华人民共和国进出口关税条例》和《中华人民共和国海关进出口税则》的规定,对实际货物征收进口或出口关税。另外,根据有关规定可减、免、缓、退、保税的,报关单位应向海关送交有关证明文件。

(4)结关出单。办理完海关上述手续后,海关退还所附的运单、手册、进出口付汇联系单、出口核销单等文件,并在相关单证上盖海关印章。

(5)提(出)货。对于进口的货物,可以从海关监管库提出来给客户送货;对于出口的货物,可以装上符合海关要求的运输工具运出。

三、国际快递禁运物品及处理办法

(一)国际快递禁运品

1. 枪支弹药

(1)枪支(含仿制品、主要零部件)。如手枪、步枪、冲锋枪、防暴枪、气枪、猎枪、运动枪、麻醉注射枪、钢珠枪、催泪枪等。

(2)弹药(含仿制品)。如子弹、炸弹、手榴弹、火箭弹、照明弹、燃烧弹、烟幕(雾)弹、信号弹、催泪弹、毒气弹、地雷、手雷、炮弹、火药等。

2. 管制器具

(1)管制刀具。如匕首、三棱刮刀、带有自锁装置的弹簧刀(跳刀)、其他相类似的单刃、双刃、三棱尖刀等。

(2)其他。如弩、催泪器、催泪枪、电击器等。

3. 爆炸物品

(1)爆破器材。如炸药、雷管、导火索、导爆索、爆破剂等。

(2)烟花爆竹。如烟花、鞭炮、摔炮、拉炮、砸炮、彩药弹等烟花爆竹及黑火药、烟火药、发令纸、引火线等。

(3)其他。如推进剂、发射药、硝化棉、电点火头等。

4. 压缩和液化气体及其容器

(1)易燃气体。如氢气、甲烷、乙烷、丁烷、天然气、液化石油气、乙烯、丙烯、乙炔、打火机等。

(2)有毒气体。如一氧化碳、一氧化氮、氯气等。

(3)易爆或者窒息、助燃气体。如压缩氧气、氮气、氦气、氖气、气雾剂等。

5. 易燃液体

如汽油、柴油、煤油、桐油、丙酮、乙醚、油漆、生漆、苯、酒精、松香油等。

6. 易燃固体、自燃物质、遇水易燃物质

(1)易燃固体。如红磷、硫黄、铝粉、闪光粉、固体酒精、火柴、活性炭等。

(2)自燃物质。如黄磷、白磷、硝化纤维(含胶片)、钛粉等。

(3)遇水易燃物质。如金属钠、钾、锂、锌粉、镁粉、碳化钙(电石)、氰化钠、氰化钾等。

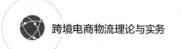

7. 氧化剂和过氧化物

如高锰酸盐、高氯酸盐、氧化氢、过氧化钠、过氧化钾、过氧化铅、氯酸盐、溴酸盐、硝酸盐、双氧水（过氧化氢）等。

8. 毒性物质

如砷、砒霜、汞化物、铊化物、氰化物、硒粉、苯酚、汞、剧毒农药等。

9. 生化制品、传染性、感染性物质

如病菌、炭疽、寄生虫、排泄物、医疗废弃物、尸骨、动物器官、肢体、未经硝制的兽皮、未经药制的兽骨等。

10. 放射性物质

如铀、钴、镭、钚等。

11. 腐蚀性物质

如硫酸、硝酸、盐酸、蓄电池、氢氧化钠、氢氧化钾等。

12. 毒品及吸毒工具、非正当用途麻醉药品和精神药品、非正当用途的易制毒化学品

（1）毒品、麻醉药品和精神药品。如鸦片（包括罂粟壳、花、苞、叶）、吗啡、海洛因、可卡因、大麻、甲基苯丙胺（冰毒）、氯胺酮、甲卡西酮、苯丙胺、安钠咖等。

（2）易制毒化学品。如胡椒醛、黄樟素、黄樟油、麻黄素、伪麻黄素、羟亚胺、邻酮、苯乙酸、溴代苯丙酮、醋酸酐、甲苯、丙酮等。

（3）吸毒工具。如冰壶等。

13. 非法出版物、印刷品、音像制品等宣传品

如含有反动、煽动民族仇恨、破坏国家统一、破坏社会稳定、宣扬邪教、宗教极端思想、淫秽等内容的图书、刊物、图片、照片、音像制品等。

14. 间谍专用器材

如暗藏式窃听器材、窃照器材、突发式收发报机、一次性密码本、密写工具、用于获取情报的电子监听和截收器材等。

15. 非法伪造物品

如伪造或者变造的货币、证件、公章等。

16. 侵犯知识产权和假冒伪劣物品

（1）侵犯知识产权。如侵犯专利权、商标权、著作权的图书、音像制品等。

（2）假冒伪劣。如假冒伪劣的食品、药品、儿童用品、电子产品、化妆品、纺织品等。

17. 濒危野生动物及其制品

如象牙、虎骨、犀牛角及其制品等。

18. 禁止进出境物品

如有碍人畜健康的、来自疫区的以及其他能传播疾病的食品、药品或者其他物品；内容涉及国家秘密的文件、资料及其他物品。

19. 其他物品

《危险化学品目录》《民用爆炸物品品名表》《易制爆危险化学品名录》《易制毒化学品的分类和品种目录》《中华人民共和国禁止进出境物品表》载明的物品，和《人间传染的病原微生物名录》载明的第一、二类病原微生物等，以及法律、行政法规、国务院和国务院有关部门规定禁止寄递的其他物品。

(二)寄递服务企业对禁寄物品处理办法

(1)企业发现各类武器、弹药等物品,应立即通知公安部门处理,疏散人员,维护现场,同时通报国家安全机关。

(2)企业发现各类放射性物品、生化制品、麻醉药物、传染性物品和烈性毒药,应立即通知防化及公安部门按应急预案处理,同时通报国家安全机关。

(3)企业发现各类易燃易爆等危险物品,收寄环节发现的,不予收寄;经转环节发现的,应停止转发;投递环节发现的,不予投递。对危险品要隔离存放。对其中易发生危害的危险品,应通知公安部门,同时通报国家安全机关,采取措施进行销毁。需要消除污染的,应报请卫生防疫部门处理。其他危险品,可通知寄件人限期领回。对内件中其他非危险品,应当整理重封,随附证明发寄或通知收件人到投递环节领取。

(4)企业发现各种危害国家安全和社会政治稳定以及淫秽的出版物、宣传品、印刷品,应及时通知公安、国家安全和新闻出版部门处理。

(5)企业发现妨害公共卫生的物品和容易腐烂的物品,应视情况通知寄件人限期领回,无法通知寄件人领回的可就地销毁。

(6)企业对包装不妥,可能危害人身安全,污染或损毁其他寄递物品和设备的,收寄环节发现后,应通知寄件人限期领回。经转或投递中发现的,应根据具体情况妥善处理。

(7)企业发现禁止进出境的物品,应移交海关处理。

第三节　国际快递费用结算

【学习情景】

一鞋一伞寄瑞士,敦豪收费超千元

一把伞、一双拖鞋价值16元,可邮费却花了1220元!扬州刘小姐的公司最近收到了快递公司的律师函,要求她及时支付剩余的600元快递费。原来,刘小姐去年寄了一把13元的伞和一双3元的拖鞋到瑞士,当时没人告知运费是多少,等快件寄到后,快递公司送来了一张1220元的运费账单。

吓一跳:一双鞋、一把伞运费1200多元

刘小姐所在的公司要寄一把样品伞和一双拖鞋到瑞士采尔马特的一家酒店。由于是国际快递,刘小姐就联系了中外运一敦豪扬州分公司的快递员上门取件。因为经常寄快递,刘小姐预想的运费价格大约在400元。

刘小姐在现场对伞进行测量,长度87厘米,加上外包装也绝对不超过1米。拖鞋是一次性拖鞋,长度29厘米,重量在50克左右。中外运一敦豪扬州分公司的快递员上门后,并没有对快件运费进行估价,不过对方承诺说,"快件长度不超过1米可以不计算泡重,按照货物实际称重2千克计算"。之后,刘小姐打电话过去询问是否超重,快递员告知

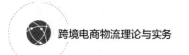

不算超重,过了个把月,快递员通知快件已经寄到瑞士,不过运费需要 1220 元。

寄件人:计算泡重价格还是对不上

这份快递票据上显示,1220 元运费包含三个部分:第一部分是 850 元运费,第二部分是 220 元的燃油附加费,第三部分是 150 元的偏远地区费用。

因为刘小姐的公司与中外运—敦豪快递扬州分公司有长期的合作关系,公司邮寄快件享受一定的折扣,所以快递员上门揽收时并没有现场核算运费,而事后这家快递公司没有将核算好的运费告知客户,就直接邮寄了。在揽收现场,快递员表示 2 千克计算运费是 672 元,折扣后应该是 338 元,然而,实际运费变成了 1200 多元了,差距太大,即便是按照泡重计算,价格也依然对不上。

快递公司:双方早已有合同约定

刘小姐的公司是中外运—敦豪的账号客户,可以先接受服务再支付费用。按照服务约定,客户授权快递公司对快件进行计量,快递费按照乙方(中外运—敦豪)称出的重量计算,而非甲方(刘小姐所在公司)测算快件的长、宽、高来计算重量。另外,通过中外运—敦豪邮寄的国际快递正常的文件和包裹(0.5 千克左右)不计算泡重,其余一律要计算泡重。

资料来源:http://www.cn156.com/article-18417-1.html.

【学习任务】

认识国际快递的费用构成和费用计算方式。

【相关知识】

一、基本概念

(一)实际重量

实际重量(actual weight)是指一批货物包括包装在内的实际总重量。凡重量大而体积相对小的货物,以实际重量作为计费重量。实际重量包括实际毛重(gross weight)和实际净重(net weight)。最常见的是实际毛重。

(二)体积重量

体积重量(volumetric/dimension weight)是运输行业内的一种计算轻泡货物重量的方法,即根据一定的折算系数或公式,通过货物体积计算得来的重量,其单位为千克。国际快递中体积重量大于实际重量的货件又常称为抛货。

(1)DHL、UPS、FedEx、TNT 四大商业快递的体积重量计算方法。

对于规则物品,体积重量(kg)=长(cm)×宽(cm)×高(cm)÷5000;

对于不规则物品,体积重量(kg)=最长(cm)×最宽(cm)×最高(cm)÷5000。

(2)EMS 快递的体积重量计算方法。自 2012 年 7 月 1 日起,EMS 线上发货针对邮件长、宽、高三边中任一单边达到 60cm 及以上的,都需要进行计体积重量操作,体积重量(kg)=长(cm)×宽(cm)×高(cm)÷6000。长、宽、高测量值精确到厘米,1cm 以下去零

取整。

(三)应结账重量

将整票货物的实际重量与体积重量比较,取大的为应结账重量(chargeable weight)。例如,经过 UPS 的称重,一票货物的实际重量是 60kg,体积重量是 60cm×80cm×70cm÷5000＝67.2(kg),那么取整后的体积重量就是 68kg。因为 60kg＜68kg,所以应结账重量是 68kg。

(四)应结账重量单位

国际快递公司的常用计费单位是千克。

(1)DHL、UPS、FedEx、TNT 四大商业快递公司,21kg 以下的货物,按照每 0.5kg 进行计费,不足 0.5kg 的按 0.5kg 计费。以此类推,以第一个 0.5kg 为首重,以每增加一个 0.5kg 为续重。例如,1.67kg 就按 2.0kg 计费。通常首重的费用相对续重费用较高。

(2)DHL、UPS、FedEx、TNT 四大商业快递公司,21kg 及以上货物,按照每 1kg 计费,不足 1kg 的按 1kg 计费。例如,34.1kg 要按 35kg 计费,34.9kg 也按 35kg 计费。

(3)EMS 的每票货物不能超过 30kg,所有的货物都按照每 0.5kg 进行首、续重计费。

例 4-1 若客户选择通过四大商业快递公司来递送一票共计 3 个托盘的货件,其实际重量分别为 50kg、400kg 和 300kg,所有托盘的体积均为 122cm×102cm×150cm,试计算应结账重量。

解 (1)计算实际重量:
$$实际重量＝50＋400＋300＝750(kg)$$
(2)计算体积重量:
$$每个托盘的体积重量＝(122cm×102cm×150cm)÷5000＝373.32(kg)$$
那么取整后每个托盘的体积重量是 374kg。

(3)计算应结账重量:
由于 400kg＞374kg＞300kg＞50kg,则
$$货件应结账重量＝374＋400＋374＝1148(kg)$$

二、国际快递费用构成

(一)运费

运费即指根据适用运价计得的发货人或收货人应当支付的每批货物的运输费用。

(二)燃油附加费

燃油附加费(fuel oil surcharge/fuel adjustment factor),即航运公司和班轮公会收取的反映燃料价格变化的附加费。该费用以运输每吨多少金额或者以运费的百分比来表示,缩写为 FOS 或 FAF,也称为 bunker surcharge 或 bunker adjustment factor。所有的燃油附加费都可以通过官网查询,像 DHL、UPS、TNT、FedEx 都可以通过官网查到相对应的当月燃油附加费。燃油附加费一般会同运费一起打折。EMS 则不收取燃油附加费。

(三)包装费

通常情况下,如果交运的货物本身就包装良好,或者只需要快递公司进行简单的包

装、加固之类的,快递公司一般不会收取包装费;若贵重物品、易碎物品等需要特殊处理和包装的,快递公司会收取一定的包装费。

如果运费有折扣,那么包装费一般不会和运费一起进行打折。

（四）其他附加费

除了 EMS 之外,DHL、UPS、FedEx、TNT 四大商业快递公司都有其他类型的附加费用。

1. DHL

(1)偏远地区配送附加费。对于寄往偏远地区的快件,DHL 将按票收取偏远地区配送附加费。偏远地区指岛屿和高原地区,或无法提供邮递服务的地区,或偏远、交通不便、服务网点较少的郊区或城镇。

(2)偏远地区取件附加费。对于发自偏远地区,且运费由目的地账号持有人支付（或由第三国/地区账号支付）的快件,DHL 将按票收取偏远地区取件附加费。

(3)非标准货物附加费。①超重货件。对于单件实重超过 70kg 的货件,DHL 需收取附加费用。②超长货件。对于单件任意一边的长度超过 120cm 或单件托盘底座长度超过 120cm 的货件,DHL 需收取附加费用。

(4)禁止堆叠附加费。当托盘上的货物因形状、包装或内容导致无法堆叠时,或客户明确注明"禁止堆叠"时,将收取禁止堆叠附加费。

(5)更正地址附加费。更正地址附加费适用于因发件人提供的目的地地址不完整、不正确或者过期而导致 DHL 配送失败而引发的费用。DHL 会通过相应流程找到正确的地址,并最终完成配送。

(6)高风险地区附加费。使用 DHL 发往深受战争、内乱、恐怖主义困扰的高风险国家/地区所征收的附加费。这些国家/地区包括阿富汗、布隆迪、伊拉克、利比亚、马里、尼泊尔、南苏丹、叙利亚和也门。

(7)限运目的地附加费。即使用 DHL 发往联合国安理会确定的贸易限运国家/地区所征收的附加费。这些国家/地区包括中非、厄立特里亚、伊朗、伊拉克、朝鲜、利比亚、索马里、苏丹、叙利亚和也门等。

2. UPS[1]

(1)更改地址附加费。每更改收件人地址一次,每件包裹 UPS 需额外加收 73 元,最高收费为每票货件 280 元。因地址不正确或因地址为邮政信箱而无法递送时,此费用由寄件人支付。

(2)住宅地址递送附加费。UPS 提供将货件递送至住宅地址和商务办公地址的服务。住宅地址包括私人住所及非公共办公场所,向此类地址递送货件每票需加收 20 元。对于使用 UPS 全球特快货运服务运输的货件,也将每票加收 705 元。

(3)偏远地区附加费。UPS 提供针对市区和偏远地区的取件和派件服务,对偏远地区的取件和派件服务将收取额外费用。收费标准为每千克货件加收 3.50 元,或最低收取每票 167 元。两者比较取较大者为收费标准。若想要知道递送目的地是否属于此特定区

---

[1] https://www.ups.com/cn/zh/shipping/zones-and-rates/additional.page#contentBlock-12.

域,可以登录官网下载偏远地区收费表。

(4)超出偏远地区范围附加费。UPS对超出偏远地区范围的货件递送会额外收取费用,此类区域相对不易进行取件和派件服务。收费标准为每千克货件加收4.00元,或最低收取每票190元。两者比较取较大者为收费标准。

(5)附加手续费。如出现下列情况,则需每件加收附加手续费48元:①任何无法完全装入包装箱的物品,其材质包括但不仅限于金属、木材、硬塑料、软塑料(如塑料袋)或聚苯乙烯泡沫塑料(如泡沫塑料)等;②任何无法完全装入一般包装箱的圆柱形物品,如木桶、鼓、圆筒或者轮胎等;③任何最长边缘超过122厘米或次长边缘超过76厘米的包裹;④实际重量大于32千克的包裹;⑤每个包裹的重量未在UPS运输系统中指明,且单个包裹的平均重量大于32千克(70磅)的货品(不包括UPS全球特快货运服务货品)。

(6)超过限定尺寸托盘附加手续费。使用UPS全球特快货运服务运输的货件,若体积重量超出UPS所规定的最大尺寸和限定重量(视始发地和目的地而定),每个托盘将加收1730元。

(7)垫付服务费。为加快清关速度,UPS可为客户预先垫付关税和税费。UPS将根据已为客户垫付的费用数额,进行评估并收取相应的垫付服务费。进口至中国的货件的垫付服务费将按照进口关税和税费的2%收取。每票货件最低加收20元。

(8)大型包裹附加费。当一个包裹的长度与周长[(2×宽)+(2×高)]相加之和超过330厘米,但不超过UPS的最大尺寸400厘米时,该包裹将被视为"大型包裹"。大型包裹的最小计费重量为40kg,每件包裹需额外加收454元。

当货件已经被收取大型包裹附加费时,附加手续费将忽略不计。

(9)当地关税与税费。UPS提供的费率表中不包含根据当地规定还可能产生的附加费、增值税、关税和其他税费。

(10)超重超长费。UPS快递服务不递送超过以下重量和尺寸的包裹:①每件包裹的重量上限为150磅(70千克);②每件包裹的长度上限为108英寸(274厘米);③每件包裹的周长与长度之和上限为157英寸(400厘米)。若UPS接收该类货件,将对每件包裹收取超重超长费1384元。

以上条件不适用于UPS全球特快货运服务,关于UPS全球制特快货运服务的相关费用,请参考服务的条款与条件。

(11)寄件人支付目的地进口关税/税款的附加费。当选择"寄件人支付目的地进口关税/税款"付款方式时,将向寄件人收取120元的附加费。

(12)额外关税细目附加费。UPS对于常规的海关清关服务不收取附加费,包括不超过5个关税细目货件的正式报关。对于超过5个关税细目的正式报关货件,从第6个关税细目起每个关税细目需加收人民币19元,最高收费为每票货件人民币1880元。对于复杂的海关清关程序和集中清关要求,UPS可能会加收附加费。

(13)到付拒付的附加费。若货件到付方的账号与付费方提供的账号不符,或者收件人或第三方因拒绝支付运费而导致的该账号无效,寄件人需为每票货件额外支付80元。

(14)无法交付货件回邮费用。如果收件人拒领,或者由于其他UPS控制范围之外的原因导致货件交付不能,UPS将保管货件并联络寄件人以取得新的指令。若寄件人选择退回,UPS每票将收取67元的附加费。

(15)滞仓费。滞仓费适用于未在 3 个工作日内完成海关清关的货件。此项费用将从第 4 个工作日开始计算并收取,最低每天每票货件支付 55.00 元或每天每千克支付 0.60 元。因 UPS 原因造成的延误,以及周六、周日和公共节假日将不做计入收取。

(16)移除商业发票。在货物递送前,UPS 向进口商提供移除进口控制货件的商业发票的服务。该项服务使进口商可将货件直接递送至买家,而无须透露货物的价值。收取的费用为 135 元(每票货件)。

(17)UPS Carbon Neutral(碳中和)。发件人可以使用"UPS Carbon Neutral"来减少货件在递送过程中对环境和气候造成的影响。当选择"UPS Carbon Neutral"时,使用 UPS 全球特快服务的货件,每个包裹收取的费用为 5 元;使用 UPS 全球特快货运的货件,每个包裹收取的费用为 128 元。

(18)再次尝试交付。使用 UPS 全球特快货运服务的货件,一次交付的费用已包含在费率中,之后再次尝试交付则需收取每次每票货件 308 元。

3. FedEx

(1)更改地址附加费。每笔空运提单收取 83 元。

(2)第三方收件人附加费。每笔空运提单收取 99 元。

(3)指定清关代理人。每笔空运提单收取 96 元或每千克收取 10.7 元,按其金额较高者收取。

(4)星期六取件附加费。每笔空运提单收取 116 元。

(5)星期六递送附加费。每笔空运提单收取 116 元。

(6)全球打印回件标签附加费。该项服务为免费项目。

(7)超范围取件费(OPA)。每笔空运提单收取 168 元或每千克收取 3.5 元,按其金额较高者收取。

(8)超范围配送费(ODA)。每笔空运提单收取 168 元或每千克收取 3.5 元,按其金额较高者收取。超范围取件费和超范围配送费不适用于 FedEx 的 10 千克或 25 千克快递箱货件。

(9)特殊处理费用。

①需要间接签收。每单非重货快递服务需要支付 23 元的特殊处理费用(适用于目的地为美国/加拿大住宅地区且托运申报价值小于 500 美元/500 加元的货件)。

②需要直接签收。每单非重货快递服务需要支付 26 元的特殊处理费用(不适用于目的地为美国/加拿大且托运申报价值大于或等于 500 美元/500 加元的货件)。

③需要成年人签收。每单非重货快递服务需要支付 33 元的特殊处理费用。请注意,当选定"成人签名"选项时,FedEx 不会把包裹转投到其他地址。

(10)住宅交付附加费。非重货货件为每笔空运提单收取 24 元或重货货件为每笔空运提单收取 891 元(仅适用于运往美国/加拿大的货件)。如果超范围配送费适用于货件,则住宅交付附加费将不适用。住宅交付附加费也不适用于 FedEx 的 10 千克或 25 千克快递箱货件。

(11)非堆叠货件附加费。针对联邦快递国际优先快递重货服务及联邦快递国际经济快递重货服务,每货件收取 1233 元。

(12)关税和税款。如果需对货件征收关税和税款,而且 FedEx 代为支付了这些费用,那么该支付方必须将该关税和税款返还给 FedEx,并支付 FedEx 按货件类型和其目的地收取的附加费。

(13)申报价值附加费。FedEx 对货件灭失、损坏或延误的责任不超过 20 美元/千克或 100 美元/件。具体的限额可能以"特别提款权(SDR)"或当地货币表示,而具体金额因不同国家/地区和货币而不同。

如果客户希望 FedEx 对货件实际价值承担较大比例的赔偿责任,则必须在空运提单上声明货件价值并支付"声明价值附加费"。如货件声明价值超出下列较高者,即 830 元或 75.28 元/磅,则对中国大陆出口预付/进口到付货件征收"声明价值附加费",每增加 830 元加收 10.1 元(或以百分比计算)。货件声明价值不得超过以下限额(可能因货件目的地的不同而有所差别):

①联邦快递快递封袋/快递袋:100 美元(或当地货币相当的金额)。

②国际优先快递(IP)服务/国际经济快递(IE)服务:5000 美元(或当地货币相当的金额)。

③国际优先快递重货(IPF)服务/国际经济快递重货(IEF)服务:100000 美元(或当地货币相当的金额)。

④针对贵重物品,如艺术品、古董、玻璃器皿、珠宝、贵金属、皮草等:1000 美元或每千克 20 美元(取其金额较高者)。

4. TNT

(1)TNT 对所有国际快递、经济快递和特殊快递服务收取附加费,费率为每千克 0.05 欧元,每票最低 0.50 欧元、最高 10.00 欧元。

(2)偏远地区附加费。TNT 可为客户在任何指定地点收件和发件。对于一些偏远地区,因产生了额外费用,所以会加收额外的偏远地区附加费。

(3)加强安全附加费。TNT 已经执行了额外的程序、活动和投资,为监管范围内的客户货物提供安全保护。为了抵消部分附加费用,所有货物均收取增强安全附加费。

(五)总费用构成

DHL、UPS、FedEx、TNT 四大商业快递公司的递送总费用=(运费+燃油附加费)×折扣+包装费用(若有)+其他各种附加费用。

EMS 的总费用=运费。

三、国际快递费用计算方式

(一)DHL、UPS、FedEx、TNT 四大商业快递公司递送 21 千克以下货物的运费计算方式

1. 实际重量货(即实际重量>体积重量)

当需寄递物品的实际重量大于体积重量(材积)时,运费计算公式如表 4-3 所示。

表 4-3　实际重量大于体积重量的运费计算公式

项目	计算公式
运费	首重运费+(重量×2-1)×续重运费
燃油附加费	[首重运费+(重量×2-1)×续重运费]×当月燃油附加费率

续表

项目	计算公式
总费用	运费＋总燃油附加费＝[首重运费＋(重量×2－1)×续重运费]×(1＋当月燃油附加费率)

例如,某15千克货品按首重150元、续重28元/千克、当月燃油附加费率为23.5％计算,则总运费＝[150＋(15×2－1)×28]×(1＋23.5％)＝1188.07(元)。

2.体积重量货(即实际重量＜体积重量)

当需寄递物品的实际重量小于体积重量(材积)时,运费计算公式如表4-4所示。

表4-4　实际重量小于体积重量的运费计算公式

项目	计算公式
规则物品的体积重量	长(cm)×宽(cm)×高(cm)÷5000
不规则物品的体积重量	最长(cm)×最宽(cm)×最高(cm)÷5000
总运费	[首重运费＋(体积重量×2－1)×续重运费]×(1＋当月燃油附加费率)

注:不同国际快递公司的体积重量计算公式有所不同,应根据实际情况来计算。

(二)DHL、UPS、FedEx、TNT四大商业快递公司寄送21千克及以上货物的运费计算方式

21千克及以上货物的计算公式为:

总运费＝计费重量×每千克运费×(1＋当月燃油附加费)

例如,一票货物的总实际重量是60千克,长、宽、高分别是60厘米、80厘米、70厘米,每千克运费是23元,当月燃油附加费是23.5％,则总运费计算过程如下。

体积重量＝60×80×70/5000＝67.2(千克),取整后的体积重量是68千克。

因为60千克＜68千克,即实际重量小于体积重量,所以应结账重量是68千克,则

总运费＝68×23×(1＋23.5％)＝1931.54(元)

备注:每千克运费×(1＋当月燃油附加费率),这个费用通常称为每千克含油报价。因此,在上例中,23×(1＋23.5％)＝28.405,"28.405元/千克"就是含油报价。

(三)EMS的计费方式

EMS送达国家/地区分为九个资费区(见表4-5),可直达99个国家/地区,按起重500克、续重500克计费,无燃油附加费,每票货件另收取4元的报关费,其计费公式为:

运费＝首重运费＋[重量(千克)×2－1]×续重运费＋报关费

例如,25.1千克货物到日本走EMS,首重价格是67元,每0.5千克的续重价格是14元/千克,则总费用＝67＋(25.5×2－1)×14＋4＝771(元),其中25.1千克超过了25千克,但未超过25.5千克,故应结账重量是25.5千克。一般EMS会在公布价的基础上有所折扣。

表 4-5　EMS 送达国家/地区及资费　　　　　　　　　单位:元

资费区	国家/地区	首重	续重
		500 克及以内	每 500 克
1 区	中国澳门、中国香港、中国台湾	72	13
2 区	日本	67	14
2 区	朝鲜、韩国	72	16
3 区	菲律宾、柬埔寨、马来西亚、蒙古国、泰国、新加坡 印度尼西亚、越南	76	17
4 区	澳大利亚、巴布亚新几内亚、新西兰	92	23
5 区	美国	95	29.5
6 区	爱尔兰、奥地利、比利时、丹麦、德国、法国、芬兰、加拿大、卢森堡、马耳他、挪威、葡萄牙、瑞典、瑞士、西班牙、希腊、意大利、英国	110	28.5
7 区	巴基斯坦、老挝、孟加拉国、尼泊尔、斯里兰卡、土耳其、印度	131	38
8 区	阿根廷、阿联酋、巴拿马、巴西、白俄罗斯、波兰、俄罗斯、哥伦比亚、古巴、圭亚那、捷克、秘鲁、墨西哥、乌克兰、匈牙利、以色列、约旦	131	45.5
9 区	阿曼、埃及、埃塞俄比亚、爱沙尼亚、巴林、保加利亚、博茨瓦纳、布基纳法索、刚果(布)、刚果(金)、哈萨克斯坦、吉布提、几内亚、加纳、加蓬、卡塔尔、开曼群岛、科特迪瓦、科威特、克罗地亚、肯尼亚、拉脱维亚、卢旺达、罗马尼亚、马达加斯加、马里、摩洛哥、莫桑比克、尼日尔、尼日利亚、塞内加尔、塞浦路斯、沙特阿拉伯、突尼斯、乌干达、叙利亚、伊朗、乍得、南非	173	45.5

资料来源:https://sell. aliexpress. com/zh/__pc/shipping/ems. htm? spm = 5261. 8175614. 0. 0. 4e403403vOIGIi.

注:国际快递公司会根据自己的营业网点进行分区,以方便货物的流通和费用结算,一般将国家/地区分成 1~9 区或 10 区。

【知识测试】

1.简述国际商业快递模式与国际邮政包裹模式的区别。

2.简述国际快递的业务流程。

3.简述国际快递的禁运品。

4.简述实际重量、体积重量、应结账重量。

5.简要说明 DHL、UPS、FedEx、TNT 四大商业快递公司寄递 21 千克以下货物的运费计算方式。

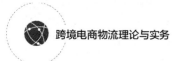

【实践操作】

实践项目:小明是一名刚毕业的大学生,目前从事服饰的外贸销售工作。小明的一位美国客户想让他在5天之内寄一件样品到美国,样品重量为1.5千克,样品价值为120元。请帮助小明选择一款性价比高的国际快递产品,并说明理由。

实践要求:通过实地调研、资料收集、文献阅读,帮助小明选择一款时效、运费、服务都不错的国际快递产品。

实践形式:学生以小组为单位,建议3~5人为一组,分工合作,共同完成报告撰写。

第五章 专线物流

【学习目标】

✻ **知识目标:**

· 了解专线物流的含义、特点和现状;

· 熟悉常见的专线物流线路;

· 掌握专线物流的运费核算方法。

✻ **能力目标:**

· 能解读专线物流发展中存在的问题;

· 能分析常见专线物流线路的优缺点与适用范围;

· 能结合实际提出专线物流的邮寄方案。

【思维导图】

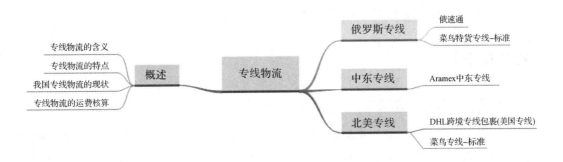

第一节 专线物流概述

【学习情景】

139 快递:打造覆盖独联体全境的专线物流网

一三九快递(北京)有限公司(简称 139 快递)成立于 2007 年 7 月,隶属于 139 集团,是北京市快递协会的会员单位,具有经国家邮政局批准的国际快递业务经营许可证,主营业务为独联体专线快递服务。该公司在俄罗斯、乌克兰、哈萨克斯坦、吉尔吉斯等国设立了代表处及驻外机构。

2018年,139快递日均出单量在2000件,包裹主要来自跨境电商平台、外贸企业、海外采购商、货运代理等,货物包括服装、鞋、帽、电子产品、汽车配件等,不同的货物采用不同的包装,保证货物的安全。在北京、深圳、广州、义乌等俄罗斯包裹的货源地,公司设立了办事处,再加上各大代理商,构建了完善的销售体系。2019年,公司的工作重点是开通北京到莫斯科、香港到莫斯科的空运通道,满足不同客户的需求,实行差别化服务。

2019年,139快递将乌克兰线路列为主要的发展重心。乌克兰线路借助速卖通平台,实现了业务量的快速增长。公司始终把时效放在第一位,为避免货物运输、清关、派送积压等情况的出现,在原有合作伙伴的基础之上,又新增加了合作伙伴,力争在乌克兰市场做出自己的品牌。

139快递从事独联体国家货物运输已十余年,全力打造覆盖独联体全境的国际化快递服务品牌,基于在货物运输和清关方面的独特优势,为客户提供更安全、更可靠、更快捷、更优质的服务。139快递在北京、香港、深圳和乌鲁木齐已开通空运航线,到达城市包括基辅、塔什干、阿拉木图等。对发往俄罗斯、乌克兰、哈萨克斯坦、吉尔吉斯斯坦、乌兹别克斯坦、亚美尼亚、白俄罗斯等7个国家的快递包裹,139快递提供门到门的服务。

139快递

【学习任务】

认识专线物流的含义、特点、现状及运费核算方法。

【相关知识】

一、专线物流的含义

近年来,随着我国跨境电子商务的迅速发展,专线物流也日渐进入人们的视野。现阶段,业内使用最多的专线物流产品有欧洲专线、美国专线、澳大利亚专线和俄罗斯专线等,也有许多物流公司推出了中东专线、南美专线和南非专线等。专线物流可以将运送至某一国家/地区的货物进行大批量集中,通过规模效应降低物流成本,其物流价格低于一般的商业快递,并且物流速度快、丢包率较低。然而,与邮政小包相比,当前专线物流的运输成本仍然较高,且在国内的快件揽收范围主要集中于东部沿海的一线城市,覆盖地区需进一步扩大。

专线物流是五大主要跨境电商物流模式之一。专线物流,过去通常是指特定地区间专门负责国际段运输的代理和组织。现在,专线物流指针对特定国家/地区推出的跨境专用物流线路,具有"五固定"特征,即物流起点、物流终点、运输工具、运输线路、运输时间基本固定。

专线物流主要包括航空专线、港口专线、铁路专线、大陆桥专线、海运专线以及固定多式联运专线,如郑欧班列、中俄专线、渝新欧专线、中欧(武汉)班列、中英贸易直通车、亚欧航线顺丰速运深圳－台北全货机航线等。随着全球消费者需求的不断变化,出现了单一货物品种的专线物流,例如,为了满足平衡车、独轮车等此类带电产品的特殊配送需求,国内某物流平台就推出了平衡车美国专线。

专线物流服务向进出口两端延伸。进口方面,部分拥有航空及通关资源的货运代理或物流公司,成为境外电商平台指定线路的运输配送商,为电商平台提供直送中国的包裹运输、通关清关以及国内配送等服务。出口方面,专线物流公司为国内卖家提供集货、拼货、出关等服务,通过国际段运输到达目的国/地区,选择目的国/地区的物流商完成"最后一公里"的配送。专线物流公司不依赖于资源投入,其运作的本质是整合与转手,需具备特定的渠道资源、外贸资质、通关及风险管控等能力。

本章讨论的专线物流是指通过航空包舱方式将货物运输到目的国/地区,再通过合作物流商进行目的国/地区配送的物流模式。

二、专线物流的特点

(一)专线物流的优势

1. 时效快

专线物流公司拥有自主专线,可控性非常强,一般采取固定航班,所以不会出现淡旺季配送有很大时效差别的情况,时效性比国际邮政小包快。专线物流的优势就在于对特定线路的资源整合,将一条线路做精,这是其时效性的保障与基础。

2. 成本低

专线物流能够集中大批量到某一特定国家/地区的货物,通过规模效应降低单位成本,同时目的国/地区配送的整体成本可得到有效控制,服务比国际邮政小包更稳定,物流成本较国际商业快递低。

3. 安全高

专线物流的头程运输是大批量运输,有专用的运输线路和运输工具,丢包率和货损率一般都较低。同时,目的国/地区的合作物流商负责单件配送,相对配送距离近,类似于目的国/地区内包裹配送,丢包率远远低于国际配送的邮政小包。此外,专线物流一般都有保险,总体而言安全性较高。

4. 易清关

专线物流通常是运输批量货物至目的国/地区,然后由目的国/地区的物流公司对货物进行统一清关,并有专业人员跟进,这样就减少了清关问题的出现。专线物流不需要消费者解决清关问题,一方面提高了清关效率,另一方面提升了消费者体验。在其他国际配送中,包裹出现问题频率最高的环节是清关,而这正是专线物流的显著优势。

(二)专线物流的劣势

1. 专线物流通达地区有限

由于规模效应的限制,只有物流体量较大的国家/地区才有专线物流,且可选择的物流方案也较单一。同时,在国内的揽件范围相对有限,国内只有几个一线城市提供上门揽件服务,服务覆盖面有待进一步扩展。

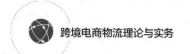

2. 专线物流配送能力有限

相对于商业快递来说,专线物流的配送能力略低。货物到达终端客户的时间会受到目的国/地区配送物流商的影响,容易出现"最后一公里"的运送延误。这其中涉及专线运输与目的国/地区配送物流商的衔接问题,因此,不同目的国/地区的配送服务水平差异较大。

3. 专线物流运输产品有限

目前,可提供专线物流服务的公司虽然逐渐增多,但是其可运输的产品种类依然有限。由于专线物流大部分采用航空运输方式,受飞机的舱容影响,对大件货物或大批量货物的运输有一定限制,这就使得一些大宗商品的卖家只能采用邮政包裹或其他方式运货至国外。

鉴于专线物流的优势,针对固定线路的跨境电商业务,专线物流是一种较好的物流解决方案。专线物流适合运送多批次、小批量、时效要求高的货物,适合小额批发和样品的运输。专线物流的性价比高于国际小包与商业快递。同时,专线物流也可以作为一种补充模式,为消费者提供多样化的物流选择,以专线物流+海外仓的混合式物流模式,提高跨境物流效率,提升顾客满意度。

三、我国专线物流的现状

(一)专线物流的发展现状

1. 专线物流产品持续增多

目前,专线物流服务主要依托于发件国/地区与收件国/地区的业务规模,在此原则之下,业内使用最普遍的物流专线包括北美专线、欧洲专线、澳大利亚专线、俄罗斯专线等,也有不少物流公司推出了中东专线、南美专线、南非专线等。

2. 专线物流海外布局较为集中

我国开通的专线物流较为集中,大多是面向欧美国家与东亚地区,面向非洲、南美洲等地区的专线物流极少。截至2016年底,我国面向欧美与东亚地区开通的专线物流数量,已占海外专线物流总数量的70%以上。

3. 民营企业是专线物流的主力军

目前提供专线物流服务的公司有很多,卖家可以有多种专线物流服务选择,如首创专线概念的出口易,又如比较著名的俄速通、燕文物流、中环运等。在专线物流发展过程中,开通专线物流的企业有85%以上是民营企业。例如,顺丰速运推出了针对中国跨境电商卖家的欧洲专递服务,中通快递推出了欧洲专线、美国专线、日本韩国专线等,速卖通平台联合菜鸟网络、西班牙邮政以及中外运空运发展股份有限公司共同推出了线上发货的"中外运—西邮经济小包"专线,天天快递推出了美国、俄罗斯、印度、孟加拉和迪拜等7条国际物流专线。民营企业是我国专线物流的主力军。

4. 专线物流费用结算方式日渐优化

与其他跨境物流方式一样,最初专线物流的费用结算方式也以现金交易为主。这种收到货物后再支付物流费用的结算方式,存在部分卖家多笔运费延期支付,甚至长期恶意拖欠等问题,不利于跨境物流企业的资金回笼与合法权益保护。为此,近年来,专线物流企业开始不断优化运费结算方式。以速卖通中俄专线为例,2013年速卖通变更了中俄专线的运费结算方式。物流企业在接收卖家货物并称重后,需在当天将全部运费告知卖家,卖家则需在收到付款通知的 24 小时内支付所需运费,否则物流企业有权暂时扣发货物。此种运费结算方式的变更,有效保障了跨境物流企业的合理利益。

(二)专线物流的发展障碍

1. 专线物流运输产品有限

我国可选择的专线物流服务公司虽然有很多,但是其可运输的产品较为有限。例如,达方物流公司从 2007 年成立至今,已建成美国专线、英国专线、欧洲专线、中东专线和东南亚专线等多条物流专线,但仍然不能寄送带电池的电子产品类以及纯电池。与达方物流公司相似,燕文物流也面临着同样的问题。尽管至 2016 年 10 月,燕文物流已开通南美专线、俄罗斯专线、巴西专线等,但手机、平板电脑和 iPad 等产品仍被列为禁运产品。

2. 专线物流揽收地区较少

现阶段,在我国已建成并开通的专线物流公司中,开通专线物流业务且可进行快件揽收的地区仍然较少。截至 2016 年底,燕文物流仅在北京、上海、义乌、深圳、广州五地开通了快件的免费上门揽收服务。速卖通推出的西班牙专线,也只对深圳、广州、义乌、杭州、上海、苏州和北京等城市免费收货,其余地区的卖家需要自行发货到集货仓。总体而言,我国专线物流的业务揽收地区仍然不足。

3. 专线物流信息跟踪水平低

专线物流的价格虽然较商业快递优惠许多,但其对物流信息的整体跟踪水平较低,主要表现为物流信息查询不到、信息遗漏或错误以及信息上网不及时等。例如,2015 年广东邮政推出了针对俄罗斯的"平包+""中俄 3C 专线"等专线物流产品,但直至 2016 年底,上述专线物流产品仍然只能提供国内段的物流跟踪信息,无法提供国际段的信息跟踪服务,造成消费者无法享受良好的物流服务。

4. 专线物流清关难度差别大

在专线物流的通关过程中,仍存在海外清关申报难度较大的问题。例如,日本对进口产品的要求非常严格,其在口岸清关时,要求包括 6 岁以下小孩的玩具、餐具用品、美容用品、医疗用品在内的货品,需要出具相应的资质才可入关。再以巴西为例,巴西进出口的清关申报较为困难,我国出口巴西的货物在出运前,需提前申请目的港免用期,一般为21～30 天,如若未提前申请,则会在目的港产生高昂的逾期费用。由此可见,我国专线物流的清关申报难度仍然较大,一定程度上影响了专线物流的成本与效率。

(三)专线物流的发展策略

1. 完善信息全程追踪查询系统

目前在专线物流的信息查询系统中,美国、英国、日韩等专线的信息相对完善,而巴西、秘鲁等小语种国家的物流动态信息则难以查询到。因此,为了有效提高整体专线物流的信息服务水平,政府应发挥牵头作用,带动企业参与构建综合性的一体化物流服务平台,为专线物流信息全程追踪查询提供基础。在此过程中,可借鉴阿里巴巴公司旗下的速卖通平台,该平台与菜鸟网络联合推出无忧物流服务平台,为专线物流提供快件的一站式物流服务,包括国内揽收、国际配送、物流追踪、物流纠纷处理以及售后赔付等,以提高专线物流渠道的灵活性与准确性,保障专线物流的安全性与高效性。

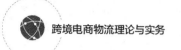

2. 建设在线交易平台

随着互联网和信息技术的快速发展,我国专线物流的费用结算方式日渐优化,但交易体系仍不完善。因此,应不断推进专线物流的在线交易平台建设,推广高效的物流费用结算方式,实现交易与金融的随时随处。该在线交易平台需要为交易主体提供无限量图表、技术分析、下单交易等功能,同时,对接第三方支付接口,通过第三方清算机构,对物流费用进行统一登记、结算与资金管存,使专线物流两端的主体交易更为直观、智能和稳定,实现灵活下单与及时结算。

3. 创设中小企业联盟

当前,我国专线物流的企业仍处于起步阶段,资金实力和业务能力普遍较低,无法独自建立大型国际物流联络点。而通过创设专线物流的中小企业联盟,能够有效发挥产业集聚优势,增加企业的物流实力与谈判筹码。中小企业的联盟合作方式可以建立起国际物流联络点,并与国际物流企业建立起合作关系,实现全程对货物的跟踪、调配和配送。同时,可利用联盟内成员的已有营业网点和物流产品,扩大国内的覆盖范围和国际业务区域,进一步提升我国专线物流企业的竞争力。

4. 扩充快件揽收范围

现阶段,专线物流的国内快件揽收范围过于狭窄,很大程度上抑制了专线物流的发展。因此,为了提高专线物流的便利化程度,物流企业可综合采用多种方式,大力拓宽快件揽收范围。物流机构与相关部门可以根据物流企业的布局情况,进行分层级的政策扶持和资金补助,以此推进物流企业逐步深入中西部内陆地区,以及二、三线城市,从而促进专线物流便利化程度的逐步提高。

5. 深化通关便利化政策

跨境电商的快速推进对贸易自由化和便利化发展环境提出了较高要求。因此,深化我国的通关便利化政策,已成为推进专线物流发展的必然之举。在此过程中,可借鉴上海自贸区采取的 23 项海关监管创新服务经验,深化专线物流的通关便利化政策。例如,实行"批次进出、集中申报""先进区、后报关"等,同时海关检验检疫部门也推出"通关无纸化""第三方检验结果采信"等多样化、全方位的改革措施,以此提高通关便利性。此外,在深化通关便利化政策的同时,应对其进行推广复制,这样有助于改善中国通关整体环境。

四、专线物流的运费核算

专线物流费用的计算方法与航空快递的计算方法大致相似,但是起重数量比较少,续重单位量也比较小,有限重,一般收取挂号服务费。不同物流供应商会有不同的报价方式,有些是全包报价(即一口价),有些没有起重要求,有些还需要考虑燃油附加费、汇率等因素。专线物流费用会随着时间的推移而发生变化,具体价格以发货当时的报价为准。不同物流商和不同专线或多或少都有价格差异,消费者要根据实际需求,选择合适的专线物流方案。专线物流费用通常以每克为单位进行收费。同时还需要考虑货物的实际重量和体积重量,在货物运输过程中,国际空运的收费标准是按整批货物的实际重量和体积重量两者之中的较高者进行计算。

本小节以俄速通在速卖通线上发货的物流服务为例进行说明。俄速通的运送范围包括俄罗斯全境邮局可到达区域。俄速通的运费根据包裹重量按克计费,起重为 1 克,每个

单件包裹限重 2000 克以内。2019 年 4 月 10 日,俄速通的运费价格更新并实施,比起之前,其主要体现为对包裹重量划分了区间,具体如表 5-1 所示。

表 5-1 俄速通线上发货(发往俄罗斯)的运费价格

配送服务费(元/千克)	挂号服务费(元/件)
1 克＜包裹重量＜2000 克	
57.4	16.9

注:配送服务费根据包裹重量按克计费。

(一)无燃油附加费的运费核算

由表 5-1 可以核算不同重量的包裹的运费,其计算公式为

专线物流费用＝配送服务费×重量＋挂号服务费

按照表 5-1 中的标准,以 100 克、200 克和 1000 克的包裹为例,核算这三个包裹的运费。

100 克包裹的运费＝57.4×0.1＋16.9＝22.64(元)

200 克包裹的运费＝57.4×0.2＋16.9＝28.38(元)

1000 克包裹的运费＝57.4×1.0＋16.9＝74.3(元)

由此可见,随着包裹重量的增加,总运费的平均费率是下降的。

(二)有燃油附加费的运费核算

在实际的运费核算中,有些专线物流的费用核算稍微复杂一些,价格也会随时变动,例如,有些线路其计算公式为

专线物流费用＝配送服务费×重量×(1＋燃油附加费)×折扣＋挂号服务费

假设,某专线物流的配送服务费为 80 元/千克,限重为 2 千克,挂号服务费为 7.5 元/件,折扣为 9 折,燃油附加费率为 11%。还以 100 克、200 克和 1000 克的包裹为例,核算这三个包裹的运费。

100 克包裹的运费＝80×0.1×(1＋11%)×0.9＋7.5＝15.49(元)

200 克包裹的运费＝80×0.2×(1＋11%)×0.9＋7.5＝23.48(元)

1000 克包裹的运费＝80×1.0×(1＋11%)×0.9＋7.5＝87.42(元)

第二节 俄罗斯专线

【学习情景】

139 快递抢滩俄罗斯,城市自提服务覆盖全国

俄罗斯的跨境电商市场规模大。根据 Data Insight 数据,2018 年俄网上零售进口总额预计为 3480 亿卢布(约合 55.8 亿美元),增长 29%;根据《福布斯》杂志数据,2019 年俄

罗斯网络销售额前十名企业榜单,全球速卖通俄罗斯公司(AliExpress Russia)以 2014 亿卢布(约合 31.54 亿美元)的销售额排名第三。同时,中国是俄罗斯进口电商的主要输出国。根据俄电商企业协会数据,2018 年俄罗斯居民在外国网店购买的商品中,从邮包数量来看,中国占 92%,欧盟国家占 3%,美国占 2%,其他国家占 3%;从金额来看,中国商品占 54%,欧盟商品占 22%,美国商品占 11%,其他国家商品占 13%。

为了不断提升俄罗斯消费者的购物体验,139 快递已在俄罗斯全境开设自取提货网点。139 快递的城市自提快递是指全国各地发往目的国/地区的货物,集中在国内 139 快递的集货点,经出口清关后抵目的国/地区各主要城市,境外工作人员联系收件人提取货物,收件人需到距离最近的物流集散中心自提。该线路可以承运普货(服装)、杂货(鞋、帽、百货、服装配件类)、电子产品(不能带电带磁),同时 5 千克以上货物可以承运,单件货物重量不能超过 80 千克。该运输路线安全,货物保价后,若发生丢失、损毁,则 139 快递将照价赔偿。

摩根士丹利发布的最近分析调查结果显示,由于供应扩张与购物频率的提高,截至 2023 年俄罗斯电商市场规模将会从 2018 年的 1.04 万亿卢布(约合 170 亿美元)增长至 3.491 万亿卢布(约合 520 亿美元)。同中国一样,俄罗斯电商市场的勃勃生机需要高效的、便捷的物流为前提。

【学习任务】

了解我国跨境电商出口重要目的国俄罗斯的专线物流现状与主要路线。

【相关知识】

一、俄速通

俄速通(Ruston)专线是由黑龙江俄速通国际物流有限公司提供的中俄航空小包专线服务,是专门为速卖通平台上的电商设立的,可有效满足跨境电商消费者的小包航空专线物流需求。其相关信息如表 5-2 所示。

表 5-2　俄速通的相关信息

时效	80%以上包裹 25 天内到达买家目的地邮局,在正常情况下,16～35 天到达目的地;在特殊情况下,35～60 天到达目的地,特殊情况包括节假日、特殊天气、政策调整、偏远地区等
运送价格	配送服务费＋挂号服务费＝0.574 元/克＋16.9 元/件(根据包裹重量按克计费,起重 1 克,限重 2 千克以内,价格数据来自速卖通官网)
配送范围	俄罗斯全境配送
揽收范围	北京、深圳、广州、东莞、佛山、杭州、义乌、宁波、温州、上海、昆山、南京、苏州、无锡、郑州、泉州、武汉、成都、葫芦岛兴城、保定白沟等地提供一件起免费上门揽收,揽收区域或非揽收区域都可自行发货到指定揽收仓库

信息查询	48 小时内上网,可实现信息的全程可视化追踪。消费者可在俄罗斯邮政官网(包裹到俄罗斯邮政后)查询相关物流信息。俄速通官网可切换为俄语版本,也可提供该网站给买家查询
保障赔付	承诺货物 60 天内(自揽收成功或签收成功起计算)必达(不可抗力除外),因物流商原因在承诺时间内未妥投而引起的限时达纠纷赔偿,由物流商承担(按照订单在速卖通的实际成交价赔偿,最高不超过 700 元)。若出现包裹丢失或损毁,俄速通将提供赔偿,消费者可在线发起投诉,投诉成立后最快 5 个工作日完成赔付
注意事项	对货物包装有严格的要求

由表 5-2 可见,俄速通的渠道时效快速稳定,且有全程物流跟踪服务,其优势主要表现为以下四个方面。①经济实惠,俄速通以克为单位进行精确计费,无起重费,为卖家将运费做到最低。②可邮寄范围广泛,俄速通是联合俄罗斯邮政推出的服务产品,境外递送环节全权由俄罗斯邮政承接,因此递送范围覆盖俄罗斯全境。③运送时效快,俄速通开通了"哈尔滨—叶卡捷琳堡"中俄航空专线货运包机,大大提高了配送时效,使中俄跨境电商物流平均时间从过去的近两个月缩短到 13 天。④物流信息全程可追踪,可做到 48 小时内上网。

为了树立自身的物流优势,俄速通构建了以物流、俄优选跨境电商分销平台、俄罗斯海外仓、俄速通孵化器为核心的跨境电商贸易全产业链。

(1)对接主流销售渠道。为了帮助中国制造对接俄罗斯本土专业中小批发商,从而进入主流销售渠道,俄速通成立了俄优选跨境电商分销平台,俄优选是专注于俄语系市场的 B2B 分销平台。俄优选通过俄罗斯本土的营销机构,整合搜索引擎、在线媒体、创意方案等服务体系,帮助品牌商快速地落地俄罗斯,助力中国品牌出海。

(2)海外仓实现本地化运营。俄速通海外仓是目前中国跨境电商在俄罗斯最正规的大型海外仓。除传统物流服务外,海外仓还为跨境电商提供包括品牌维护、商品技术认证、商品安全认证、法务税务解决方案、售后服务等在内的贸易服务。

(3)高效物流服务,阳光化通关。俄速通团队具有 20 多年的丰富中俄 B2B 物流经验,从仓、干、配、系统、金融等方面为客户打造了全方位的物流综合服务体系。俄速通阳光化的通关服务以及报关报检、税务法务整体解决方案,为客户量身定制物流解决方案,解决了对俄跨境流通痛点问题。

(4)激发内生动力,孵化专业销售人才。依托俄速通物流和俄优选跨境电商分销平台供应链的资源优势,俄速通成立了以俄语系国家为主的俄速通电商孵化器,引领创业生力军——大学生们从事对俄跨境电商创新创业,激发内生动力,为对俄跨境电商行业发展储备人才,孵化新生企业。

二、菜鸟特货专线-标准

菜鸟特货专线-标准(Cainiao standard shipping for special goods)是菜鸟网络与目的国邮政联合推出的,针对 2000 克以下小件特殊货品(液体、粉末、膏状等)的一项挂号类物流服务。目前,该服务只运送到俄罗斯,其相关信息如表 5-3 和表 5-4 所示。

表 5-3　菜鸟特货专线-标准发往俄罗斯的运费价格

1 克＜包裹重量≤150 克		150 克＜包裹重量≤300 克		300 克＜包裹重量≤2000 克	
配送服务费（元/千克）	挂号服务费（元/件）	配送服务费（元/千克）	挂号服务费（元/件）	配送服务费（元/千克）	挂号服务费（元/件）
74.20	22.50	67.90	21.90	65.80	23.00

表 5-4　菜鸟特货专线-标准发往俄罗斯的相关信息

时效	1.在正常情况下,俄罗斯主要城市的派送时间为 25～35 天,偏远城市的派送时间为 40 天左右; 2.特殊情况除外(包括但不限于不可抗力、海关查验、政策调整以及节假日等)
运送价格	配送服务费＋挂号服务费(根据包裹重量按克计费,起重 1 克,限重 2000 克,价格数据来自速卖通官网)
配送范围	俄罗斯全境配送
揽收范围	北京、深圳、广州、东莞、佛山、汕头、中山、珠海、江门、义乌、杭州、宁波、温州(乐清)、上海、昆山、南京、苏州、无锡、福州、厦门、泉州、惠州、莆田、青岛、长沙、武汉、郑州、成都、葫芦岛兴城、保定白沟等地提供一件起免费上门揽收服务,揽收区域之外可以自行发货到指定集货仓
信息查询	全程可跟踪
保障赔付	承诺货物 60 天内必达(不可抗力及海关验关除外),时效承诺以物流商揽收成功或签收成功开始计算。因物流商原因在承诺时间内未妥投而引起的限时达纠纷赔偿,由物流商承担(按照订单在速卖通的实际成交价赔偿,最高不超过 300 元)

第三节　中东专线

【学习情景】

Aramex 为中东物流支招

当中国的物流效率让电商消费者可以享受次日达、当日达,甚至 30 分钟达的便利生活时,物流却成为阻碍中东电商发展的最大障碍。中东物流具有以下三大疑难杂症。

一是地理和经济问题。阿联酋、卡塔尔、科威特等经济发达地区,因为国家面积比较小,物流设施在世界范围内都是领先的;但沙特地域比较辽阔,利雅得、达曼等核心城市的物流比较发达,其他地方却非常落后;很多偏远的地区都是沙漠,需要用骆驼去配送。

二是配送地址模糊。在阿拉伯国家,消费者网购已形成了一个习惯,即在收件地址上仅写邮箱号(不是电子邮箱,而是一个信箱)、电话和人名。对于这种现象,很多快递公司拒绝配送,因为这样模糊的地址是难以完成配送的。

三是宗教信仰问题。在中东国家,很多人有民族信仰,比如不允许一个男孩为一个独

处的女孩配送快递。因此如果女孩一个人在家,男性快递员去做配送服务,通常是不被接受的。

Aramex 的创始人 Fadi,1982 年于美国华盛顿大学毕业后回国,开始进行物流创业。Fadi 的第一桶金来自和其他全球性快递公司的合作,当时 FedEx 和 Airborne Express 都没有进入中东,Fadi 说服他们接受自己成为加盟商。经过早期的积累,Aramex 迅速发展起来,占领了中东地区的主要快递市场。Aramex 的优势在于长时间的积累,依靠在阿拉伯国家服务 30 多年留下的历史大数据,通过自己的系统,通过人名、电话、邮箱号等信息匹配出用户的实际地址,再加以配送,并拥有女性快递员。

Aramex 公布的 2019 年财务数据显示,全年总收入为 52.46 亿迪拉姆(约 14.28 亿美元),同比增长 3%;2019 财年净利润为 4.97 亿迪拉姆(约 1.35 亿美元),同比增长 1%;全年国际快递业务增长了 3%,达到 23.49 亿迪拉姆(约 6.39 亿美元)。尽管营业额增速下降,但是服务在升级,2019 年 Aramex 在最后一公里运营上做了巨额投资,保证最后一公里在核心市场的领导地位。

资料来源:http://www.ebrun.com/20170701/236859.shtml.

【学习任务】

了解中东专线的基本情况与主要线路。

【相关知识】

一、Aramex 中东专线

Aramex 作为中东地区最知名的快递公司,成立于 1982 年,是第一家在纳斯达克上市的中东国家公司。Aramex 提供全球范围的综合物流和运输解决方案,在全球拥有超过 354 个办事处、1.7 万名员工。Aramex 与中外运于 2012 年成立了中外运安迈世(上海)国际航空快递有限公司,提供一站式的跨境电商服务以及进出口中国的清关和派送服务。Aramex 目前支持中东、南亚次大陆、东南亚、欧洲及非洲航线,其相关信息如表 5-5 所示。

表 5-5 Aramex 中东专线的相关信息

时效	在目的国家/地区无异常的情况下,一般 3~6 天完成派送
运送价格	寄往中东、北非、南亚等国家/地区的价格具有显著优势,运费低至 EMS 公布价的 4 折,没有偏远地区附加费用。目前没有公布官方价格
配送范围	阿联酋、印度、巴林、塞浦路斯、埃及、伊朗、约旦、科威特、黎巴嫩、阿曼、卡塔尔、沙特阿拉伯、土耳其、孟加拉、巴基斯坦、斯里兰卡、新加坡、马来西亚、印度尼西亚、泰国、肯尼亚、尼日利亚、加纳、以色列、利比亚、纳米比亚、赞比亚、南非、美国、澳大利亚、贝宁、埃塞俄比亚、毛里求斯、摩洛哥、莫桑比克、坦桑尼亚等 36 个国家,且均为全境服务
揽收范围	上海佰首仓库、上海博丰仓库、杭州仓库、义乌仓库、深圳宝安仓库、温州仓库、青岛仓库、许昌仓库、广州仓库、东莞仓库、汕头仓库、江门仓库

续表

信息查询	可通过官网查询进展,实时更新信息,寄件人每时每刻都可跟踪得到包裹的最新动态
保障赔付	商业快递赔付标准:所有国际商业快递渠道商提供的服务均适用于华沙公约,对于货物破损、延误或丢件,最高赔付每千克20美元,结合申报金额,取两者较低者,且最高的赔付金额不超过100美元
注意事项	涉及知识产权的货物一律无法寄送,电池以及带电货物无法寄送,各寄达国/地区禁止寄递进口的物品无法寄送。此外,任何全部或部分含有液体、粉末、颗粒状、化工品、易燃易爆违禁品,以及带有磁性的产品均不予接受

第四节　北美专线

【学习情景】

美国专线为中国跨境电商卖家支招

2018年10月17日,美国宣布启动退出万国邮政联盟的程序,消息一出,阿里巴巴、京东、eBay等电商企业股价纷纷下跌。虽然,美国退出万国邮政联盟至少要到2020年才能实行,但万国邮政联盟已授权编制评估报告,作为加速评估新费率的第一步。所以,无论美国最终是否退出万国邮政联盟,中国到美国的直邮成本上涨已成定局,那么中国跨境电商卖家该如何应对?

万国邮政联盟规定,发展中国家寄往发达国家的信件包裹可以享受大量补贴。对中国跨境电商大量低货值、轻小件的商品来说,按克计费、无挂号费的平邮渠道无疑成为首选。而美国方面也认为,中国跨境电商产品之所以能在美国市场保持价格优势,主要得益于万国邮政联盟这一不合理的规定,这也是美国此次宣布退出万国邮政联盟的主要原因。

邮政体系是跨境电商卖家的选择之一,但并非是唯一的选择。此前,卖家选择邮政渠道,多是出于成本方面的考虑,但事实上,邮政渠道在递送时间上偏长,其他服务也未能满足卖家竞争力提升所需。近年来,市场上的专线物流产品越来越多,与邮政包裹相比,专线类包裹可能不是成本最低的渠道,但专线类包裹是从转运时间和成本之间找到一个最合适的契合点,是性价比最高的渠道。

资料来源:https://www.cifnews.com/article/38756.

【学习任务】

了解北美专线的相关知识和主要线路。

【相关知识】

一、DHL 跨境专线包裹（美国专线）

DHL 跨境专线包裹（美国专线），依托 DHL 遍布全球的强大物流网络，为跨境电商卖家提供高效的端到端的运输解决方案，同时在美国国内 DHL 电子商务也有自己强大的派送网络，为卖家提供"最后一公里"的优质派送服务。

DHL 跨境专线包裹（美国专线），可为卖家提供全面的清关管理，包裹可由中国直达美国，送至收件人家门口进行妥投信息确认。同时，限日的转运时间保证了高效寄送（从深圳、上海出发：8～12 个工作日；从香港出发：7～11 个工作日），卖家及收件人也可通过专用客户端获取全程物流可视化追踪服务。且货物遗失可享高达 100 美元的赔偿标准，无须担心货品遗失（货物保价服务中附加费用选项，可将赔付金额提升至 200 美元）。

卖家在速卖通接到订单后，可以使用 DHL eCommerce 线上发货服务。卖家只需在线填写发货预报，并将货物发至阿里巴巴合作物流仓库，并在线支付运费，仓库就能将货物递交给 DHL eCommerce，由 DHL eCommerce 送至买家手中，具体流程如图 5-1 所示。

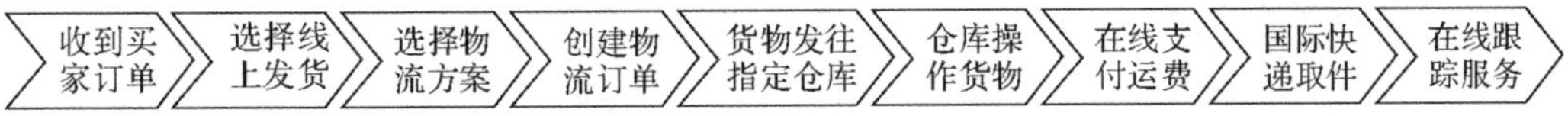

图 5-1　北美专线 DHL eCommerce 的速卖通操作流程

二、菜鸟专线-标准

菜鸟专线-标准（Cainiao expedited standard）是菜鸟网络推出的一项优质物流服务，为速卖通卖家提供包括国内揽收、国际配送、物流详情追踪、物流纠纷处理、售后赔付一站式的物流解决方案，目前只运送到美国，其相关信息如表 5-6 和表 5-7 所示。

表 5-6　菜鸟专线-标准发往美国的运费价格

配送服务费（元/千克）	挂号服务费（元/件）
93.00	21.00

表 5-7　菜鸟专线-标准发往美国的相关信息

时效	1.在正常情况下，美国主要城市的派送时间为 10～15 天； 2.特殊情况除外（包括但不限于不可抗力、海关查验、政策调整以及节假日等）
运送价格	配送服务费＋挂号服务费（根据包裹重量按克计费，起重 50 克，限重 2 千克，且包裹实际重量≤2 千克，且包裹单边长度≤60 厘米，且包裹长＋宽＋高≤90 厘米）
配送范围	美国大陆地区（夏威夷、波多黎各、阿拉斯加等离岛除外）

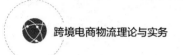

续表

揽收范围	北京、深圳、广州、东莞、佛山、汕头、中山、珠海、江门、义乌、杭州、宁波、温州(乐清)、上海、昆山、南京、苏州、无锡、福州、厦门、泉州、惠州、莆田、青岛、长沙、武汉、郑州、成都、葫芦岛兴城、保定白沟等地提供一件起免费上门揽收服务,揽收区域之外可以自行发货到指定集货仓
信息查询	全程可跟踪
保障赔付	承诺货物 60 天内必达(不可抗力及海关验关除外),时效承诺以物流商揽收成功或签收成功开始计算。因物流商原因在承诺时间内未妥投而引起的限时达纠纷赔偿,由物流商承担(按照订单在速卖通的实际成交价赔偿,最高不超过 300 元)

注:价格数据来自速卖通官网。

【知识测试】

1. 简述专线物流的优劣势。
2. 简述我国专线物流的发展现状。
3. 请就我国专线物流的发展障碍提出可行性的升级建议。
4. 简述邮政物流、商业快递、专线物流的优劣势。
5. 请选择一个专线物流产品,对其进行 SWOT 分析。

【实践操作】

实践项目: 完成所在城市专线物流发展现状调研。

实践要求: 通过实地调研、资料收集、文献阅读,了解你所在城市跨境专线物流的发展现状,包括线路、存在的问题和发展对策。

实践形式: 学生以小组为单位,建议 3～5 人为一组,分工合作,共同完成调研报告。

第六章 海 外 仓

【学习目标】

❋ 知识目标：

- 了解海外仓的概念、运作流程和优势，熟悉海外仓的使用困境；
- 了解海外仓的类型和各自优劣势，熟悉海外仓的操作流程；
- 掌握海外仓的选品思路，熟悉主要跨境电商平台的选品策略；
- 掌握海外仓的运费组成。

❋ 能力目标：

- 能识读跨境电商海外仓服务的三种不同模式；
- 能进行合理的海外仓产品选择；
- 能对海外仓的费用进行正确计算。

【思维导图】

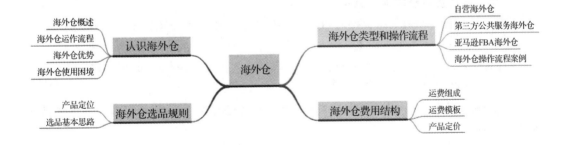

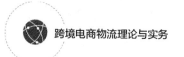

跨境电商物流理论与实务

第一节 认识海外仓

【学习情景】

邮差小马的虚拟海外仓解决方案

跨境电商卖家有大有小,并不是每个卖家都有能力做海外仓,而没有资金做海外仓的卖家,由于时效不能保证,在各个跨境电商平台的 Listing 排名就会受到很大影响,即便销量不受影响,其客户签收率也会低很多,还会存在大量退换货等问题。为了解决没有能力做海外仓的卖家的"海外仓梦"需求,虚拟海外仓应运而生。

1. 虚拟海外仓的优势

(1)虚拟海外仓的发货地址显示为美国地址,显示本土发货,有利于提升消费者的购买信心及购买体验,促进销量增长,进而提高利润。

(2)为跨境电商卖家解决退换货的烦恼,防止买家因发货地址显示为中国,出现恶意退换货的行为。

邮差小马

(3)无须囤货,无资金压力,无库存风险。

(4)无仓储费用,随时应对国外政策变化,灵活性较高。

(5)支持跨境电商卖家的商品在美国本土产生后续服务问题的解决,可退货到虚拟海外仓,帮助卖家减少损失,并实现二次销售的可能性。

(6)提高卖价,因为货物始发地显示为美国当地,跨境电商卖家可将产品的卖价提高,跟美国当地产品卖价一致,增加利润。

2. 虚拟海外仓的整体操作流程

(1)跨境电商卖家通过邮差小马(PostPony)在中国批量打印美国尾程配送运单,尾程配送运单的发件地址填写为邮差小马的仓库地址,并将运单贴在每个小件的外箱上。

(2)将这些小件统一打包成一个大包,用国际商业快递(FedEx、DHL、UPS)的头程方案运往美国,运输时效为 2~4 天。

(3)国际商业快递(FedEx、DHL、UPS)负责美国境内清关,并将包裹运往邮差小马的美国虚拟海外仓。

(4)虚拟海外仓接收到包裹后,将大包拆分,直接将小件包裹通过美国本土快递派送至消费者手上。

3. 邮差小马虚拟海外仓的具体使用流程(步骤)

邮差小马隶属于北京邮差小马科技有限公司,目前在美国运营,是美国一站式的快递折扣平台。邮差小马为中国跨境电商卖家提供美国尾程折扣快递渠道(USPS❶、FedEx、

---

❶ USPS 即 United States Postal Service,美国邮政署,亦称美国邮局或美国邮政服务,是美国联邦政府的独立机构。

102

UPS、DHL)、美国海外仓、虚拟海外仓,以及美国落地清关派送等服务,其虚拟海外仓的发货步骤如下:

(1)创建并打印美国尾程配送运单;

(2)将所有运单进行 Scan Form(USPS 批量上网);

(3)同步信息至系统的"虚拟海外仓管理"。

【学习任务】

认识海外仓的概念、运作流程和优劣势。

【相关知识】

一、海外仓概述

跨境电商主要由产品的信息流、物流及资金流业务组成,其中信息流和资金流业务均已得到较好发展,但跨境物流还存在诸多问题。由于跨境物流涉及较多环节,且面对各国/地区不同的物流供应商和海关,其时效性、成本、丢件及退换货等问题一直难以得到有效解决,严重影响消费者的购物体验和跨境电商的发展。而海外仓这种新型的跨境物流模式的出现,很好地解决了跨境直邮中存在的问题。

所谓海外仓,即通过在商品进口国/地区境内选址设置仓储地点并事先将货物批量出口至进口国/地区境内仓库,一旦目标市场国家/地区的消费者下单,即可从相应海外仓发货,从而实现物流的本土化,避免复杂的跨境物流及通关手续,最大限度地提高跨境物流效率,解决丢件率高、退换货难等问题。

为了促进海外仓的建设,2015 年 5 月商务部发布了《"互联网＋流通"行动计划》,其主要任务是,在电子商务进农村、电子商务进中小城市、电子商务进社区、线上线下融合互动、跨境电子商务等领域打造安全高效、统一开放、竞争有序的流通产业升级版,实现流通方式的不断创新、流通效率的大幅提升以及流通环境的进一步完善;同时,将推动建设100 个电子商务海外仓。另外,在 2016 年的政府工作报告及 2017 年的全国政协委员提案中均提出要支持中国企业建设出口货物的海外仓。在政府的引导下,近几年海外仓的建设取得了重大进展。目前,参与海外仓建设的企业主要是大型跨境电商从业企业、第三方跨境电商平台和跨境物流企业。

二、海外仓运作流程

海外仓从兴起到现在,已经形成一套较为成熟的运作流程。海外仓不仅仅只是跨境电商企业和跨境物流的简单配合,还包含计算机信息技术、金融支付、报关报检和咨询管理等行业的工作内容,而且这些大多是以提供知识密集型的服务为主。海外仓有效整合了这些行业的优势及特点,并将此运用到海外仓的经营管理当中,不仅解决了跨境物流的种种难题,还为跨境电商企业提供了多元化的服务,满足跨境电商及物流的一体化需求,促进双方的发展。

海外仓的运作流程可以分为三部分：头程运输、仓储管理以及本地配送(也称尾程配送)。

(一)头程运输

一般国内出口跨境电商企业在未接收到国外客户订单之前，就通过传统的运输方式，将商品提前运送到海外仓，其中包括集中式报关、个性化加工等额外的增值服务。这些商品通过批量处理，提高了管理精准度和作业效率，节约了大量时间、运输成本及管理成本。

(二)仓储管理

仓储管理不仅是单纯地存储商品，还会对海外仓的商品进行精细科学的分类存储，以便商品出库时更加高效、方便。此外，仓储管理还能提供订单管理服务，可根据订单及时发货，也可根据订单的数量预测下一季度或某个相似时间段的商品销售数量，还可将海外仓当地季节、节日等因素及时反映给跨境电商企业，以便跨境电商企业及时仓储合适数量的商品。这可以避免缺货情况的出现或者库存量过多的压力，从而减少跨境电商企业的仓储成本，提高海外仓的利用率。

(三)本地配送(也称尾程配送)

境外消费者通过跨境电商平台下单，跨境电商企业收到客户的订单信息之后发送给海外仓管理系统，由海外仓出库商品发货。这就使得跨境电商的购买行为转换为境内销售行为，缩短了跨境电商所在国到目标市场的距离，减少了客户从下单到接收商品的时间，无须经历漫长的等待。同时，海外仓也成为跨境电商企业展示自身商品的一个窗口，吸引消费者，使得消费者更加了解远在境外的跨境电商企业，从而提高了跨境电商企业的知名度，增加消费者重复购买行为。

海外仓的运作流程如图 6-1 所示。在境内，卖家或卖家供应商通过自提送货或集货理货的方式把商品运送至头程仓，头程仓根据商品的特性和数量办理拼箱或整箱的运输，然后由跨境电商企业或货运代理公司办理订舱报关及退税手续，将商品送到目的国/地

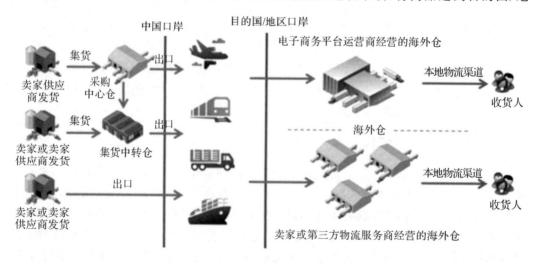

图 6-1　海外仓的运作流程

区。办理完入境清关、缴税等手续之后，将商品运送至海外仓，海外仓对货物即时入库上架，进行精准分类、安全有效的仓储管理。境外的买家通过 eBay、Amazon 或其他跨境电商平台购买商品（即下单），跨境电商企业上传订单至海外仓管理系统，仓库管理人员及时履行订单，拣选商品出库进行海外本地配送，将商品送到消费者手中。此外，海外仓还可以履行退换货、补货管理等增值服务。头程运输、仓储管理以及本地配送这三个流程并不是孤立运转的，而是由海外仓管理系统对整个流程进行全局掌控。

三、海外仓优势

(一)海外仓对企业的优势

第一，提高物流运输效率，降低成本。海外仓为跨境电商企业节省了一大笔物流运输开支。无论是何种海外仓运营模式，都使得跨境电商企业在境外有一个货物的暂时过渡点，解决了传统物流运输慢、成本高的难题。通过海外仓，跨境电商企业无须在客户下单之后再从境内发送商品，而是可以提前将货物批量打包发送至目的国/地区，也无须在商品的热销期被迫支付更高额的运输成本，批量运输、提前备货都有效提高了货物的运输效率，节省了成本。

第二，扩充出口企业的销售品类。传统物流模式对某些商品种类存在种种限制，比如小件、廉价的商品根本就承担不了高额的物流成本，因此跨境电商企业也不会销售此类难以盈利的商品。通过海外仓，跨境电商企业可以根据客户以往需求预测今后的商品销售量，提前将商品打包批量发送至海外仓，这样以前受到限制的商品种类也可以发送至目标市场，与此同时又减少了总的运输费用。而且对于传统物流难以运输存储的商品，海外仓提供了存储条件和地点，极大方便了跨境电商企业的商品运输和存储。

第三，促进中国跨境电商品牌化建设和中国企业开拓海外市场。中国跨境电商的发展促进了传统外贸行业的转型升级，但是品牌效应远不及国外企业。在国际上，知名的中国跨境电商企业品牌建设较为欠缺，品牌也是跨境电商企业竞争的一个重要方面。跨境电商企业距离目标市场及客户较远，很难收到最新的市场信息和客户反馈，导致信息传达滞后。海外仓作为跨境电商企业销售的一部分，除了存储商品之外，也是跨境电商企业展示产品和公司形象的一个重要窗口，能够引起境外消费者的注意和增加客户信赖度，收集市场信息和客户的反馈信息，及时传达给境内跨境电商企业做出应变。海外仓在加强了跨境电商品牌化建设和知名度的同时，也助力中国跨境电商企业走出去，进一步开拓海外市场。

(二)海外仓对消费者的优势

传统的外贸行业使得货物的运输时间长达几个月，一般的国际物流模式如邮政、快递公司等不仅送货时间长，消费者还需承担高额的运输费。在以前，消费者若要退换货，手续繁杂，消耗时间长，费用高，极不划算。但是海外仓可以与本地购物一样，实现本地配送，消费者很快就能收到商品，而且由于海外仓的头程运输采用的是批量发货方式，极大地减少了运输成本，所以消费者承担的运输费用分摊下来也会减少，消费者可以用更少的价格、更快的速度获得满意的商品。如果消费者想要退货或者换货，可以反馈给跨境电商平台，跨境电商企业可以即时与海外仓联系为消费者提供服务，消费者也无须经历漫长的

等待。海外仓还可以主动适应当地的文化、习惯等特点,提供上门安装和维修等服务。海外仓还能为消费者提供更多的海外商品,突破传统单件和小包快递在体积、重量方面的限制,极大地提高了消费者的满意度。

四、海外仓使用困境

(一)海外仓使用成市高昂

目前,我国的海外仓主要集中在跨境电商零售出口订单较多的国家/地区,如美国、英国、德国、法国、澳大利亚、俄罗斯等,而这些国家/地区的劳动力及仓库租金成本普遍偏高。例如,在美国,仓库工人的最低工资是 15 美元/小时,是中国工人的 5 倍,一年下来仅一个美国仓储工人的成本就要近 36000 美元。同时,美国仓库的租金也非常昂贵,达到了100~120 美元/(平方米·年),是中国的 2 倍左右,这其中还不包含水电费和物业费等其他额外的费用。此外,出口跨境电商企业在国外租用仓库还得缴纳高额的保证金,从而进一步推高了海外仓的成本。一般情况下,在美国租用一个 3000 平方米左右的仓库,一年的费用就要上百万美元。最终,这些费用都将会以入仓费、仓储管理费和订单处理费的形式转移到海外仓的使用者身上。而且货物一旦从海外仓发出还得支付当地的快递费,例如,当企业使用美国波士顿当地的海外仓给美国纽约的客户发送重量约为 30 克的耳环时,其需缴纳订单处理费约为 1 美元、快递费约为 2 美元,两者相加已达 3 美元,而这其中还不包括海外仓头程运输费用、入仓费和仓储管理费。但是,企业将同样重量的商品从中国通过 e 邮宝直接寄往纽约却只需要 2 美元左右的邮寄费。可见,巨大的运费差额是阻碍中小型出口跨境电商企业选择使用海外仓的重要原因。

(二)海外仓整体运营水平和技术水平较低

海外仓中存放的货物数量多、品类复杂,管理难度较大,每批货物进仓之后需要经过分拣、归类、贴条码和入库等多个流程。海外仓使用先进的仓储设备和专业管理系统,可以实现高度的自动化,有效降低失误率,但费用较高,且后期需要不断对设备和软件系统进行更新和升级。目前,我国海外仓技术还比较落后,很多建仓企业为了控制成本不愿投入过多的资金来购置先进的设备和软件,取而代之的是传统的 ERP 采购系统和当地技术水平较低的廉价劳动力。

由于传统的 ERP 采购系统与国外快递公司和邮政的系统连接不稳定,以及仓库员工操作不规范,出口跨境电商企业在使用海外仓过程中,经常会遇到物流信息不更新、库存数量不准确、错发货物和商品错装漏装等情况,严重影响消费者的购物体验,从而导致大量退换货问题。另外,比如,自动化立体仓库极大地实现了信息管理,无论是货物位置管理、库存管理还是数据库管理都需要专业人员的操作;又如,海外仓信息技术的研发和运用需要专业的供应链管理人才和信息技术人才,但限于我国海外仓发展的时间较短,专业人才相对匮乏。

(三)海外仓库存难以控制

使用海外仓的先决条件是出口跨境电商企业将在售的或者即将销售的产品以出口的形式批量运输至海外仓,这就意味着企业必须对出口至海外仓的产品及数量事先做出预判。对于在售产品,企业可以根据以往的销售数据进行判断;而对于将售产品,企

业只能凭借自身经验。由于缺少爆款产品、缺乏稳定的销售数据以及缺欠库存管理经验,中小型出口跨境电商企业对产品库存的准确预判非常困难。一旦使用海外仓,企业不仅要面对各种库存管理问题,而且商品的批量出口也将进一步增加企业的库存成本和风险。

(四)海外仓滞销商品难以处理

海外仓的操作是出口跨境电商企业提前把货物储存在仓库,缩短了商品的运输时间,降低了物流成本,但是,有库存就会存在货物积压的风险。2017 年 5 月联域国际发布的数据显示,30%的中国跨境电商企业正面临着货物滞销的风险。由于缺乏销售数据做准确预判以及缺乏海外仓经营管理经验,中小型出口跨境电商企业更容易出现商品滞销问题。

面对滞销商品,大型出口跨境电商企业一般可以通过自身在海外的销售渠道低价将其以最快的速度消化掉,而中小型出口跨境电商企业因为缺少销售渠道,如何处理滞销品便成了一个难题。常见的解决方法有两种:一种是低价抛售,企业能减少一部分损失,但是商品如何营销、销售周期长短都具有很大的不确定性,此时仍需要向海外仓支付仓储费和处理费,低价抛售所得收入是否能弥补该费用尚未可知;另一种方式是销毁货物,企业仅需支付销毁费,无须再支付其他费用,但需要注意目的国/地区对于货物销毁的法律政策,此种情况下企业的损失较大。因此,滞销商品的有效处理成了一个亟待解决的问题。

(五)出口跨境电商企业规模小且订单分散

深圳易仓科技有限公司调研发现,38%的受访者认为只有当跨境出口的月销售额在10 万美元左右时才考虑使用海外仓,25%的受访者认为建仓标准需要达到 10 万至 30 万美元之间,37%的受访者则认为月销售额需达到 30 万美元以上才能建海外仓。由此可见,出口规模在很大程度上决定了跨境电商企业是否选择使用海外仓。据不完全统计,绝大部分中小型出口跨境电商企业的月销售额甚至不足 2 万美元,且存在订单量小、出口区域分散、出口产品利润率低等情况,加之出口产品类型和国家/地区的多样化,都大大增加了企业海外仓使用的难度。

第二节　海外仓类型和操作流程

【学习情景】

邮差小马的海外仓发货流程

海外仓是将货物前置的一种手段,也就是说,跨境电商卖家将货物提前备至海外仓,等到消费者下单时,卖家可通过远程系统操作,让海外仓将货物下架、分拣、打包,并派送给消费者。海外仓一般涉及几个主体,即跨境电商卖家、头程运输物流商、海外仓服务商

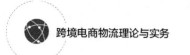

以及目的国/地区的物流派送商。

现以邮差小马的海外仓为例。邮差小马的所有服务都基于美国尾程折扣快递渠道,即 USPS、FedEx、UPS、DHL。邮差小马的海外仓一件代发的运作流程如下:

(1)跨境电商卖家通过头程运输方式,将货物运输至邮差小马的海外仓;

(2)海外仓接收货物,将货物分门别类上架;

(3)消费者在跨境电商卖家店铺下单;

(4)跨境电商卖家将消费者下单的商品同步给海外仓;

(5)海外仓接收到指令,将货物下架、分拣、打包并通过邮差小马在线打印美国尾程快递运单,将运单分别贴在对应包裹上;

(6)海外仓将货物交给对应的物流服务商;

(7)物流服务商进行派送,消费者收货。

邮差小马的海外仓一件代发具有时效强、价格优、服务好等优势。该服务可实现本地发货,缩短了运输时间,防止了旺季"堵塞",同时,发货时效快,客户体验感好,平台销售好评率反馈高,还能满足客户的退货要求。当然,邮差小马的海外仓服务不仅提供一件代发服务,还提供大货中转以及 FBA 退货/贴标/转运服务。

【学习任务】

认识海外仓的类型和运作流程。

【相关知识】

海外仓是跨境电商物流模式的重大创新,是解决跨境电商物流成本高昂、配送周期漫长问题的有效方案,本质就是将跨境贸易实现本地化,提升消费者购物体验,从而提高出口跨境电商企业在出口目的地市场的竞争力。根据投资、运营主体的不同,本节将对海外仓不同物流模式的流程进行分析。

一、自营海外仓

自营海外仓模式是指由出口跨境电商企业建设并运营的海外仓库,仅为本企业销售的商品提供仓储、配送等物流服务的物流模式。也就是说,整个跨境电商物流体系是由出口跨境电商企业自身控制和管理的,该模式较为灵活。缺点是卖家需自己解决仓储、报关、物流运输等问题,同时自营海外仓的建造成本、风险等也较大,若运送货量不大的话,则在运输方面很难得到有优势的价格。

(一)适用范围

自营海外仓是由出口跨境电商企业建立(或租赁)以及运营的,是由出口跨境电商企业在境外新建的一个全新物流体系,因此,需要投入大量的资金,需要出口跨境电商企业具有较强的海外物流体系控制、运营能力。所以,自营海外仓适于市场份额较大、实力较强的出口跨境电商企业。

（二）典型企业

兰亭集势成立于2007年，是我国跨境电商开展最早的企业之一。兰亭集势发展至今已经积累了一定的海外运营经验和客户群体，在国外占有一定的市场规模。兰亭集势资金实力雄厚，在国外有固定庞大的销售量并有不断扩大的趋势，为减少物流成本，兰亭集势于2014年在欧洲建立海外仓，次年又在北美建立海外仓。

二、第三方公共服务海外仓

第三方公共服务海外仓模式是指由第三方物流企业建设并运营的海外仓库，并且可以为众多的出口跨境电商企业提供清关、入库质检、接收订单、订单分拣、多渠道发货、后续运输等物流服务的物流模式。出口跨境电商企业与第三方公共服务海外仓的合作模式主要有两种：一是租用，在这种情况下，会产生操作、租用、运输等多重费用；二是合作建设，仅产生运输费用，但是前期需要有一定的资金投入。第三方公共服务海外仓在头程清关和库存管理方面有其优势，吸引越来越多的卖家使用，或者与FBA仓配合使用。

（一）适用范围

第三方公共服务海外仓是由第三方物流企业建立并运营的仓库，出口跨境电商企业是物流需求方，第三方物流企业是物流供给方，由第三方物流企业为出口跨境电商企业提供仓储、分拣、包装、配送等项目的一站式服务。与自营海外仓相比，第三方公共服务海外仓适于市场份额相对较小、实力相对较弱的出口跨境电商企业。

（二）典型企业

递四方速递的物流服务遍及全球大部分国家/地区，递四方速递选择在海外建立仓库，为跨境电商企业提供以海外仓为核心的国际物流服务，极大地提高了运输效率。仓储是物流的一个重要环节，递四方速递作为以传统物流服务起家的物流公司，仓库是其经营管理的一个专业领域，已经积攒了一定的仓库管理经验，而建设海外仓可以利用这些仓储管理经验及对目标市场的了解，为跨境电商企业提供专业的物流服务，合理分工，提高跨境电商企业和物流公司双方的工作效率和收益，使跨境电商领域更加专业化。

自2004年成立以来，递四方速递已成为国内跨境电商物流龙头企业，截至2020年4月，公司已在全球有近30个海外仓、近10个合作加盟仓，覆盖美国、加拿大、澳大利亚等国家。此外，结合国外客户退换货频率高的难题，递四方速递建立的纽约仓及洛杉矶仓，具有独特的全球退货服务（GRS），可以为客户提供退换货、滞销处理、维修、售后服务等。

三、亚马逊FBA海外仓

亚马逊FBA（fulfillment by Amazon）海外仓模式是由亚马逊提供一系列的物流辅助服务，其中涉及仓储、拣货打包、派送、收款、客服与退货处理等。出口跨境电商企业把产品挂到亚马逊的跨境电商平台上进行销售，将所销售产品直接送到亚马逊在进口国/地区当地市场的仓库中，一旦进口国/地区客户在亚马逊电商平台上确认购买订单，即由亚马逊的物流配送系统自动完成后续的发货、送货等具体物流操作。

亚马逊基于其强大的跨境配送网络、全球云仓体系,已经成为全球最大的海外仓运营商,也是最早开始建立海外仓的企业。其海外仓遍布全球,有非常成熟的仓储管理和配送体系,所以出口跨境电商企业承担的风险较小。企业在使用 FBA 海外仓时不需要前期的大规模固定投入,也不需要有专业的仓储管理人员,更不用为选择海外仓服务商而进行前期调研,而且在短时间内就可以投入使用。

对于亚马逊卖家来说,使用 FBA 还可以帮助提高 Listing 排名和得到购物车,获取更多流量,同时省去因物流引起的纠纷,但也存在仓储成本和配送费用较高、灵活性较低等问题。易仓科技调研结果显示,有 83% 的卖家在使用 FBA。

亚马逊 FAB

自营海外仓、第三方公共服务海外仓和亚马逊 FBA 海外仓这三种海外仓模式的优劣势对比如表 6-1 所示。

表 6-1　三种海外仓模式的优劣势对比

模式	优势	劣势
自营海外仓	1.有利于树立品牌形象,进行本土化运营; 2.卖家可以根据目标市场选择建仓地址,量身打造个性化海外仓; 3.灵活性较强,不会受到商品类型、存放时间等条件的限制	1.前期需投入大量资本,对从业人员的要求较高; 2.面临当地的政治、经济、法律等宏观条件的制约; 3.不确定因素导致经营风险较高
第三方公共服务海外仓	1.提供有效的专业化服务; 2.选品范围比亚马逊 FBA 广泛; 3.同一批次货物存放在同一海外仓,方便管理	1.服务质量、仓储地址依赖于第三方; 2.起步较晚,服务质量良莠不齐,难以选择合适的物流服务商
亚马逊 FBA 海外仓	1.会为卖家提供各类辅助服务,降低卖家的广告宣传费用; 2.操作简单; 3.覆盖范围广,可以提供更多选择	1.对入仓商品有严格限定; 2.亚马逊设置默认分仓,会将卖家的同一批商品发送到不同的仓库; 3.其前提是卖家必须在亚马逊平台上进行产品销售

四、海外仓操作流程案例(以亚马逊 FBA 为例)

亚马逊平台发货一般有两种方式,一种是自发货,一种是 FBA 配送。下面简单介绍一下 FBA 配送的操作流程,这个操作流程是在开启合仓服务(又称为"库存配置服务")的前提下进行的。

FBA 发货流程

(一)开启合仓服务

(1)点击后台页面的"设置",进入"亚马逊物流",如图 6-2 所示。

图 6-2　进入"亚马逊物流"

（2）选择"入库设置"项，点击"编辑"按钮，如图 6-3 所示。

图 6-3　选择"入库设置"项

（3）进入"编辑"页面，选择"库存配置服务"，然后点击"更新"按钮，合仓服务就开启了，如图 6-4 所示。

图 6-4　选择"库存配置服务"

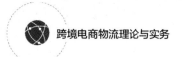

(二)FBA 发货流程

(1)点击卖家后台页面的"库存",点击"管理库存",进入库存管理界面,如图 6-5 所示。

图 6-5 选择"管理库存"

(2)"转换为'亚马逊配送'"设置。在库存管理页面,首先,卖家对商品状况进行选择,可以是"所有"或"在售"或"不可售",一般要选择"所有";其次,卖家可以通过搜索 SKU❶、标题等找到要转换为 FBA 发货的产品,并在左侧勾选框中选择该商品,若卖家仅勾选 1 款商品,其选择信息将显示为"应用于 1 件选定商品";若卖家勾选 14 款商品,则显示为"应用于 14 件选定商品",如图 6-6 所示。单击"应用于 14 件选定商品"按钮,再单击"转换为'亚马逊配送'"按钮,如图 6-7 所示。

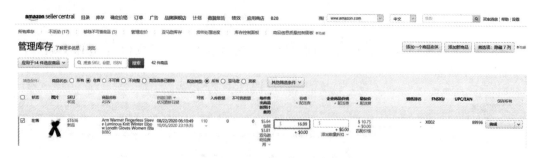

图 6-6 点击左上角"应用于 14 件选定商品"

---

❶ SKU 是亚马逊卖家分配的用于标识特定商品的字母数字字符串,字符串的长度不少于 1 个字符、不大于 40 个字符,例如 Acme101。

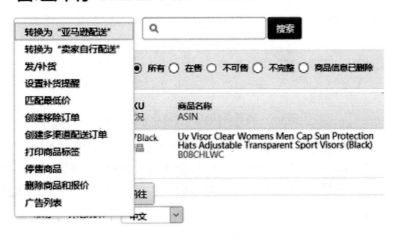

图 6-7　选择"转化为'亚马逊配送'"

（3）"发送库存"设置。确认所选产品无误，确认当前的订单配送方为亚马逊，点击"发送库存"按钮，如图 6-8 所示。"完成"是指成功转化为亚马逊配送，"发送库存"是指成功转化为亚马逊配送的同时开始发货。

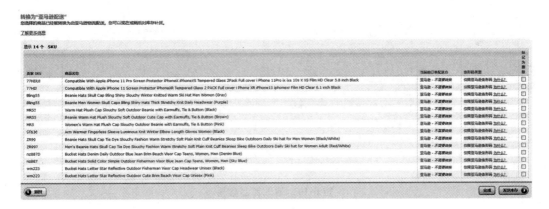

图 6-8　点击"发送库存"按钮

（4）选择并确认发货地址和打包方式，如图 6-9 所示。

①选择并确认发货地址。方法一，选择默认的发货地址，则无须再操作；方法二，选择"从另一地址发货"，则需要填写全新的公司地址或者工厂地址。

②选择并确认打包方式。一种是混装商品，即一个箱子里可以放不同 SKU 的产品；另一种是原厂包装发货商品，即一个箱子里只能放同一个 SKU 的产品，不能放其他 SKU 的产品。在产品 SKU 比较多的情况下，一般建议选择混装商品，然后点击"继续处理入库计划"，如图 6-9 所示。SKU 是亚马逊卖家分配的用于标识特定商品的字母数字字符串，字符串的长度不少于 1 个字符、不大于 40 个字符，例如 Acme101。

图 6-9　选择并确认发货地址和打包方式

（5）转到"设置数量"页面。这里"所有商品"会显示选为 FBA 发货的产品信息，卖家如果还需要新增 SKU，点击"添加商品"按钮；如果需要删除，则点击每个 Listing 后面的"×"按钮。根据实际情况，卖家输入每个商品的发货数量，再点击"继续"按钮，如图 6-10所示。

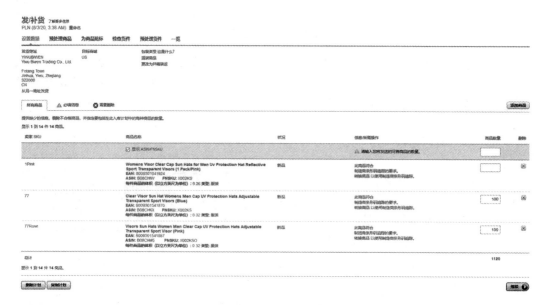

图 6-10　输入商品数量

（6）转到"预处理商品"页面。如果发货商品不是打孔包装、液体（非玻璃瓶装）、成人用品、衣架上的服装、尖利物品、母婴用品等，则选择最下方的"无需预处理"，如图 6-11 所示；预处理方可以是亚马逊、卖家或者适用于全部，由于亚马逊预处理需要收费，且费用较高，一般选择"卖家"，如图 6-12 所示；卖家还需要对 SKU 和商品数量进行核对，确保发货的 SKU 和商品数量与创建时填写一致。

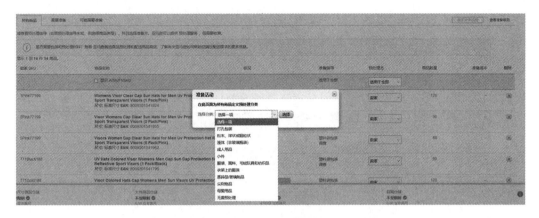

图 6-11 选择"预处理分类"

图 6-12 选择"预处理方"

(7)转到"为商品贴标"页面,如图 6-13 所示的中文界面。由于商品的销售地在美国,卖家需要下载英文标签,而非中文标签,下载之前先进行中英文标签转化操作。第一步,卖家点击"管理亚马逊货件"按钮,如图 6-14 所示;第二步,点击语言框,选择"English",如图 6-15 所示;第三步,在货件处理进度的英文界面,找到需要的货件,点击"Work on shipping plan"按钮,如图 6-16 所示;第四步,选择"Label Products"进入为商品贴标的英文界面,如图 6-17 所示,完成了中英文标签转化。卖家根据产品包装尺寸选好标签的大小,如图 6-18 所示,之后点击"Print labels for this page",英文标签如图 6-19所示。

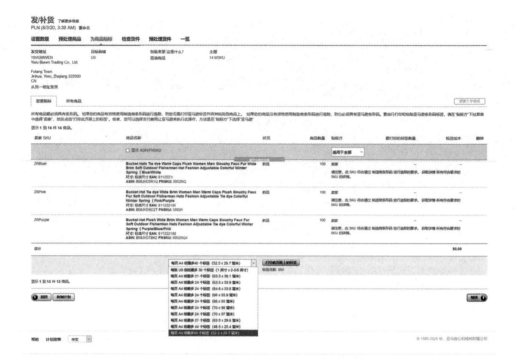

图 6-13 进入"为商品贴标"中文界面

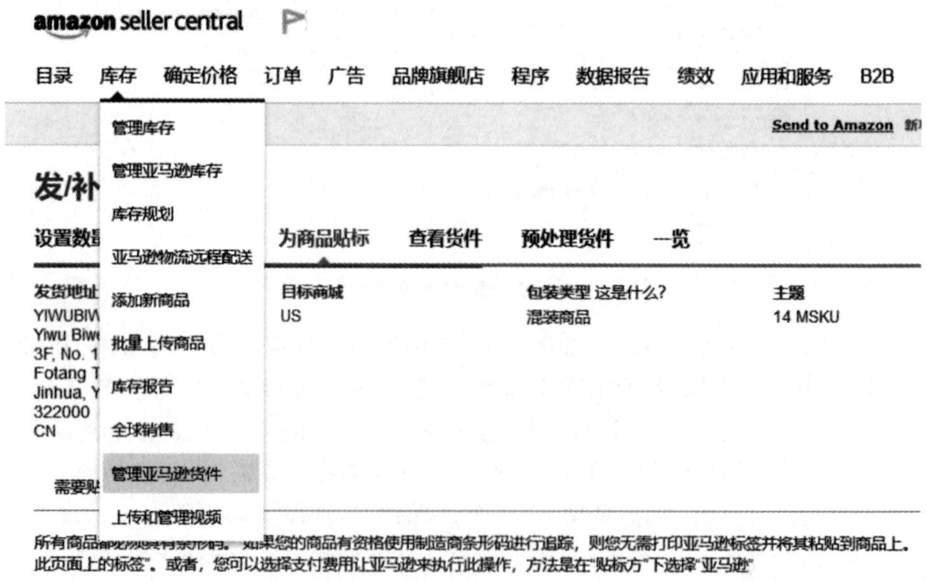

图 6-14 选择"管理亚马逊货件"

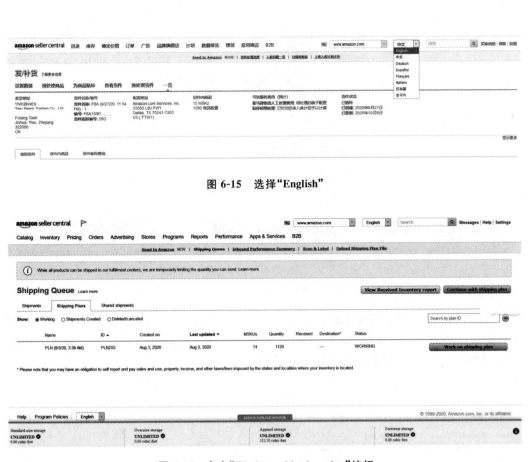

图 6-15　选择"English"

图 6-16　点击"Work on shipping plan"按钮

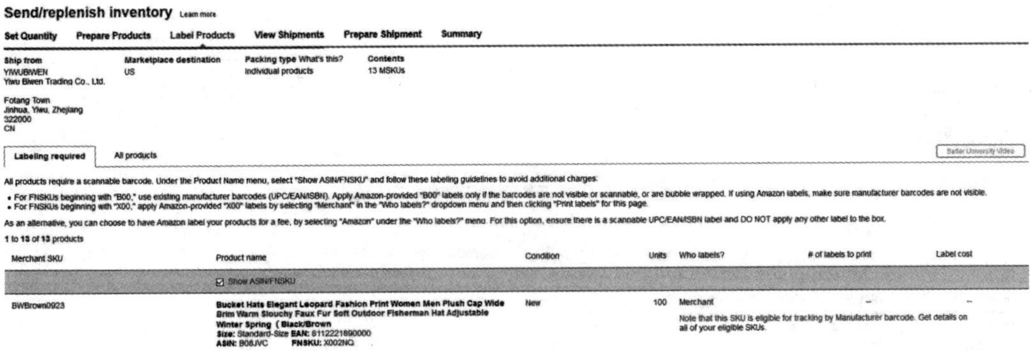

图 6-17　进入"Label Products"页面

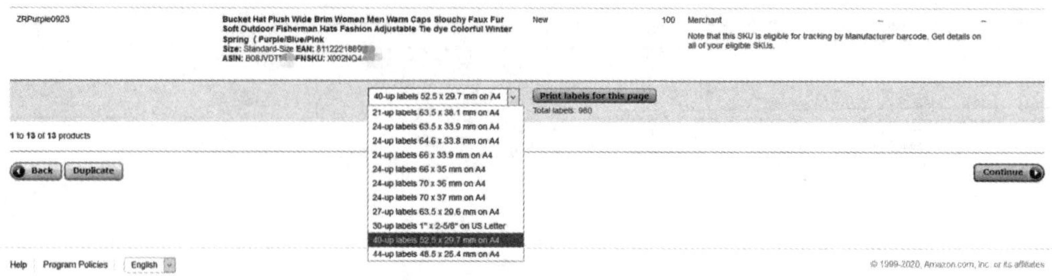

图 6-18　选择标签并打印

图 6-19　英文标签

（8）按照上述步骤进行英文转中文的操作，来到"检查货件"的中文页面。检查货件的发货地址、包装类型、主题、可选服务费用、商品数量、配送地址等信息，卖家确认没问题后，点击"批准并继续"按钮，如图 6-20 所示；再次确认货件，点击"处理货件"按钮，如图 6-21 所示。

图 6-20　点击"批准并继续"按钮

图 6-21　点击"处理货件"按钮

（9）转到"预处理货件"页面，这里包括检查货件内容、配送服务、货件包装、货件标签等四个步骤。

①检查货件内容，如图 6-22 所示。卖家点击"检查并修改商品"按钮，可以查看和修改商品数量，但更改范围只能是数量的 5％ 或 6 件；若想要向货件添加更多商品或新商品，则必须复制货件或创建新的货件。

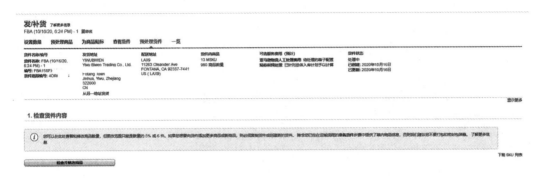

图 6-22　点击"检查并修改商品"按钮

②设置配送服务，包括配送方式和配送商，如图 6-23 所示。如果每个箱子的重量不超过 150 磅，配送方式需选择小包裹快递（SPD），否则选择汽车零担（LTL）。亚马逊卖家一般都是自己联系配送商，这里选择"其他承运人"，并在下拉列表选择具体的承运人。

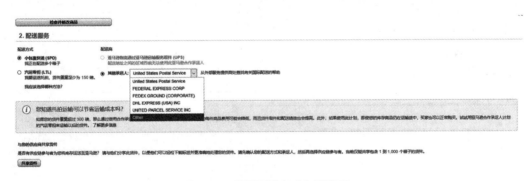

图 6-23　设置配送方式和配送商

③设置货件包装，包括包装箱数量、尺寸和重量。

第一步，设置包装箱数量，如图 6-24 所示，根据实际情况选择"所有商品装于一个箱子"，或"每箱一个 SKU"，或"每箱不止一个 SKU（不超过 15 个包装箱）"，或"每箱不止一个 SKU（超过 15 个包装箱）"。在只有一个箱子的情况下，卖家仅能采用"使用网页表格"填写箱子的尺寸和重量；在有两个及两个以上箱子的情况下，卖家可以采用"使用网页表格"或"上传文件"填写箱子的尺寸和重量，如图 6-24 所示。为节约物流成本，卖家一般不选择"跳过箱子信息并收取人工处理费用"。

第二步，设置包装箱尺寸和重量，"使用网页表格"填写的箱子尺寸单位是英寸（in），箱子重量单位是磅（lb），如图 6-25；"上传文件"填写的箱子尺寸单位是厘米（cm），箱子重量单位是千克（kg），如图 6-26 所示。如果单个箱子的重量超过 50 磅重，则需在箱子外侧标注"Team Lift"的字样。

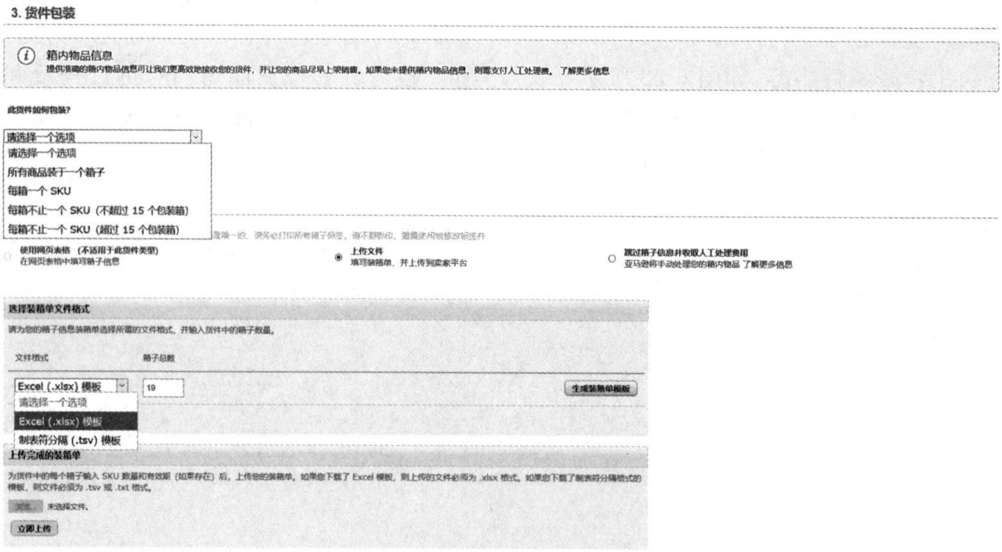

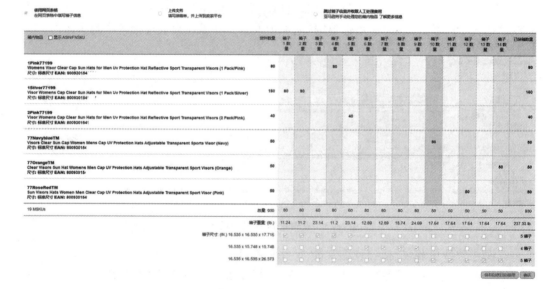

图 6-24　设置包装箱数量

图 6-25　“使用网页表格”设置包装箱尺寸和重量

Shipment ID	FBA15PM6HD2Z										
Name: FBA (8/3/20, 3:52 AM) - 1											
Merchant SKU	ASIN	FNSKU	Who will prep?	Prep Type	Who will label?	Expected QTY	Boxed QTY	Box 1 - QTY	Box 2 - QTY	Box 3 - QTY	Box 4 - QTY
1Pink771	B08CHNV5	X002KS1L7R	Merchant	Polybagging	Merchant	120	120	80	40		
2Pink771	B08CHNLV	X002KSC2YX	Merchant	Polybagging	Merchant	90	90		30	60	
Plan ID: PLN2X5SQ19								Box 1	Box 2	Box 3	Box 4
Ship To: BNA3							Weight of box (kg)	5.1	4.55	7.3	11.7
Total SKUs: 14							Box length (cm)	42	42	42	42
Total Units: 1120							Box width (cm)	42	42	42	42
							Box height (cm)	45	45	45	45

图 6-26　“上传文件”设置包装箱尺寸和重量

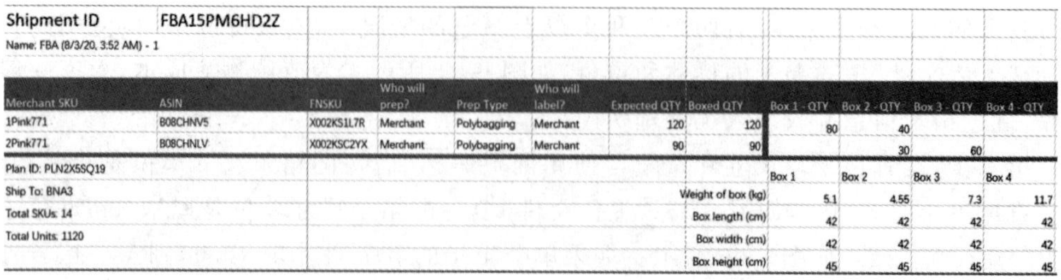

④下载/打印货件标签。箱签尺寸选择第 1 个"Plain paper",如图 6-27 所示,下载完毕后,点击"完成货件"按钮。箱签下载下来的格式是 PDF,如图 6-28 所示,用 A4 纸直接打印,裁剪后粘贴在外箱上即可。每个箱子上的标签都是唯一的,卖家必须打印所有箱子的标签并粘贴。

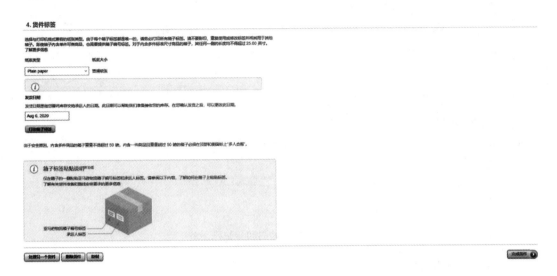

图 6-27　下载货件标签

图 6-28　打印货件标签

（10）转到"一览"页面，填写追踪单号，然后点击"全部保存"按钮，最后一步"标记已发货"，完成全部操作，如图6-29所示。

图6-29 填写追踪编码和标记已发货

（三）FBA补货流程

（1）点击卖家后台页面的"库存"，选择"管理亚马逊库存"，如图6-30所示。

图6-30 选择"管理亚马逊库存"

（2）勾选需要补货的产品，若仅有 1 个产品需要补货，则点击"应用于 1 件选定商品"按钮，然后选择"发/补货"，如图 6-31 和 6-32 所示。

图 6-31　勾选需要补货的产品

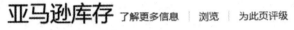

图 6-32　选择"发/补货"

（3）接下来的步骤按照第一次转 FBA 发货的步骤填写即可，如图 6-33 所示。

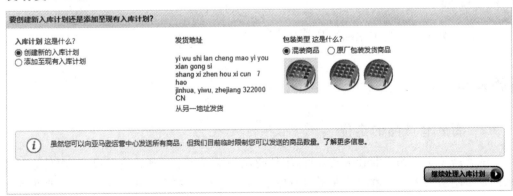

图 6-33　点击"继续处理入库计划"按钮

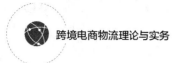

第三节　海外仓选品规则

【学习情景】

eBay 海外仓选品规则:什么产品适合做海外仓

海外仓的发货模式并不适用于所有商品,如果小型卖家选择海外仓的发货模式,成本可能太高,反而得不偿失。那么,究竟哪种商品适合使用海外仓的发货模式?

对于跨境电商卖家来说,不同的卖家有不同的海外仓产品策略,有的卖家倾向大尺寸、大重量的产品,有的卖家喜欢时效要求比较高的产品,还有的卖家偏向结构复杂、对售后要求比较高的产品。比如,大件产品(如家具等)就不适合走邮政包裹渠道,而更适合海外仓模式。所以,总的来说,海外仓的选品应符合下列三个规则。

1. 产品的市场需求大

这是最重要的原则。长尾产品不适合海外仓,除非卖家不在乎转化率和死库存。但是,究竟多大的市场规模是可以被接受的,这就要看卖家的资金情况和周转率要求了。

2. 存在严重发货物流问题的产品

严重的物流问题会影响账号安全、信用表现,如果卖家想卖这些产品,就只能选择海外仓发货模式。

3. 关注单位时间内的总利润而不是单笔交易利润

一般而言,多数产品的海外仓利润率都高于直邮发货,这也是海外仓的优势。那么,是不是海外仓利润不如直邮发货的产品,就一定不能做海外仓?其实也不尽然,卖家还要考虑海外仓的转化率,高转化率的产品同样可以通过海外仓实现更好的总利润。

资料来源:https://www.cifnews.com/article/27590.

【学习任务】

认识海外仓产品的定位和选品思路。

【相关知识】

一、海外仓产品的定位

随着跨境电商的不断壮大与发展,本地化服务被提到了前所未有的高度,海外仓是未来的发展趋势。海外仓本地化服务具有以下四大优势:①提升曝光转化,海外本地发货的商品可获得更高的曝光及流量,增强买家的购买信心,带来更高的转化及销量;②缩短运输时长、降低物流成本,买家收到商品的时间可以从 15～40 天缩短到 2～7 天,减少物流纠纷,缩短卖家回款周期;③拓展销售品类,突破航空禁运、重量、体积等物流限制,可拓展电子类、汽配类、家居类、运动器材类等优势品类;④升级售后服务,卖家可提供更加灵活的退换货服务,完善售后服务环节。同时,海外仓在速卖通销售前台还享有搜索专属筛选、参加专场活动、平台出资站外推广等专享资源。

海外仓的选品定位有以下四种情况:

(1)高风险,高利润。体积大、超重等大件物品,国内小包无法运送或者费用太贵,比如家具用品、灯具、大型汽配、户外用品等。

(2)高风险,低利润。国内小包无法运送,比如带锂电池产品、液体类产品等。

(3)低风险,高利润。日用快消品,非常符合本地需求,需快速送达的产品,比如母婴用品、家居必备用品、工具类等。

(4)低风险,低利润。在国外市场热销的产品,批量运送更具优势,可均摊成本,比如3C配件、爆款服装等。

其中,高利润的品类比较适合使用海外仓,而低利润的品类不怎么适合做海外仓。但对于跨境电商来说,追求更稳更快更好的发展,选择海外仓已成为必然的趋势。

二、海外仓产品的选品基本思路

海外仓具有的优势是传统物流方式所不能比拟的,一般来说,出口跨境电商企业在选取海外仓产品的时候基本遵循以下思路。

(一)确定在哪个国家/地区建立海外仓

出口跨境电商企业在建仓的时候要选择可以覆盖周围市场的地方,比如美国仓覆盖加拿大、墨西哥;欧洲仓有五个地方可以选,分别是英国、法国、德国、意大利、西班牙,其中任选一个就可以,这个主要还是看企业主攻的是哪一个国家/地区。此外,企业还可以通过"谷歌趋势"等来搜索关键词的热度,以此作为海外仓选址的依据。

(二)选择利基产品

为了解目标国家/地区消费者的需求,企业可以从当地电商平台了解所需产品大类,然后再看看这款产品的销量和市场评价等,从而确定是否可以销售该款产品。

(三)开发海外仓产品

开发海外仓产品的指标依据包括:产品的单个销量(日销量)、单个到仓费用(海运或空运的费用)、单个毛利及毛利率、月毛利、成本收益率等。企业可以根据自身情况来确定具体指标。

企业一旦确定要卖的产品,就开始和可靠的供应商建立合作关系,向他们索求样品,核算从下单到出货所需时间,并计算产品的生产成本、物流成本、售价、利润等。一般而言,生产成本宜控制在售价的25%或者更低。

(四)运用数据工具选品

数据选品工具可分为站内和站外,站内主要有速卖通的生意参谋、亚马逊的 Best Sellers 和 Movers and Shakers、Wish 的卖家数据、eBay 的 Popular 和 Watch Count 等;站外主用使用关键词工具,有 Google Adword、Keyword Tracker、Wordze、Keyword Spy、Terapeak 等。

比如,利用亚马逊的 Best Sellers 选品,获得主关键词后,查看在这个词下面的评价数量,如果产品第一页的评价数量是 50 或者更少,这就意味着企业可以打入这个市场;反之,产品评价越多,说明竞争越强。

又如,利用速卖通的生意参谋选品,需要考虑其中搜索分析的热销词、飙升词、零少词等,如图 6-34 所示,企业可以关注那些搜索指数大、点击率高、竞争指数小的产品词。

图 6-34　速卖通生意参谋的搜索分析界面

第四节　海外仓费用结构

【学习情景】

中美贸易战"缩影":跨境电商物流企业苦不堪言

2018 年,由于中美贸易战,许多贸易商、物流公司深受其害。其中宁波帝航国际物流有限公司(以下简称宁波帝航)作为一家专业从事美国跨境电商物流的资深供应商,也未能躲开贸易战的枪林弹雨。

2018 年 6 月 4 日,无锡××公司委托宁波帝航以 LDP 的贸易方式出运 1×40′HQ 货物至美国某仓库。宁波帝航安排了 6 月 13 日韩国现代商船(HMM)的船,从上海港起运到美国长滩港,中间因为无锡××公司的报关出现问题,导致船期延一周,最终 6 月 20 日开船,并于 7 月 6 日到达美国长滩港。刚好在这段时间,中美贸易战打响。

美国于 2018 年 6 月 15 日公布将对从中国进口的 1102 种、约 500 亿美元的商品加征 25% 关税,其中对约 340 亿美元的商品自 2018 年 7 月 6 日起实施加征关税措施,同时对约 160 亿美元的商品加征关税开始征求公众意见。

LDP(完税交货价)贸易方式是由宁波帝航安排美国清关事宜。为了加快通关速度,宁波帝航于 7 月 4 日在船到港前,安排美国代理进行了预清关,此时货物是免税的,只有一些附加费用,总计费用为 238.45 美元。此票货物到港后顺利清关放行,宁波帝航也于 7 月 11 日顺利交付货物到无锡××公司指定的仓库,并收取运费。

12 月 4 日,宁波帝航突然接到美国的通知,此票货物需要到美国海关补缴关税,因为此票货物实际到港时间是 7 月 6 日,按美国相关政策需要征收 25% 关税,需补缴 12645.5 美元。之后,宁波帝航多次与无锡××公司交涉,该公司以各种理由拒付该笔费用。由于此票货物的费用、事件都是发生在中国境外的,各种证据收集、公证认证都存在一定难度,事件一直搁置,宁波帝航将在收集证据之后起诉无锡××公司。

【学习任务】

认识海外仓的运费组成。

【相关知识】

一、海外仓的费用组成

海外仓的费用是要通过公式计算出来的,因为该费用会随着时间的增加而增加很多。海外仓费用主要由头程运费、处理费、仓储费、尾程运费、关税/增值税/杂费等方面组成,如图 6-35 所示。每个环节的费用都会根据尺寸、时间等不同而不同,下面具体以亚马逊 FBA 为例来说明。亚马逊 FBA 的费用主要包括订单配送、月度库存仓储费、长期仓储费、移除订单费用、退货处理费、计划外服务费等。

FBA 收费

图 6-35 海外仓的费用组成

（一）订单配送费

订单配送费是针对每件商品收取的固定费用,具体取决于商品的尺寸和重量。卖家首先需要确定商品的尺寸分段,例如是标准尺寸还是大件尺寸,如图 6-36 所示;然后,再按照发货重量确定费用,如图 6-37 和图 6-38 所示。

包装后的商品的最大重量和尺寸					
商品尺寸分段	重量	最长边	次长边	最短边	长度 + 围度
小号标准尺寸	12 盎司	15 英寸	12 英寸	0.75 英寸	不适用
大号标准尺寸	20 磅	18 英寸	14 英寸	8 英寸	不适用
小号大件	70 磅	60 英寸	30 英寸	不适用	130 英寸
中号大件	150 磅	108 英寸	不适用	不适用	130 英寸
大号大件	150 磅	108 英寸	不适用	不适用	165 英寸
特殊大件*	超过 150 磅	超过 108 英寸	不适用	不适用	超过 165 英寸

图 6-36 FBA 的商品尺寸分段

非服装类商品（标准尺寸）的亚马逊物流费用						
	小号标准尺寸(不超过10盎司)	小号标准尺寸(10至16盎司)[不含10盎司]	大号标准尺寸(不超过10盎司)	大号标准尺寸(10至16盎司)[不含10盎司]	大号标准尺寸(1至2磅)[不含1磅]	大号标准尺寸(2至3磅)[不含2磅]	大号标准尺寸(3至21磅)[不含3磅]
配送费用	$2.50	$2.63	$3.31	$3.48	$4.90	$5.42	$5.42 + $0.38/磅(超出首重3磅的部分)

图 6-37　非服装类商品的订单配送费用

服装类商品（标准尺寸）的亚马逊物流费用						
	小号标准尺寸(不超过10盎司)	小号标准尺寸(10至16盎司)[不含10盎司]	大号标准尺寸(不超过10盎司)	大号标准尺寸(10至16盎司)[不含10盎司]	大号标准尺寸(1至2磅)[不含1磅]	大号标准尺寸(2至3磅)[不含2磅]	大号标准尺寸(3至21磅)[不含3磅]
配送费用	$2.92	$3.11	$3.70	$3.81	$5.35	$5.95	$5.95 + $0.38/磅(超出首重3磅的部分)

图 6-38　服装类商品的订单配送费用

（二）月度库存仓储费

对于卖家储存在亚马逊运营中心的所有商品，亚马逊将根据日历月和卖家的日均库存量收取仓储费。月度库存仓储费因商品尺寸分段和一年中的不同时间而异，且通常按照体积（以立方英尺为单位）来收费，如图 6-39 所示。通常来说，标准尺寸商品的总仓储费用要低于超大尺寸商品。

月份	标准尺寸	大件
1月－9月	每立方英尺 $0.75	每立方英尺 $0.48
10月－12月	每立方英尺 $2.40	每立方英尺 $1.20

图 6-39　月度库存仓储费

（三）长期仓储费

除月度库存仓储费外，亚马逊还会对亚马逊运营中心的商品收取长期仓储费。亚马逊对在运营中心存放超过 365 天的库存按每立方英尺 MYM6.90 或每件商品 MYM0.15（以较大值为准）收取月度长期仓储费（LTSF），如图 6-40 所示。

库存清点日	在运营中心存放超过 365 天的商品
每月 15 日	每件商品 $0.15

长期仓储费示例

玩具：11 x 8 x 2 英寸	仓储期限	适用的长期仓储费	适用的最低长期仓储费	有效的长期仓储费
1 件商品	超过 365 天	$0.70	$0.15	$0.70
2 件商品	超过 365 天	$1.41	$0.30	$1.41
10 件商品	超过 365 天	$7.03	$1.50	$7.03

图书：8 x 6 x 0.5 英寸	仓储期限	适用的长期仓储费	适用的最低长期仓储费	有效的长期仓储费
1 件商品	超过 365 天	$0.10	$0.15	$0.15
2 件商品	超过 365 天	$0.19	$0.30	$0.30
10 件商品	超过 365 天	$0.96	$1.50	$1.50

图 6-40　长期仓储费

(四)移除订单费用

卖家可以让亚马逊退还或弃置其储存在亚马逊运营中心的库存,此项服务按件收取费用,如图 6-41 所示。通常情况下,移除订单会在 14 个工作日内处理完毕。但是,在假日和移除订单高峰期,亚马逊处理移除订单可能需要 30 个工作日或更长时间。

尺寸分段	发货重量	每件商品的移除/弃置费用
标准尺寸	0 至 0.5 磅	$0.25
	0.5 至 1.0 磅	$0.30
	1.0 至 2.0 磅	$0.35
	超过 2 磅	$0.40 + $0.20/磅（超出首重 2 磅的部分)
大件商品和需要进行特殊处理的商品*	0 至 1.0 磅	$0.60
	1.0 至 2.0 磅	$0.70
	2.0 至 4.0 磅	$0.90
	4.0 至 10.0 磅	$1.45
	超过 10.0 磅	$1.90 + $0.20/磅（超出首重 10 磅的部分)

图 6-41　移除订单费用

(五)退货处理费

退货处理费等于某个指定的商品的总配送费用。该费用适用于在亚马逊上出售的属于亚马逊为其提供免费买家退货配送的选定分类,并且实际被退回至某个亚马逊运营中心的商品,这些分类包括服饰、钟表、珠宝首饰、箱包以及鞋靴、手提包和太阳镜。例如,一件出库配送重量为 1 磅且这笔交易的亚马逊 FBA 的配送费用为 3.19 美元,如果买家决定退回该商品,则卖家需要支付 3.19 美元的退货处理费,如图 6-42 所示。

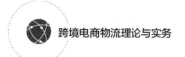

大号标准尺寸（不超过1磅）	
	手提包 尺寸：8.5 x 5.8 x 1 英寸 商品重量：0.35 磅 出库配送重量：1 磅
配送费用（每件总计）	3.19 美元
退货处理费	3.19 美元

图 6-42　退货处理费

（六）计划外服务费

如果卖家遵守亚马逊 FBA 的包装和预处理要求以及运输和路线安排要求，并确保卖家的承运人和供应商也遵循这些要求，则亚马逊运营中心可以高效、准确地接收并存入卖家的库存。如果亚马逊运营中心在接收库存时出现问题，亚马逊将执行计划外服务，以成功将商品放入卖家的可售库存中。此外，如果同一问题组重复发生，那么亚马逊会升级卖家的指导级别（标准、提升、重要）。

（1）指导级别上报和降级示例。图 6-43 显示了问题组计划外预处理——塑料袋包装的指导级别升级和降级，此问题组允许的最大问题发生率为 0.36%。

问题日期	您的问题发生率	指导级别	问题数量	单件商品费用	计划外服务费用总计	说明
4 月 14 日	0.01%	标准	2	$0.70	$1.40	此问题组的初次发生 • 有 21 天的宽限期，在此期间我们不会为您升级该组。
4 月 20 日	0.40%	标准	6	$0.70	$4.20	未升级 • 您仍处于 21 天的宽限期内（从 4 月 14 日开始）
5 月 10 日	0.50%	提升	5	$1.40	$7.00	指导级别升级 • 问题发生率超出允许的最大问题发生率 (0.50% > 0.36%) • 超出 21 天宽限期（从 4 月 14 日开始）
6 月 20 日	0.50%	重要	10	$2.10	$21.00	指导级别升级 • 问题发生率超出允许的最大问题发生率 (0.50% > 0.36%) • 超出 21 天宽限期（从 5 月 10 日开始）
10 月 25 日	0.20%	提升	5	$1.40	$7.00	指导级别降级 • 过去四个月内（6 月 20 日至 10 月 20 日）的问题发生率低于允许的最大问题发生率 (0.20% < 0.36%)

图 6-43　指导级别上报和降级示例

(2)计划外服务费。对于图 6-44 中的所有安全相关问题,允许的最大问题发生率为零。另外,对于条形码标签缺失问题,计划外服务费按照初次发生和后续发生收取,初次发生按每件商品收取 0.2 美元,后续发生按每件商品收取 0.4 美元。

问题组	问题	问题发生率	商品	指导级别和相应的计划外服务费		
				标准 每件商品费用	提升 每件商品费用	重要 每件商品费用
安全问题 - 包装箱相关	货件箱超重	货件级别	包装箱	$25 + 入库问题提醒 - 货件	$50 + 入库问题提醒 - 货件	$75 + 入库问题提醒 - 货件
	货件箱过大					
安全问题 - 商品相关	电子商品危害		货件	$25 + 入库问题提醒 - 货件	$50 + 入库问题提醒 - 货件	$75 + 入库问题提醒 - 货件
	尖锐商品危害					
	易外溢商品危害					
安全问题 - 托拍相关	托拍状况不可接受		货件	$50 + 入库问题提醒 - 货件	$100 + 入库问题提醒 - 货件	$150 + 入库问题提醒 - 货件

图 6-44　安全问题的计划外服务费

二、海外仓的运费模板

卖家需要建立一套标准化的、计算海外仓费用的模板(如可用 Excel 设置一套费用模板),用于更好地计算费用,如表 6-2 所示。

表 6-2　标准化计算海外仓费用的模板示例

	厘米(cm)	米(m)	英寸		
尺寸换算	20	0.2	7.8740157		
	10	0.1	3.9370079		
	2	0.02	0.7874016		
	立方米(cbm)	0.04			
重量换算	千克(kg)	磅(1b)	盎司(oz)		
	2	4.4092452	70.5479239		
汇率换算	人民币	美元	英镑		
	1	0.1421	0.1274		
头程运费	体积(cbm)	美国仓·旧金山	美国仓·新泽西	英国仓	澳大利亚仓	西班牙仓
	1～5	1900	1900	1500	1050	1900
	5.1～10	1650	1800	1100	900	1600
	10.1 以上	1500	1600	1000	800	1400

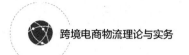
另外,卖家需要根据实际情况来设置海外仓的备货周期,并牢记备货的注意点,如图 6-45 所示。

指标	首批销量预估	销量精准预估	运输方式	直邮上架天数	空运海外仓上架天数	海运海外仓上架天数	生产天数	保留时间	首批备货数量	首批到库时间	库存警戒线	海外仓库存警戒线
备注			(直邮,空运海外仓,海运海外仓)	(包括从工厂发货之日起,到国内入库、上架,再到可发货状态的时间之和)	(包括从工厂发货之日起,排仓、国内头程运到机场,加上空运到海外仓扫描上架时间之和)	(包括从工厂发货之日起,到国内入库、预定船闸、国内头程运到港口,海运时间,清关报税,预约入库,海外仓扫描上架时间之和)						

图 6-45　海外仓备货注意点

三、海外仓的产品定价

由于海外仓的特殊性,所以海外仓产品要有针对性地做出定价。下面为大家提供计算定价的参考方法:

产品成本 1＝采购成本＋国内运费

产品成本 2＝头程运费＋仓储费＋处理费＋尾程运费＋关税/增值税

产品成本 3＝平台佣金＋计提损失

产品定价＝(产品成本 1＋产品成本 2＋产品成本 3)＋规划利润

【知识测试】

1.请分析出口跨境电商企业为什么要使用海外仓。

2.请简述海外仓的运作流程。

3.请分析出口跨境电商企业使用海外仓的难点。

4.请简述海外仓产品的选品思路。

5.请分析亚马逊 FBA 的费用构成。

【实践操作】

实践项目:完成所在城市海外仓使用情况调研。

实践要求:通过实地调研、资料收集、文献阅读,了解你所在城市海外仓的政策导向、发展趋势以及使用情况等。

实践形式:学生以小组为单位,建议 3～5 人为一组,分工合作,共同完成调研报告。

第七章　跨境电商物流模板

【学习目标】

❋ 知识目标：

- 了解 AliExpress 平台的新手运费模板，熟悉其自发货和海外仓的运费模板设置；
- 了解 Wish 平台的物流要求，熟悉其自发货和海外仓的运费模板设置；
- 了解 eBay 平台的物流绩效，熟悉其物流政策的设置；
- 了解 Amazon 平台的运费模型，熟悉其自发货和 FBA 的运费模板设置。

❋ 能力目标：

- 能结合实际设置 AliExpress 平台的自发货运费模板；
- 能结合实际设置 Wish 平台的 WE 海外仓运费模板；
- 能对在 Amazon 平台上销售的商品进行 FBA 操作。

【思维导图】

第一节　AliExpress 运费模板设置

【学习情景】

AliExpress 运费模板设置常见误区

全球速卖通(AliExpress)是面向全球的跨境电子商务平台,其运费的设置就显得极其重要,下面介绍卖家做容易犯的三个错误。

1.产品包装信息填写有误

速卖通卖家在填写产品的包装信息项时,填写的是产品发货时包裹的实际尺寸或重量,而不是产品本身的尺寸或重量,或者是粗心大意将产品包装信息的单位弄错,或者是随意胡乱填写产品的包装信息。

然而,根据国际快递的计算规则,产品包装尺寸和重量是快递公司和平台系统计算快递运费的重要依据。卖家若没有正确填写产品的包装信息,很容易导致速卖通平台计算出来的物流运费和货代公司实际收取的运费不符:

(1)系统计算出来的运费比实际支付的费用高,这将降低卖家产品成交的可能性。

(2)系统计算出来的运费比卖家支付的费用低,这将造成卖家运费出现缺口,可能导致亏本或者退单。

(3)产品重量项填写过大,会导致包裹无法按照卖家预期设想发送。EMS 一般会要求单个包裹在 25 千克以内。如果卖家一包的物品在 30 千克以上,EMS 会要求分包发出,这样就增加了运费,也将造成卖家运费出现缺口,可能导致亏本或者退单。

2.运费折扣过低或者没有运费折扣

对于速卖通卖家而言,运费是一项非常重要的交易成本。买家在选择产品的时候,除了关注产品的价格,也非常关注产品的运费,即运费是影响买家购买决策的重要因素。卖家若能提供一定的物流优惠给买家,才能让自己的产品有竞争优势,从而获得买家的青睐。运费折扣过低或者没有运费折扣,是非常不利于卖家的。

3.运费设置不仔细

在设置运费时,有的速卖通卖家不够仔细,从而导致最终显示的实际运费与卖家预期的不符。比如说,卖家拿到的折扣是 6 折,但是在填写产品运费信息时,在优惠一栏填写的是 60%,也就是说,买家看到的是 4 折物流优惠,结果只能导致卖家的运费出现缺口。

资料来源:https://www.kaitao.cn/article/20170316113958.htm.

【学习任务】

认识 AliExpress 平台的自发货运费模板和海外仓运费模板。

【相关知识】

一、自发货商品运费模板设置

(一)新手运费模板

在发布产品之前,速卖通卖家需要设置好运费模板,如果不能自定义模板,则选择"新手运费模板"进行发布。下面我们来了解一下新手运费模板的设置步骤。

(1)登录店铺后台,点击"商品"→"模板"→"物流模板",新手运费模板在后台显示为"Shipping Cost Template for New Sellers",点击模板名称即可,如图7-1所示。

图7-1 运费模板入口

(2)点开"Shipping Cost Template for New Sellers",新手运费模板包括"运费组合"和"运达时间组合",如图7-2所示。

新手运费模板只包含了 China Post Registered Air Mai、EMS、ePacket、AliExpress Saver Shipping(无忧物流-简易)、AliExpress Standard Shipping(无忧物流-标准)、AliExpress Premium Shipping(无忧物流-优先)等六个物流方案。新手运费模板中没有以下14个国家/地区:中国台湾、卢森堡、印度、阿联酋、约旦、古巴、尼日利亚、埃及、莫桑比克、塞内加尔、马达加斯加、摩洛哥、沙特阿拉伯、南非。新手运费模板中的 EMS 服务已经预设第三方物流服务商提供的运费折扣,其他物流服务运费设置为标准运费全折。新手运费模板中已经预设了"承诺运达时间"。

发货地：◉ ▦ China

运费组合	运达时间组合	

AliExpress Saver Shipping

运费组合	运送国家	收费标准
1	所有国家	标准运费减免(0%)

AliExpress Premium Shipping

运费组合	运送国家	收费标准
1	所有国家	标准运费减免(0%)

发货地：◉ ▦ China

运费组合	运达时间组合	

AliExpress Saver Shipping

运达时间组合	运送国家	承诺运达时间
1	所有国家	60 天

AliExpress Premium Shipping

运达时间组合	运送国家	承诺运达时间
1	Spain, France, Germany, United States, GB, Israel, Italy, Canada, Australia, Belgium, Estonia, India, Indonesia, Japan, Cambodia, Malaysia, Mexico, Myanmar, New Zealand, Philippines, Poland, Singapore, Korea, Sweden, Thailand, Vietnam, Negara Brunei Darussalam, Macau,China	20 天

图 7-2　新手运费模板"确认添加"页面

（3）下拉单击"编辑"按钮，进入"设置"页面，如果不需要重设，直接单击"保存"按钮，完成新手运费模板的开启，如图 7-3 所示。

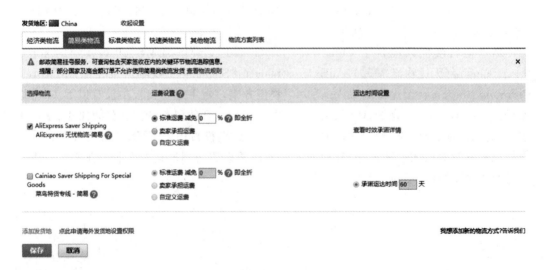

图 7-3　新手运费模板"保存"页面

(二)新增运费模板

对于大部分卖家而言,新手运费模板并不能满足需求,这种情况下就需要进行运费模板的自定义设置。自定义设置的入口有两个,一是直接单击"新增运费模板"按钮,二是单击"编辑"按钮,如图 7-4 所示。这两种方式点击进去后的显示界面是相同的,如图 7-5 所示。

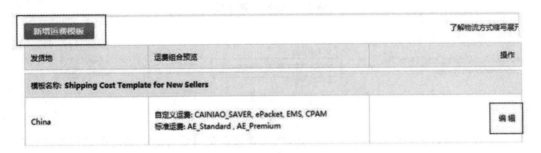

图 7-4 自定义运费设置入口

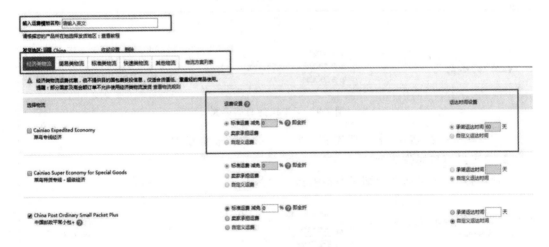

图 7-5 自定义运费设置显示界面

1. 标准运费和免运费操作演示

(1)下面以中国邮政平常小包+的设置为例进行操作说明。首先勾选该物流方式,如图 7-6 所示。

图 7-6 选择"中国邮政平常小包+"

(2)设置运费。运费设置有三种方式,第一种设置为标准运费,这意味着对所有国家/地区均执行此优惠,如图 7-7 所示,注意 9 折等于免 10%;第二种设置为免运费,即包邮处理,则勾选"卖家承担运费"选项,如图 7-8 所示;第三种设置为自定义运费,相关内容将在下文具体介绍。

图 7-7　标准运费设置

图 7-8　免运费设置

　　(3)设置承诺运达时间。第一种方式,如果卖家希望对所有的买家均承诺同样的运达时间,则勾选"承诺运达时间"选项,并填写天数,如图 7-9 所示;第二种方式,如果卖家希望进行更细致的时间设置,可以通过"自定义运达时间"来实现,相关内容将在下文具体介绍。

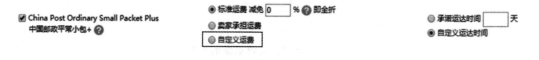

图 7-9　承诺运达时间设置

　　(4)单击"保存"按钮,中国邮政平常小包＋的物流模板设置完成。

2. 自定义运费操作演示

　　(1)选择"自定义运费",即可对运费进行个性化设置,如图 7-10 所示。

图 7-10　自定义运费设置

　　(2)选择国家/地区。此处有两个选项:一是按照地区选择国家/地区,二是按照区域选择国家/地区,如图 7-11 所示。为便于说明,下面以对意大利采取"不发货"为例进行说明。方法一:单击"按照地区选择国家"按钮,展开"欧洲"的国家名,勾选"Italy 意大利"选项,如图 7-12 所示。方法二:单击"按区域选择国家"按钮,展开"4 区"的国家名,勾选"Italy 意大利"选项,如图 7-13 所示。

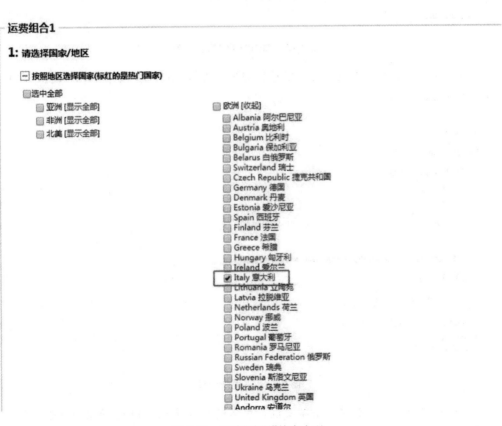

图 7-11　"选择国家/地区"页面

图 7-12　勾选"欧洲"的意大利

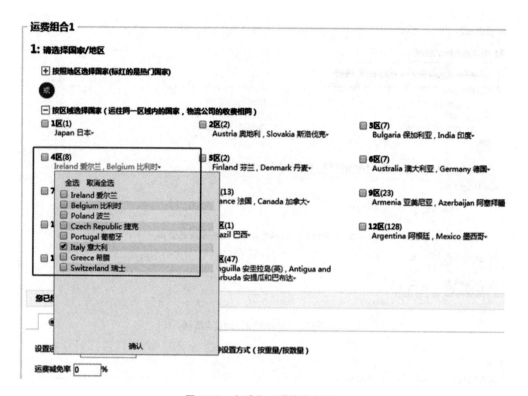

图 7-13　勾选"4 区"的意大利

（3）设置发货类型或不发货。对已选择的国家进行"不发货"操作，单击"确认添加"按钮，完成设置，如图 7-14 所示。

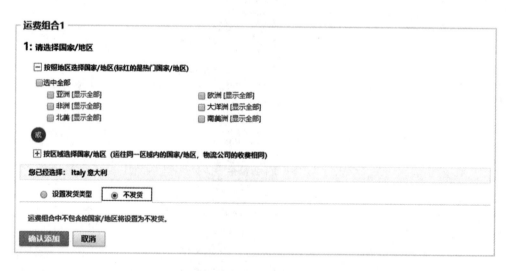

图 7-14　不发货设置

（4）运费组合设置。卖家如果需要进行更多的个性化运费设置，单击"添加一个运费组合"按钮，同上选取相关的国家/地区，再进行发货类型的设置，除了对选择的国家/地区采取"不发货"操作外，还可选择标准运费、自定义运费以及卖家承担运费，如图 7-15 所示。其中，自定义运费可对重量或数量进行单独设置，如图 7-16 和图 7-17 所示。

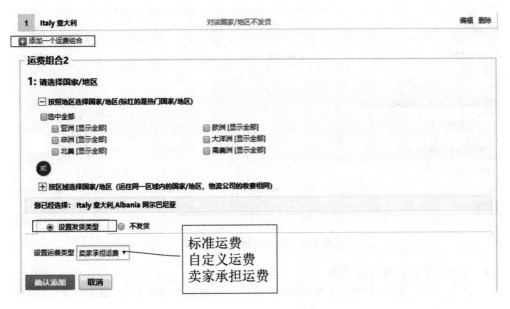

图 7-15 运费组合设置

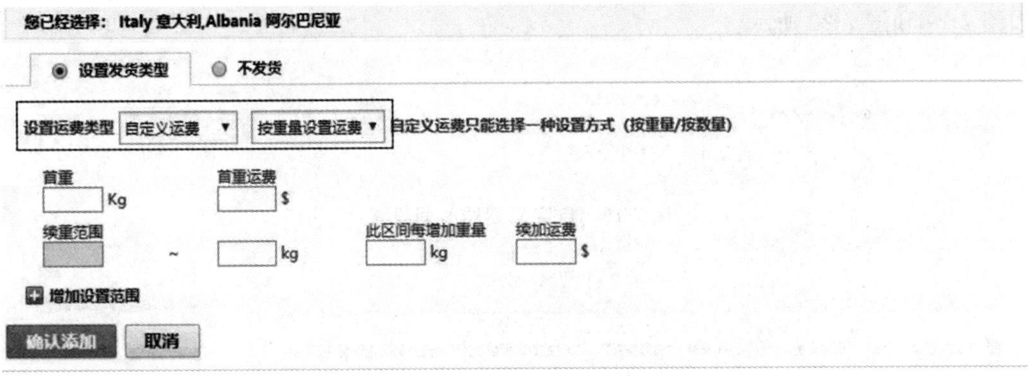

图 7-16 自定义运费——按重量设置运费设置

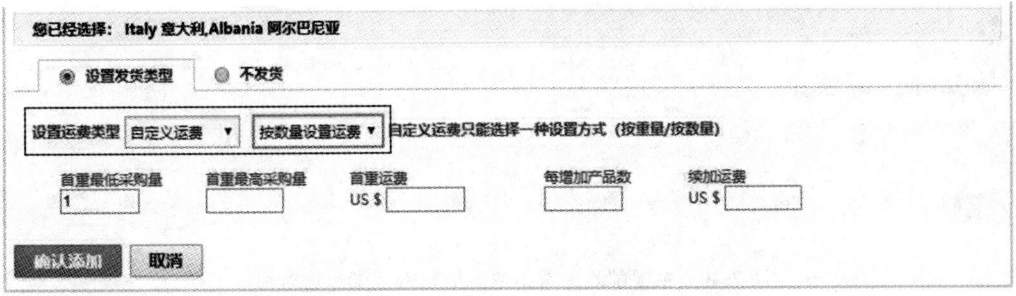

图 7-17 自定义运费——按数量设置运费设置

(5)单击"保存"按钮,完成自定义运费设置,如图 7-18 所示。

| 1 | Albania 阿尔巴尼亚 | 自定义运费 | 编辑 删除 |
| 2 | Italy 意大利 | 对该国家/地区不发货 | 编辑 删除 |

添加一个运费组合

若买家不在我设定的运送国家或地区内
● 设置发货类型　○ 不发货

设置运费类型 [标准运费 ▼]
运费减免率 [0] %

保存

图 7-18　自定义运费设置完成

3. 自定义运达时间操作演示

下面是自定义运达时间的设置说明,仍然以中国邮政平常小包＋的设置为例,为便于理解,我们以设置巴西 120 天、墨西哥 60 天、其他国家 40 天为例进行说明。

(1)选择所需的物流方式后,勾选"自定义运达时间"选项,查看平台预设的承诺时间,如图 7-19 和图 7-20 所示。

☑ China Post Ordinary Small Packet Plus
中国邮政平常小包+ ⑦
　　○ 标准运费
　　○ 卖家承担运费
　　● 自定义运费
　　　　○ 承诺运达时间 [　] 天
　　　　● 自定义运达时间

图 7-19　自定义运达时间设置

查看更多国家平均运达时间

ℹ 若对俄罗斯、巴西、阿根廷货运能力不足需要更长的运达时间,可单独选择该国家进行设置,时间上限更长。

| 1 | Mexico 墨西哥 | 承诺运达时间为60天 | 编辑 删除 |
| 2 | Brazil 巴西 | 承诺运达时间为90天 | 编辑 删除 |

添加一个运达时间组合

若买家不在以上国家/地区内
承诺运达时间为 [60] 天

保存

图 7-20　中国邮政平常小包＋的预设承诺运达时间

(2)修改承诺运达时间。为了更好地保障卖家和买家的权益,卖家修改运达时间需要考虑以下三个因素:一是消费者的购买体验,二是邮路的实际情况,三是卖家需要防止买

家在承诺最后运达时间到期前提起纠纷。我们将巴西的承诺运达时间修改为 120 天,单击"编辑"按钮,进入设置页面,直接输入数字"120",如图 7-21 所示。

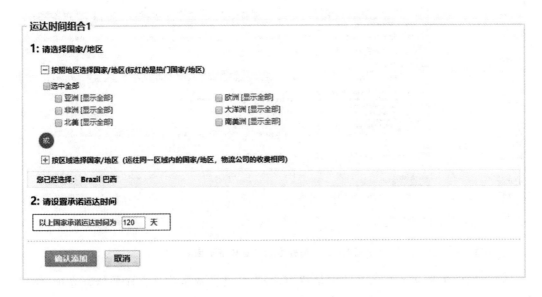

图 7-21　修改承诺运达时间

(3)此案例最终设置的自定义运达时间如图 7-22 所示,单击"保存"按钮,则设置完成。

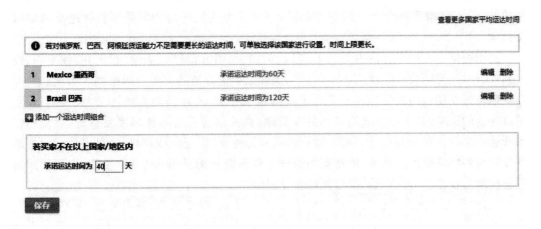

图 7-22　自定义运达时间设置完成

二、海外仓商品运费模板设置

(一)申请海外发货地址

(1)进入卖家后台,点击"交易"→"物流"→"我有海外仓",单击"申请菜鸟认证仓"或"申请第三方海外仓"按钮,如图 7-23 所示。

图 7-23　海外发货地址申请页面

速卖通的菜鸟认证仓已开放全量招商,若卖家已备货至菜鸟合作的认证仓内,则可提交菜鸟认证仓申请。菜鸟认证仓的优势包括三方面:第一,一站式的物流解决方案,菜鸟联合海外优势仓储资源及本地配送资源,为速卖通卖家提供海外仓仓储管理、仓发、本地配送、售后赔付一站式的物流解决方案;第二,海外仓订单自动流转,菜鸟建立海外仓官方认证体系,打通订单流,官方认证仓订单及物流信息自动流转回传;第三,流量扶持,卖家订购菜鸟海外仓服务产品后,菜鸟官方认证仓内的货品可获得速卖通的流量倾斜。

速卖通第三方海外仓的发货地有美国、英国、德国、西班牙、法国、意大利、俄罗斯、澳大利亚、印尼、智利、巴西、捷克、土耳其等,实际以申请开通的海外仓国家列表为准。海外发货地设置功能仅向通过速卖通平台审核的卖家开放,卖家需要先确保平台已经有设立了海外仓的国家,且类目也开通了海外发货地(商品设置后台有该国家发货地,就说明已经开通),之后再备货到海外,到卖家后台“我有海外仓”提交审核资料,通过审核后设置海外发货地和物流模板。另外,申请英国海外仓权限需要提供 UK VAT 税号,申请德国海外仓权限需要提供 DE VAT 税号和税务登记信息。

(2)申请发货地设置权限。填写联系人、联系手机、联系邮箱、公司名称、海外仓国家、仓库类型等信息,如图 7-24 所示。其中,仓库类型有菜鸟官方仓、菜鸟认证仓、第三方和自营,菜鸟官方仓无须额外提交资料,其余都还需要提供相应资料,如图 7-25 所示。

(3)资料审核。速卖通验证卖家能否真实地从海外发货且有库存,审核时间为 2~7 个工作日。

(4)签署协议。卖家须遵守海外仓服务规范,严禁虚假设置发货地。

(5)申请成功。

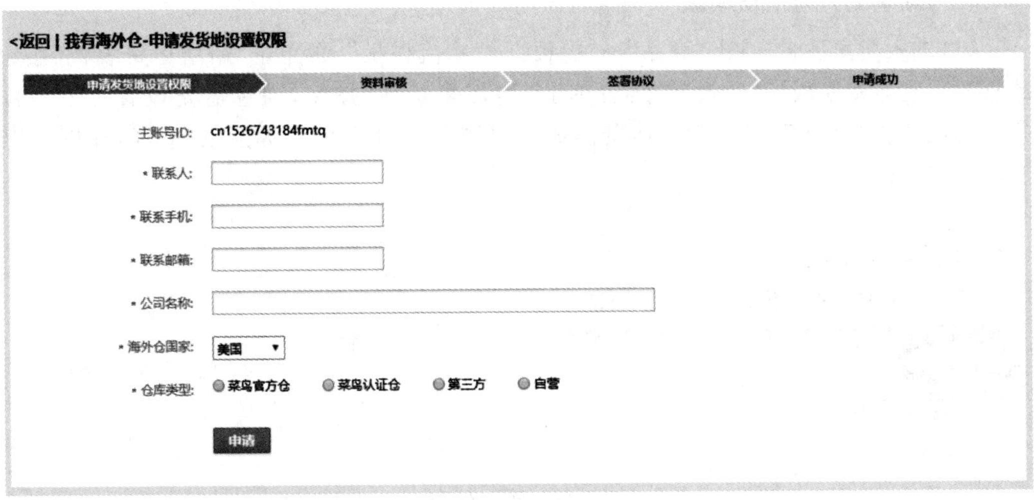

图 7-24　“申请发货地设置权限”页面

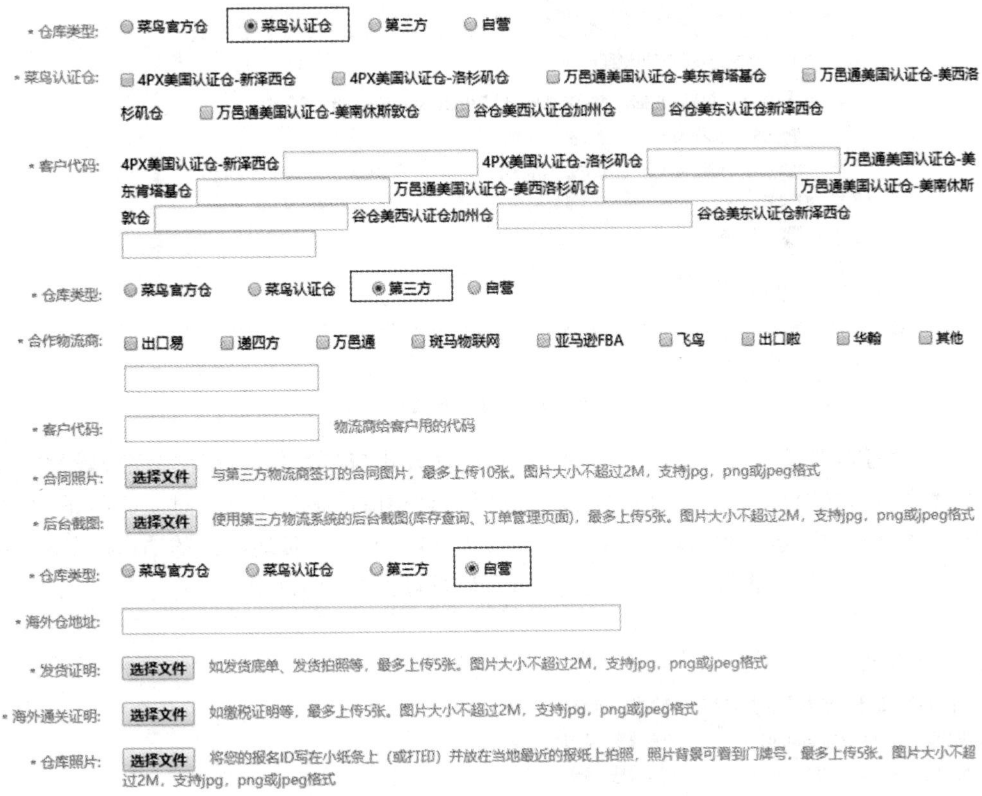

图 7-25　仓库信息填写

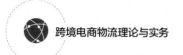

(二)新增海外仓运费模板

(1)进入卖家后台,点击"商品"→"模板"→"物流模板",再单击"新增运费模板"按钮或选择现有运费模板的"编辑"。然后单击"增加发货地"按钮,勾选需要设置的发货国家/地区,单击"确认"按钮,同一运费模板可以同时设置多个发货国家/地区,如图 7-26 和图 7-27 所示。

图 7-26　增加发货地

图 7-27　选择发货地

(2)设置运费及时效。如图 7-28 所示,其设置方式与自发货商品运费模板设置一致。若发货地与目的国/地区一致(俄罗斯除外),承诺运达时间最长不能超过 15 天,俄罗斯可按照分区设置承诺运达时间,并且最长可设置为 60 天。若发货地与目的国/地区不一致,承诺运达时间与目前非海外仓设置时间一致,最长可设置为 120 天。

图 7-28　设置运费及时效

（3）单击"保存"按钮,海外仓运费模板设置完成。需要注意的是,产品发货地必须和运费模板设置完全一致,卖家可以根据自己的海外仓所在地新增或编辑运费模板。

第二节 Wish 运费模板设置

【学习情景】

看好南美洲和东南亚,Wish 升级物流服务

巴西作为南美洲最大的国家,2018 年巴西的贸易总额达 4207 亿美元,进口额为 1812 亿美元,同比增长 19.7％;同属拉美五国之一的智利是人均 1.6 万美元以上的潜力市场,高度的城市化,让智利的人口素质、互联网接入比例在南美洲独领风骚,这些都为电子商务的发展培育了土壤。而作为电子商务新兴市场的东南亚不甘落后,马来西亚作为东南亚最具代表性的国家之一,预计至 2021 年,马来西亚的电子商务市场规模将增至 50.77 亿美元,并于 2017—2021 年达到 20.50％的高速复合年增长率。

然而在南美洲、东南亚地区市场,目前物流的发展轨迹仍难跑赢电商业务的增速。地理上的距离,加上物流建设不足、清关规则复杂等原因,导致物流的配送速度、准确性与合理计费等问题一直未能彻底解决,成为影响新兴市场发展的痛点之一。面对不断扩大的新兴市场及随之而来的物流难题,Wish 给出的解决方案是:基于平台商户特性和用户属性的物流链路,如 EPC 合并订单服务、A＋物流计划、FBS 等。

跨境电商新体验,不是外卖也能自提?

2018 年,Wish 继续重点推进海外仓建设。FBW(fulfillment by Wish)海外仓已经完成了欧洲爱沙尼亚仓、阿姆斯特丹仓,美国芝加哥仓、洛杉矶仓的布局,完成了对大部分欧洲国家、美国、加拿大等重点市场的覆盖,进一步提升了本地消费体验和时效。

甚至 Wish 仍在横向拓展本地仓储服务的边界。FBS(fulfillment by store)是 FBW 项目的一项延伸,卖家的产品不限于只存储于 FBW 仓库中,一些热销产品也能够在 Wish 合作的 1000 多家自提实体店中上架并展示。这种模式不同于前些年风靡国内的"格格屋",消费者在 APP 上完成购买后,如果想尽快拿到产品,可直接前往自提实体店取货。这样做有效拉近了产品与消费者之间的距离。

FBS 深受本地实体店的欢迎,为它们带来了不少常客。除了在 1000 多家自提实体店中进行展示之外,FBS 产品还将出现在 Wish APP 中的"Same Day Pickup"(即"当天自提")的标签页中,扩大产品的曝光。目前已有部分卖家及产品加入 FBS 项目的测试阶段,且有不错的效果。

"物流托管",让买卖双方都放心!

A＋物流计划是 Wish 针对市场潜力高,但物流表现不理想的国家/地区推出的"物流托管"线路,已有智利、巴西和马来西亚等多条线路。A＋物流计划的原理非常简单,将订单商品发送到 Wish 指定的国内仓库,集运后进行统一处理并发货,好处是可以提升尾程

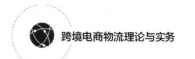
跨境电商物流理论与实务

物流时效,减少卖家和买家的物流风险。Wish A＋物流计划全面布局智利市场后,已经做到比普通直发物流妥投时间缩短了 10 天以上。

回顾 2018 年的物流表现,Wish 开始全面提高向重点及新兴市场发货的速度,通过与第三方物流商合作,重新规划了跨境物流线路,按照包裹的价格、重量,推出 EPC(export process center)合并订单的物流服务。这种做法减轻了中小商户直发物流的成本压力,目前已经实现了对北美、南美、欧洲的 15 个重点国家/地区的覆盖;同时,订单妥投时间大幅缩短 20 多天,这个数字原本长达 40 多天。

Wish 平台对于物流的升级并非"见招拆招",更是对未来布局。当下,新兴市场在电商发展空间上与欧美成熟市场展现出的趋同,会进一步推进跨境电商产业的演化,深化物流服务,加速中国制造 to C(即面向客户)的"小而美"出海模式高速发展。

资料来源:https://baijiahao.baidu.com/s? id=1648889818166327361&wfr=spider& for=pc.

【学习任务】

认识 Wish 平台的自发货运费模板和海外仓运费模板。

【相关知识】

一、自发货商品运费模板设置

(一)关于配送

在店铺维度上,Wish 商户有两种配送范围可供选择:仅配送至美国,或配送至选定国家/地区。商户应当在规定时限内履行订单,选择可靠的物流服务商,并提供真实、有效的物流单号。如果商户自订单生成起 5 天之内未履行订单,该订单将自动退款。

(二)创建或更新配送设置

如需创建或更新配送设置,请前往商户后台,点击"账户"→"配送设置"。在这里,商户可以选择"仅配送至美国"或"配送至选定国家/地区"。设置完成后,请记得点击"更新"来保存。

请牢记两个词组:"使用产品配送费"和"使用国家/地区运费"。"使用产品配送费"指的是,每个产品上传后都会单独显示运费,商户需要在产品页面编辑产品的运费。"使用国家/地区运费"指的是,商户所输入的运费将对所有的非促销产品生效,成为其运往该国/地区的标准运费。

(1)如果选择"仅配送至美国",商户店铺中的产品就仅供美国消费者购买,其所设定的产品运费也仅为配送至美国消费者的物流费用,如图 7-29 所示。

148

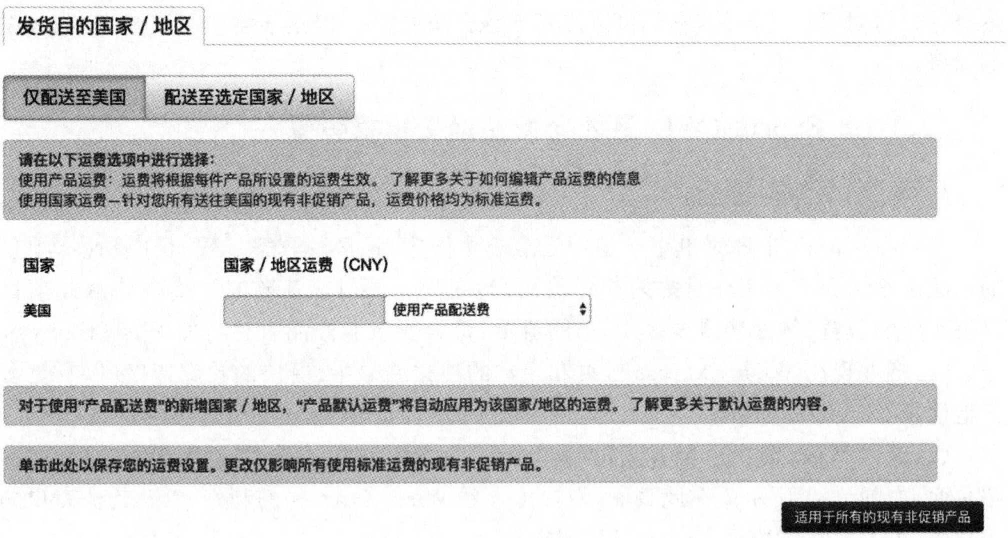

图 7-29 仅配送至美国

（2）如果选择"配送至选定国家/地区"，商户店铺中的产品就供其所选国家/地区的消费者购买；若选择"添加所有国家/地区"，商户店铺中的产品即可由全球用户购买，如图 7-30 所示。请记住，这些国家/地区包括欧洲、亚洲、北美、南美、非洲和澳大利亚等国家/地区。

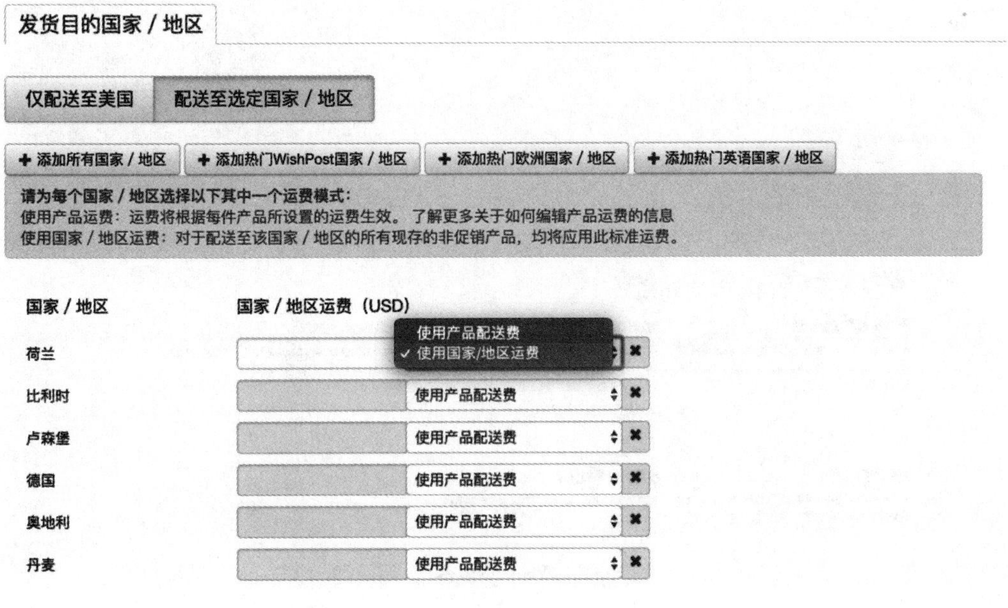

图 7-30 配送至选定国家/地区

（3）在"配送设置"中，商户可以选择"使用产品配送费"或"使用国家/地区运费"，完成后，单击"适用于所有的现有非促销产品"按钮。需要特别注意的是，若商户针对一个国

家/地区设置了"使用国家/地区运费",则当前所有的非促销产品均会套用所设置的国际运费,同时,对于促销产品,它们可以配送至该国家/地区,但是不会应用该国家/地区设置的运费。

二、Wish Express(WE)海外仓商品运费模板设置

(一)注册 Wish Express

Wish Express 是针对单个产品配送至单个国家/地区的方案。Wish Express 项目中的产品需承诺在 5 个工作日之内交付给用户,星期六不计入工作日。商户将从此项目中获得额外的收益,例如获得至多 10 倍的流量、符合要求的产品有独特的 Wish Express 标志、产品将展现在 Wish Express 专页和用户的搜索结果中、更快的收款速度,以及更多的其他优惠等。

(1)进入 Wish 商户后台首页,点击"账户"→"Wish Express",进入 Wish Express 介绍页面,如图 7-31 所示。在此页面,商户可查看 Wish Express 的利好,以及其他商户的使用感受,单击"加入 Wish Express"按钮继续。

图 7-31　Wish Express 介绍页面

(2)在 Wish Express 的资格弹窗中,仔细阅读 Wish Express 妥投时间要求,并单击"我可以达到要求"按钮,如图 7-32 所示。

图 7-32   Wish Express 的资格页面

（3）请仔细阅读 Wish Express 项目资质要求及相关条款，单击"我同意"按钮，如图 7-33 所示。

图 7-33   Wish Express 项目资质要求及相关条款页面

（4）成功注册 Wish Express，商户可以开始添加 Wish Express 仓库或返回商户后台，如图 7-34 所示。

图 7-34　成功注册 Wish Express

（二）添加 Wish Express 仓库

为使产品启用快速配送，商户需要为 Wish Express 配送的目的国家/地区创建一个（或多个）Wish Express 仓库。

（1）成功注册 Wish Express 页面后，直接单击"添加 Wish Express 仓库"按钮，进入添加 Wish Express 仓库页面，如图 7-35 所示。

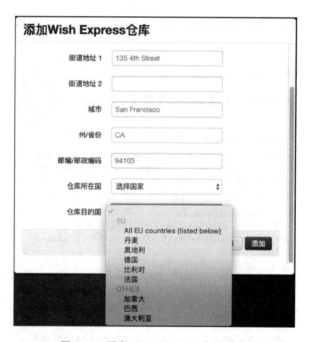

图 7-35　添加 Wish Express 仓库页面

（2）在"添加 Wish Express 仓库"弹窗中，商户可以对新的 Wish Express 仓库添加更多信息，包括街道地址、城市、州/省份、邮政编码等，并选择该仓库的配送目的国家/地区。请注意，一个仓库可以对应多个国家/地区，但是一个国家/地区只能对应一个仓库。仓库一旦创建完成,将不能编辑该仓库的配送目的国家/地区。

(3)当您填写好新仓库信息后,请单击"添加"按钮。

(4)仓库创建完毕后,运费显示为空,库存数量显示为0。只有在相应的 Wish Express 仓库中设置了运费且库存大于0时,产品方可通过 Wish Express 销往目的国家/地区。请注意,Wish 暂不支持删除仓库的功能,也不支持重命名仓库的功能。

(三)上架 Wish Express 产品

(1)进入 Wish 商户后台首页,点击"产品"→"查看所有产品",即可进入产品列表页面,如图 7-36 所示。

图 7-36　查看所有产品

(2)进入产品列表页面,默认显示"STANDARD(标准)"仓库,即国内直邮配送,"＋"标志显示在它的右侧,如图 7-37 所示。图 7-37 中的 10 个产品均在 STANDARD、EXPRESS-AUSTRIA、EXPRESS－BELGIUM 各仓库中显示,但是海外仓中的运费默认为空,库存默认为 0。

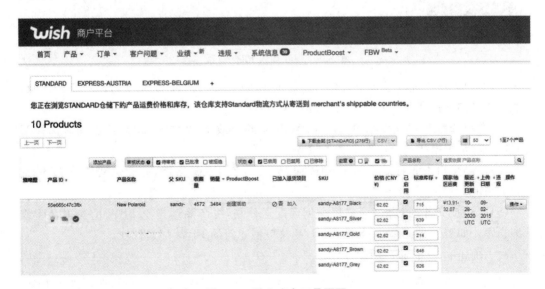

图 7-37　独立库存工具页面

（3）设置 Express Shipping 和 Express Inventory。在对应的海外仓库界面,找到想要为之设置海外仓的 Product ID,为产品设置运费,该产品即实现在该仓库的上架。请注意,所有仓库的零售价是同步的,修改其中任意一个,其他仓库会一同修改,只有运费是可以有差异的。如果不想在某个仓库上架某项产品,可以将该项产品数量调整为0,切勿删除产品。

（4）完成上架后,Wish Express 配送显示"小黄车"标识,如图 7-38 所示。如果产品的标准仓库和 Wish Express 仓库都有库存数量,那么产品界面将同时显示 Wish Express 配送和标准配送两种方式以及运费。

¥230

1,000+ bought this

图 7-38　Wish Express 配送显示

三、FBW 海外仓商品运费模板设置

FBW 是 Wish 提供的一项仓储和物流服务。FBW 通过可靠快速的配送服务,帮助商户触达美国和欧洲的用户,以提高用户满意度。商户只需将产品备货至 FBW 仓库即可,FBW 将完成后续订单处理流程(包括揽货、打包和配送)。

WE、FBW 均为 Wish 的海外仓项目,WE 侧重于用户端,商户可以选择 WE 来妥投所选购的产品;FBW 是侧重于商户端的海外仓服务工具。

（一）申请加入 FBW

（1）进入 Wish 商户后台首页,找到 FBW 选框,单击"现在加入 FBW"按钮,开始申请流程,如图 7-39 所示。

图 7-39　现在加入 FBW 页面

（2）商户需要明确账号是个人账户还是企业账户。个人账户必须上传商户身份证明,企业账户必须上传营业执照及法人身份证明。

（3）商户选择 FBW 仓库,可选择 FBW-US-ORD 或 FBW-US-LAX,或者同时选择两者;接下来,请根据所选仓库提交相关税务文件。

（4）在提交相关证明文件后,商户需向 Wish 提交 FBW 申请,并确保文件齐全、信息填写准确。

（5）申请提交并通过后,商户可以创建配送计划,将产品运送至 FBW 的美国仓库或欧洲仓库。如需创建配送计划,请在 FBW 菜单创建新的 FBW 配送计划。

（二）创建 FBW 海外仓配置计划

（1）进入 Wish 商户后台首页,点击"FBW"→"创建 FBW 配送计划",即可进入 FBW 海外仓配送计划设置页面,如图 7-40 所示。

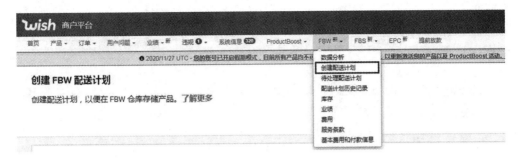

图 7-40　创建 FBW 配送计划

（2）设置入仓区域。Wish 在美国、欧洲地区有多个 FBW 海外仓仓库，商户首先要选择产品库存入仓的区域，如果需要将产品运送至美国和欧洲的多个不同国家/地区，商户也可以为库存选择多个 FBW 入仓区域，如图 7-41 所示。单击"显示更多详情"按钮，商户可以查看到目前 FBW 海外仓各个仓库的预计履行时间、仓库相关费用等信息。

图 7-41　设置入仓区域

（3）选择推荐产品。继续下滑 FBW 配送计划设置页面，就来到了产品选择区，FBW 海外仓配送设置页面为商户提供了两种产品选择方式：一种是 Wish 根据销售表现为你推荐的产品，一种是商户自己手动添加产品。

我们以 Wish 根据销售表现推荐产品为例，如图 7-42 所示。在"Wish 推荐的热销产品"页面中，该页面展示了综合销量等信息筛选出来的适合添加到 FBW 海外仓中的产品，已做好产品筛选，商户只需要勾选相应产品，并完成数量填写即可。同时，该页面会展示这些适合添加到 FBW 海外仓中的产品在过去一段时间内的销售额数据。

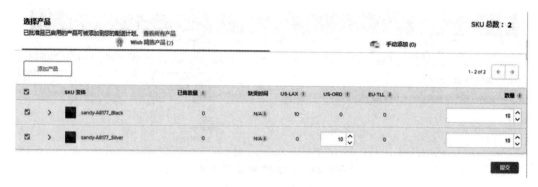

图 7-42　Wish 推荐的热销产品

（4）提交配送计划。完成了产品选择和数量填写后，无论是系统推荐的产品，还是手动添加的产品，系统都会根据商户填写的数据，智能分析与计算出各个仓库之间的数量分配，商户只需要点击页面底部的"提交"按钮，即可完成 FBW 海外仓配送计划的创建。

（5）查看配送计划详情。完成 FBW 海外仓配送计划设置并提交后，商户可进入配送计划详情页面，如图 7-43 所示。该页面详细展示了刚刚创建的配送计划，在此页面，商户可以继续设置 FBW 运费，查看产品包装说明、查看配送计划总结等。

图 7-43　查看配送计划详情

商户在后台首页,也可以点击"FBW"→"待处理配送计划",查看已经创建但是尚未完成配送的 FBW 海外仓配送计划,根据配送计划详情将产品库存配送至相应的 FBW 仓库,如图 7-44 所示。

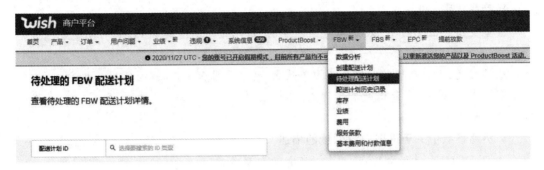

图 7-44　待处理配送计划

第三节　eBay 运费模板设置

【学习情景】

eBay 发布 SpeedPAK 物流管理方案,开启美国路向包裹服务

eBay 为了帮助卖家降低物流管理成本、提高物流派送时效,于 2018 年 3 月首先开启了 SpeedPAK 美国路向标准型包裹服务。该服务是以 eBay 平台物流政策为基础,为国内跨境出口电商卖家量身定制的美国路向直邮物流解决方案。该服务包括上门揽收、目的地预分拣、出口报关、国际运输、进口清关、终端配送、物流轨迹追踪等。

1. 产品特性

下单平台:eBay eDIS 物流平台(www. edisebay. com)。

派送范围:美国本土大部分区域(含夏威夷、阿拉斯加、P. O. BOXES、APO/FPO 等地区)。

物流时效:从揽收到完成派送平均时效为 8～12 个工作日。

物流轨迹:包裹门到门全程追踪。

包裹限重:单件包裹不超过 31.5 千克。

尺寸限制:单边长不超过 66 厘米,周长不超过 274 厘米,其中周长＝长＋(宽＋高)×2。

货值限额:单件包裹价值不超过 800 美元。

计费方式:单件包裹 60 克起重,以克计费。

揽件范围:中国境内 55 个城市提供揽收服务(1 件起揽)。

A-Scan 时效:根据实际上门揽收时间记录 A-Scan 节点,且在取件后 24 小时内完成 A-Scan 上网。

ERP 对接:提供 API 对接方式,可对接第三方 ERP 系统或卖家自有 ERP。

2. 产品优势

政策支持:SpeedPAK 以 eBay 平台政策为基础,推出高度契合 eBay 平台政策的物流服务。

服务稳定:大数据智能监控物流服务质量,建立预警机制,保障全年服务稳定。

透明跟踪:eDIS 平台提供全程物流轨迹,自动同步至 eBay 主站,买卖双方可实时掌握货物运输进度。

3. 贸易条款中关于进口免税额度的描述

美国:DDU(未完税交货)贸易条款下单件包裹价值不超过 800 美元。

加拿大:DDU 贸易条款下单件包裹价值不超过 20 加元;若单件包裹价值超过 20 加元将会产生关税,此税费应由买家承担。

欧洲:DDU 贸易条款下单件包裹价值不超过 1000 欧元(英国单件包裹价值不超过 900 英镑);若单件包裹价值超过 22 欧元(英国单件包裹价值超过 15 英镑)将会产生关税,此税费应由买家承担。

澳大利亚:DDU 贸易条款下单件包裹价值不超过 1000 澳元;若单件包裹价值超过 1000 澳元将会产生关税,此税费应由买家承担。

资料来源:https://exportnews.ebay.com.hk/Home/speed_us/1.

【学习任务】

认识 eBay 平台的商品物流政策。

【相关知识】

一、物流标准考核内容

对于美国路向的以下两项考核指标,只要其中一项指标不达标,状态显示为限制,则卖家的 eBay 账号将会被限制。

(1)中国内地、中国香港地区、美国海外仓销售单价大于 5 美元的物品运送给美国买家的物流使用状态。

考核要求:一是,使用 SpeedPAK 物流管理方案及其他符合政策要求的物流方案,并且服务等级必须和买家选择的等级一致或更高,合规率达到 90%;二是,卖家需要在承诺订单处理时间之内获得有效的揽收扫描;三是,卖家提供且买家选择 SpeedPAK 物流选项或特快型物流选项。

（2）中国内地直邮美国物品单价小于等于 5 美元的交易，以及其他主要国家/地区的所有金额的交易。

考核要求：一是，使用 eDS 物流管理方案及其他符合政策要求的物流方案，并且服务等级必须和买家选择的等级一致或更高，合规率达到 50%；二是，卖家需要在承诺订单处理时间之内获得有效的揽收扫描。

注意点：物品单价包括每个物品产生的运费；美国买家包括买家注册地址及运送地址为美国的所有买家；eBay 对中国内地、中国香港地区和美国海外仓的认定是根据"Item location"；eBay 于每周二对账户的物流使用合规指标进行评估，考察交易时间是过去的第三和第四周，比如 2020 年 7 月 7 日是评估时间，其对应的考察交易时间是 2020 年 6 月 14 日至 2020 年 6 月 27 日。

以上便是美国路向物流标准的考核内容。当然对于卖家来说，一个好的运费模板可以让绩效考核事半功倍。

二、商品物流政策设置

下面以 eBay 美国站为例来讲解如何设置 eBay 物流方式。

（1）进入 My eBay 页面，点击"Account"→"Business policies"，进入商业政策页面。

（2）创建新的物流政策。在商业政策页面中，单击"Create policy"按钮，在下拉列表中选择"Shipping"，即可进入创建物流政策页面，如图 7-45 所示。

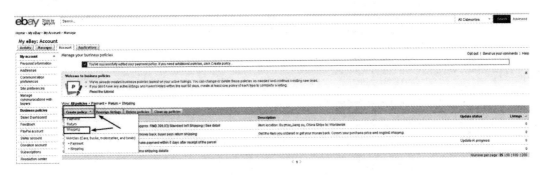

图 7-45　创建物流政策

（3）设置运费名称和描述。在创建物流政策页面中，在"Policy name"对应的文本框中输入物流政策的名称，在"Policy description"对应的文本框中输入物流政策说明，如要将正在设置的物流政策定为默认政策，可勾选"Set as default shipping policy"选项，如图 7-46 所示。

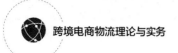
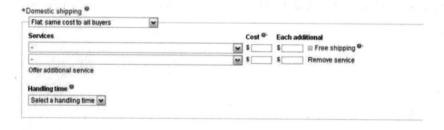

图 7-46　设置运费名称和描述

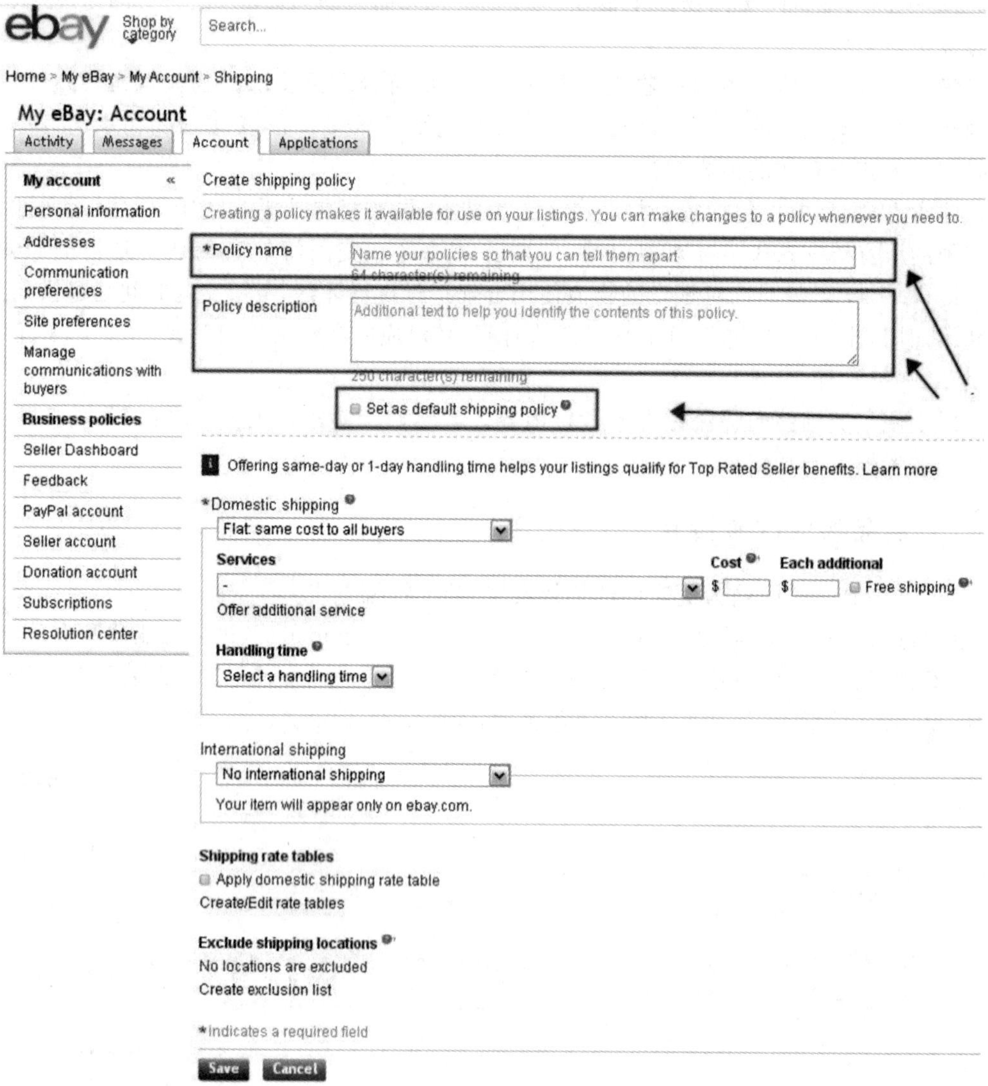

（4）设置国内运送细节，如图 7-47 所示。

图 7-47　设置国内运送细节

①设置运费收取方式。在"Domestic shipping"中可设置前往美国的货运细节,可在"Domestic shipping"下的复选框中选择"Flat:same cost to all buyers",为每件物品设定固定运费;选择"Calculated:cost varies by buyer location",为不同地区的买家设置不同运费;选择"Freight:large items over 150 lbs",为超过150磅的大型物品设置运费;选择"No shipping:local pickup only",将物品设置为本地交付无运费。如果买家售卖的物品是普通小件物品,可选择"Flat:same cost to all buyers"。

②设置运送服务。首先,在"Services"下的复选框中可选择具体的运送服务:"Standard shipping"指标准运送服务,如中国香港邮政小包服务等;"Expedited shipping"指加急特快邮递服务,如EMS等。卖家需在商品描述中对这些选项及其定义加以说明。其次,卖家可在"Cost"下的文本框中填写物品运费,在"Each additional"下的文本框中填写每增加一件物品所要多付的运费,或者可勾选"Free shipping"将物品设置为包邮以增加物品曝光率。最后,点击"Offer additional service"可增加更多运输服务,如不需要,可点击"Remove service"取消。

③设置处理时间。在"Handling time"下的复选框中可选择物品的处理时间。

(5)设置国际运送细节,如图7-48所示。

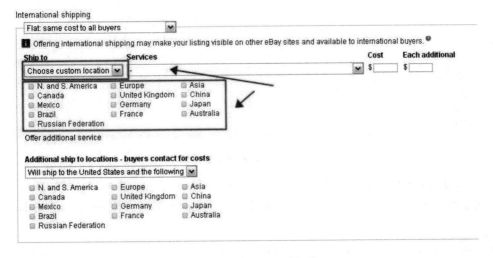

图7-48　设置国际运送细节

①设置运费收取方式。在"International shipping"区域中可设置除美国外的国际运送细节,如果您提供国际航运,可在"International shipping"下的复选框中选择货运收费方式,设置方法同上。

②设置运送国家/地区和运送服务。首先,在"Ship to"下的复选框中可选择要寄送的目的地,请谨慎使用"Worldwide"选项,因为部分国家/地区可能无法送达,可选择"Choose custom location"来自定义目的地。其次,在"Services"下的复选框中设置具体的物流服务,在"Cost"下的文本框中填写物品的运费,在"Each additional"下的文本框中填写每增加一件物品需多付的运费。最后,点击"Offer additional service"可增加更多运输服务,可为不同国家/地区设置不同的运输服务和费用,如不需要,可点击"Remove service"取消,设置方法同上。

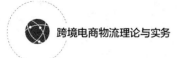

③设置其他区域运费。可在"Additional ship to locations—buyers contact for costs"下的复选框中设置其他运送目的地和运费。

（6）设置航运费率表，可在"Shipping rate tables"区域编辑航运费率表，点选"Apply domestic shipping rate table"来应用美国航运费率表，亦可点击"Create/Edit rate tables"来创建或编辑具体的航运费率表，如图 7-49 所示。

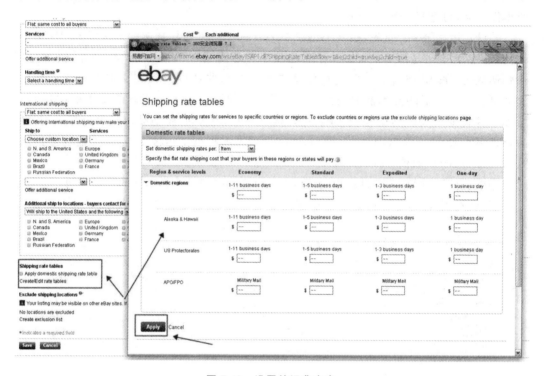

图 7-49　设置航运费率表

（7）设置不可达国家/地区。在"Exclude shipping locations"中设置不能运达的国家/地区，单击"Create exclusion list"按钮，来创建不能运达的国家/地区列表，如图 7-50 所示。

图 7-50　设置不可达国家/地区

（8）设置完 eBay 物流方式后，单击"Save"保存。

第四节　Amazon 运费模板设置

【学习情景】

谨慎发货，亚马逊收取仓储超量费

亚马逊物流仓储超量费仅适用于有仓储容量限制，并且现有库存超过仓储容量限制的卖家，"现有库存"不包括已创建但尚未发货的货件、运输在途的货件以及运抵亚马逊运营中心但尚未接收入库的货件。

仓储超量费的收取金额取决于超出仓储限制的天数，即基于卖家的库存在亚马逊运营中心占用的超出仓储限制的所有空间日平均体积。如果存放在亚马逊运营中心的库存在当月的任意一天超出了仓储限制额度，卖家需要支付仓储超量费；即使库存水平降回到当月分配的仓储限制额度之内，卖家仍然需要支付该笔费用，计算公式如表7-1所示。

表 7-1　每月仓储超量费的计算公式

项目	计算公式
每月费用	美国站：10 美元/立方英尺 英国站：7.8 英镑/立方英尺 法国站、德国站、意大利站、西班牙站：320 欧元/立方米 日本站：31727 日元/立方米
当前超量值	当前使用量—当前限制量
平均每日超量值	当前超量值÷当前超量天数
每月仓储超量费	平均每日超量值×（每月每立方英尺费用或者每月每立方米费用）

如果某个月份产生了库存仓储超量费，亚马逊将在该月结束后收取这笔费用。由于家居用品、厨房用品、玩具、庭院、家具、运动等品类的商品占用空间体积相对较大，比较容易发生仓储超量，在发货或补货时，卖家需要注意估算可用仓储空间。

资料来源：https://mjzj.com/newmjzj/article/detail/49957.

【学习任务】

认识 Amazon 平台的自发货运费模板和 FBA 操作流程。

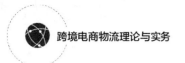
【相关知识】

一、自发货商品的运费模型

对于亚马逊的卖家而言,采用合适的配送模式是很重要的。目前,亚马逊卖家在配送方式上,除了可以选择 FBA 配送外,也可以选择自发货模式。本节将重点讲解在自发货模式下,卖家如何在亚马逊后台进行运费模板的设置。在自发货之前,卖家需要知道运费模型,而亚马逊提供以下三种标准运费模型。

(1)"每件商品/基于重量"计算运费。这种模式是基于商品或重量的计算方式,即按每件商品收费,或者是按重量(磅)收费。

(2)"商品价格分段式配送"计算运费。这种模式需要卖家创建订单价格分段,每个价格分段对应不同的运费设置。

(3)"图书、音乐及影视类商品"计算运费。如果卖家销售的是图书、音乐及影视类商品,那么运费将由亚马逊设定。

二、自发货商品运费模板设置

下面以美国站为例来讲解如何设置 Amazon 自发货物流方式。

(1)登录亚马逊后台,点击"设置"→"配送设置",如图 7-51 所示。

图 7-51　进行配送设置

(2)创建新配送模板。亚马逊提供了一份"Migrated Template"(默认模板),卖家单击右侧"编辑模板"按钮,可以进行重新设置;或者单击左上侧"创建新配送模板"进行新建,如图7-52所示。

图7-52　创建新配送模板

(3)选择运费模型。可以选择"每件商品/基于重量"(per item/weight-based)或"商品价格分段式配送"(price banded)。卖家可以根据自己产品的实际情况选择一种,我们会分别示范"每件商品/基于重量"和"商品价格分段式配送"两种运费计算模式的设置。

①"每件商品/基于重量"设置运费模型,如图7-53所示。

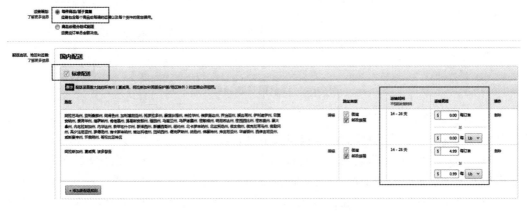

图7-53　每件商品/基于重量设置

第一步,设置配送选项和地区。国内配送指的是配送目的地在美国,国际配送指的是配送目的地在加拿大。标准配送地区包括美国大陆街道、阿拉斯加和夏威夷街道、美国保护国等地区,在此页面下方有区域说明,此区域说明详细解释了美国每一个地区所包括的州范围。卖家在进行地区勾选之前,可以先向自己选择的物流公司确认配送地区和配送收费标准。服务级别也就是派送时效,分为标准配送(14~28天)、加急配送(1~2天)、隔日达(2天)、当天送达(1个工作日)。中国卖家如果从国内发货,建议选择"标准配送",如图7-54所示。

图 7-54　设置配送选项和地区

第二步,设置运输费用。"每件商品/基于重量"设置运费有两种形式:"每订单＋每商品"和"每订单＋每 Lb",即按商品收费和按重量收费。

例如,如果卖家在此设置每个订单配送费用为 4.99 美元,每件商品收 1.00 美元,那么客户下 1 个订单购买 2 个产品,客户需要支付的运费为 4.99＋1.00×2＝6.99(美元),这就是按商品收费;如果卖家在此设置每个订单配送费用为 4.99 美元,每磅收 1.00 美元,那么客户购买的产品包裹总量为 3 磅,客户需要支付的运费为 4.99＋1.00×3＝7.99 美元,这就是按重量收费。

第三步,请仔细检查配送选项、地区和运费,确认没问题后,下拉页面到底部,单击"保存"按钮,会跳回到配送设置页面,这样就完成了自发货模式下的"每件商品/基于重量"运费设置。如果选择的配送区域全部免运费,也就是包邮,那么就把所有的区域运费都设置为 0。请注意,以上的运费设置方式是针对店铺所有的商品来设置的。

②"商品价格分段式配送"设置运费模型,如图7-55所示。

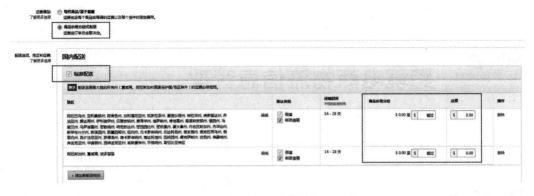

图 7-55 商品价格分段式配送设置

第一步,设置配送选项和地区,如图7-54所示。

第二步,设置价格分段和运费。运费是以订单总金额(包含配送运费)来决定的,在"商品价格分段"和"运费"中直接输入,如图7-55所示。

第三步,请仔细检查配送选项、地区和运费,确认没问题后,下拉页面到底部,单击"保存"按钮,会跳回到配送设置页面,这样就完成了自发货模式下的"商品价格分段式配送"运费设置。

【知识测试】

1. 请简述 AliExpress 平台的运费类型。
2. 请简述 Wish 平台的配送绩效指标。
3. 请分析 Wish 平台的 WE 海外仓和 FWB 海外仓的区别。
4. 请简述 eBay 平台的运费收取方式类型。
5. 请分析 Amazon 平台的混装发货和原厂包装发货的区别。

【实践操作】

实践项目:调研一家出口跨境电商企业的跨境物流方案。

实践要求:通过访谈的形式,调研一家出口跨境电商企业,了解该公司的跨境物流方案,包括现有物流渠道、折扣优惠、不送达地区以及物流旺季的应对策略等。

实践形式:学生以小组为单位,建议 3~5 人为一组,分工合作,共同完成调研报告。

第八章

跨境电商物流信息管理

【学习目标】

✿ 知识目标:

- 了解条形码技术、RFID 技术、EDI 技术、大数据技术、GPS 技术和 GIS 技术的含义和工作原理;
- 熟悉条形码、RFID、EDI、大数据、GPS 和 GIS 等技术在跨境电商物流中的应用;
- 了解跨境电商物流信息的概念、特点与作用;
- 熟悉跨境电商物流信息系统的功能;
- 掌握跨境电商物流信息系统的应用。

✿ 能力目标:

- 能熟悉基于条形码、RFID、EDI、大数据、GPS 和 GIS 等技术的物流业务;
- 能解读各种跨境电商物流信息;
- 能操作跨境电商物流信息系统。

【思维导图】

第一节　跨境电商物流信息技术

【学习情景】

邮行天下——打造跨境物流数字网络

邮行天下(深圳)全球网络科技有限公司(简称邮行天下)通过技术、渠道、金融、人才、运力等五大服务,组织加盟成员、渠道成员、创始成员、第三方服务成员等四大成员,搭建起国内运输干线网、海外末端派送网和跨境物流国际网,研发出 U 系统,打造跨境物流数字网络,最终解决"渠道多、价格乱,系统费用高,体验差,利润薄、财务风险大,难招人、难管理"的行业痛点。

邮行天下

【学习任务】

认识跨境电商物流活动中涉及的信息技术。

【相关知识】

一、信息识别与采集技术

(一)　条形码技术

1. 条形码的概念

条形码是一种信息代码,由一组宽度不同、反射率不同的条和空按一定编码规则排列而成的符号,用以表示一定的字符、数据及符号组成的信息。条形码一词来源于英语的"bar code",人们根据其图形的外观结构称其为"条码"或"条形码",它是一种用光扫描、阅读设备识读并使数据输入计算机的特殊代码,如图 8-1 所示。

图 8-1　条形码示例

2. 条形码的种类

(1)一维条码。一维条码只是在一个方向上(一般是水平方向上)表达信息,而在垂直方向上不表达任何信息,其一定的高度通常是为了便于扫描器对准。一维条码的应用可以提高信息录入的速度,减少差错率,但是一维条码的数据容量仅在30个字符左右,只能包含字母和数字,条码尺寸相对较大,且遭到损坏后无法被阅读。

(2)二维条码。二维条码是将一维条码存储信息的方式在二维空间上扩展,从而存储更多的信息,从一维条码对物品的"标识"转为二维条码对物品的"描述"。二维条码能够在有限的面积上表示大量信息,可以使用汉字、照片、指纹、签字等在内的小型数据文件,可以在远离数据库和不便联网的地方实现数据采集,还可以防止各种证件、卡片及单证的仿造。美国 Symbol 公司 1991 年正式推出了 PDF417 的二维条码,简称 PDF417 条码,目前它已成为通用的国际标准,已广泛地应用在国防、公共安全、交通运输、医疗保健、工业、商业、金融、海关及政府管理等领域。

3. 条形码的识别原理

条形码识别是为了阅读出条形码所代表的信息,因此需要一套条形码识别系统,该系统主要由条形码扫描和译码两部分组成。扫描是利用光束扫读条形码符号,并将光信号转换为电信号,这部分功能由扫描器完成;译码是将扫描器获得的电信号按一定的规则翻译成相应的数据代码,然后输入计算机。

4. 条形码的特点

(1)简单。条形码制作容易,扫描操作简单易行。

(2)信息采集速度快。普通计算机的键盘录入速度是 200 字符/分钟,而利用条形码扫描录入信息的速度是键盘录入的 20 倍。

(3)采集信息量大。利用条形码扫描,一次可以采集几十位字符,而且可以通过选择不同码制的条形码增加字符密度,使录入的信息量成倍增加。

(4)可靠性高。键盘录入数据,误码率为三百分之一,利用光学字符识别技术,误码率约为万分之一,而采用条形码扫描录入方式,误码率仅有百万分之一。

(5)灵活、实用。条形码符号作为一种识别手段可以单独使用,也可以和有关设备组成识别系统实现自动化识别,还可以和其他控制设备联系起来实现整个系统的自动化管理。同时,在没有自动识别设备时,也可实现手工键盘输入。

(6)设备结构简单、成本低。条形码识别设备的结构简单,操作容易,无须专门训练。与其他自动化识别技术相比较,推广应用条形码技术,所需费用较低。

5. 条形码在跨境电商物流中的应用

在跨境电商物流领域,条形码是对运输货仓储包装的标识,根据消费包装单元属性的不同可采用 EAN-128 条码、ITF-14 条码和 EAN-13 条码。挂号条形码是指邮政小包所使用的跟踪号,英文称为 tracking number。挂号条形码通常是 13 位的,其中,第 1、2 位是字母,第 1 位往往是 R,第 2 位则不固定;第 3～11 位是数字;最后 2 位是发件邮局所在国家/地区的缩写。例如,RA123456789CN,表示的是中国邮政的挂号小包;RB123456789HK,表示的是中国香港邮政的挂号小包。

挂号条形码示例如图 8-2 所示。

图 8-2　挂号条形码

挂号条形码使用的注意事项包括:

(1)挂号条形码清晰,精度不得低于 300DPI(dots per inch,每英寸点数),条码尺寸不得小于 4cm×1cm 且不得大于 5.5cm×1.5cm。

(2)挂号条形码贴在外包装最大面上方,勿将条形码贴至包装物两面,避免出现折痕。

(3)最好在挂号条形码上覆盖一层透明胶带,防止雨水浸润影响扫描操作。

(4)在挂号条形码上覆盖透明胶带时中间不要留有气泡,否则也会影响扫描。

(5)挂号条形码一经扫描上网,就算后续退回给发件人,也不能再次使用。

(二) 射频识别(RFID)技术

1. RFID 的概念

射频识别(radio frequency identification,RFID)技术是一种无线通信技术,可以通过无线电信号识别特定目标并读取相关数据,而不需要识别系统与特定目标之间建立机械的或光学的接触。RFID 的基本原理是利用射频信号或空间耦合(交变磁场或电磁场)的传输特性,实现对物体或商品的自动识别。从结构上看,RFID 系统是一种简单的无线识别系统,由阅读器、应答器和应用软件系统构成,该系统一般用于检测、控制、跟踪物体。目前 RFID 技术应用很广,如图书馆、门禁系统、食品安全溯源等。

2. RFID 的工作原理

RFID 的工作原理其实很简单,绝大多数依据电感耦合的原理进行设计,即阅读器在数据管理系统的控制下发送一定频率的射频信号,当标签进入磁场时产生感应电流从而获得能量,并使用这些能量向阅读器发送自身的信息,该信息被阅读器接收并解码后送至中央信息管理系统进行相关的处理,这一信息收集和处理过程都是以无线射频方式进行的。

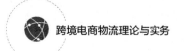

3. RFID 的特点

RFID 技术在本质上是物品标识的手段,依靠计算机和互联网技术,已成为物品标识的最有效方式之一。RFID 技术主要有以下五个特点。

(1)非接触识别。不需光源,可以穿透雪、雾、冰、涂料、尘垢和不适用条形码的恶劣环境来识别标签;有效识别距离大,识别距离达到 30m 以上。

(2)识别速度快。标签一进入磁场,解读器就可以即时读取其中的信息,并能够同时处理多个标签,实现批量识别。

(3)数据容量大。一维条码的容量是 50B,二维条码可储存 2000~3000B,RFID 的最大容量则有数兆比特,并且随着记忆载体的发展,其数据容量也在呈现不断扩大的趋势。

(4)数据可更改。条形码一旦印刷之后就无法更改,而 RFID 标签可以重复增加、修改、删除标签内存储的数据信息,这样有利于标签数据的动态更新,可以提高效率。

(5)读取要求低。RFID 设备体积小型化、形状多样化,在读取上并不受设备尺寸大小与形状的限制,不需要为了读取精确度而配合纸张的固定尺寸和印刷品质。

4. RFID 在跨境电商物流中的应用

(1)RFID 在海外仓中的应用前景。海外仓的仓储作业和国内仓的操作流程基本相同,主要包括入库、存储、出库三个基本环节,RFID 技术的应用可以提高入库和出库操作的效率,做到实时更新库存信息,做好及时补货工作,提高企业对市场的反应速度。对于配送,RFID 技术可以降低货物的出错率,使配送和库存衔接得更加紧密,从而实现海外仓的一体化运作。

(2)RFID 在通关中的应用前景。在跨境电商的物流中,通关服务一般是由物流企业提供的,所以可以把通关看成跨境电商物流的一部分。跨境电商的交易基本是小批量、多批次的,而且金额比较小,所以海关的报关、通关就变成了比较麻烦的事情。对于报关来说,RFID 技术可以把货物的信息和海关的报关系统连接起来,这样可提高报关的效率。如果货物是一件一件的,那么可以提前把货物的信息共享给海关,然后在货物上贴上 RFID 标签;如果货物体量比较大,那么可以集中在海关报关。

(3)RFID 在物流整合中的应用前景。无论是四大国际商业快递公司,还是中国邮政都无法覆盖全世界的各个角落,所以目前国内跨境电商物流企业开始对涉及物流的跨境电商业务进行整合,通过与世界各地的物流服务商合作,更好地发挥自己的优势。RFID 技术可作用于跨境电商物流的各个环节,增加供应链的可视化,从产品出厂、干线运输、储存、销售、通关到国际运输和配送等,都可以使用 RFID 技术做到对货物及时的跟踪,并提供对货物溯源查询真伪等服务。

二、信息存储、传输与交换技术

(一)电子数据交换(EDI)技术

1. EDI 的概念

国际数据交换协会(IDEA)将 EDI 描述成:通过电子方式,采用约定的报文标准,从一台计算机向另一台计算机进行结构化数据的传输可以称为电子数据交换(electronic data interchange,EDI)。该定义提到的"结构化数据",指出了用于交换的数据是处于一种可以运用电子计算机进行处理的格式,而非处于一种非结构化、自由文本的格式。

从跨境电商物流的角度看,EDI是将与贸易有关的运输、保险、银行和海关等行业的信息,用一种国际公认的标准格式进行编制,并通过计算机通信网络,实现各有关部门或公司与企业之间的数据传输与处理,并完成以贸易为中心的全部业务过程。

2. EDI 的工作流程

EDI 强调在其系统上传输的报文遵守一定的标准,因此,在发送之前,系统需要使用翻译程序将报文翻译成标准格式的报文,如图 8-3 所示。

(1)发送方计算机生成原始的用户数据。

(2)对发送报文的数据进行映射与翻译。

(3)发送标准的 EDI 报文。

(4)贸易伙伴获取标准的 EDI 报文。根据 EDI 网络软件的不同,EDI 网络中心既可以通过计算机网络自动通知发送方的贸易伙伴,也可以被动地等待贸易伙伴通过计算机网络进行查询和下载。

(5)将接收到的文件的数据进行映射与翻译。

(6)接收方应用系统处理翻译后的文件。根据业务需要,EDI 软件在提供格式转换和翻译软件的同时,提供密码管理、权限管理、通信管理、记账管理、数据存档、第三方认证等功能。

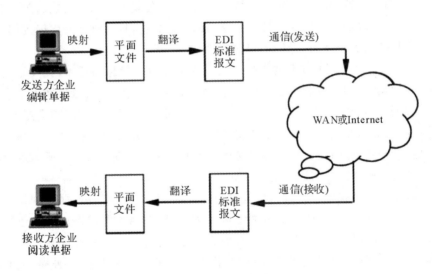

图 8-3　EDI 的工作流程

3. EDI 的特点

(1)EDI 使用电子方法传递信息和处理数据。EDI 一方面用电子传输的方式取代了以往纸张单据的邮寄和递送方式,从而提高了传输效率;另一方面通过计算机处理数据取代人工处理数据,从而减少了差错和延误。

(2)EDI 采用统一标准编制数据信息。与邮件、传真、远距离遥控输入输出系统和专用格式下的部门间工作系统等传输方式的区别在于,EDI 必须使用预先规定的标准化格式进行计算机到计算机之间的数据传输、交换与处理。

（3）EDI 是计算机应用程序之间的连接。在电子单据符合标准且内容完整的情况下，EDI 系统不但能识别、接收、存储信息，也能对单据数据信息进行处理，自动制作新的电子单据传输到相关部门，还能对电子单据的处理结果和进展情况进行反馈。

（4）EDI 系统采用加密防伪手段。EDI 使用的数据通信网络一般是增值网、专用网，同时为防止信息在传递过程中被破坏或被篡改，采用信息加密的方式对电子单据在传输过程中和存储体内进行保护。

4. EDI 在跨境电商物流中的应用

利用 EDI 技术搭建信息平台，将运输企业（铁路、水运、航空、公路运输企业等）、货主、海关、商检、金融、仓储、报关以及承运业主有机地联系在一起。支持与跨境电商平台的订单信息交互，支持与第三方系统数据的对接，支持与海关、商检系统数据的对接，支持与企业财务管理及 OA 系统数据的对接。

（二）大数据技术

1. 大数据技术的概念

大数据（big data）是指通过各种渠道获得的结构化数据、半结构化数据和非结构化数据，是大数据知识服务模型的根本，具有 4"V"特点，即数据体量（volumes）大、数据级别（variety）繁多、价值（value）密度低、处理速度（velocity）快。

麦肯锡全球研究所（MGI）给出的大数据定义是：一种规模大到在获取、存储、管理、分析等方面超出了传统数据库软件工具能力范围的数据集合，具有海量的数据规模、快速的数据流转、多样的数据类型和价值密度低四大特征。

大数据技术是指从各种类型的数据中快速获得有价值信息的技术，其关键技术有大数据采集、大数据预处理、大数据存储与管理、大数据分析与挖掘、大数据展现与应用等。

（1）大数据采集技术。大数据采集一般分为大数据智能感知层与基础支撑层，大数据智能感知层实现对结构化、半结构化、非结构化的海量数据的识别、定位、跟踪、接入、传输、转换、监控、初步处理和管理等；基础支撑层主要提供大数据服务平台所需的虚拟服务器、数据库和物联网资源等支撑环境。

（2）大数据预处理技术。大数据预处理技术主要完成对已接收数据的辨析、抽取、清洗等操作。因获取的数据可能具有多种结构和类型，数据抽取可以将复杂的数据转化为单一的或者便于处理的结构和类型。大数据不全是有价值的，有些数据并不是我们所关心的内容，有些数据则是完全错误的干扰项，因此需要对这些数据进行"去噪"从而提取出有效数据。

（3）大数据存储与管理技术。大数据存储与管理就是要用存储器把采集到的数据存储起来，建立相应的数据库，并进行有序的管理和调用，主要解决大数据的可存储、可表示、可处理、可靠性及有效传输等关键问题。

（4）大数据分析与挖掘技术。大数据分析与挖掘技术是指改进已有数据挖掘和机器学习技术，或开发新型的数据挖掘技术。数据挖掘是从大量的、不完全的、有噪声的、模糊的、随机的实际应用数据中，提取隐含在其中的、人们事先不知道的但又是潜在有用的信息和知识的过程。

（5）大数据展现与应用技术。在我国，大数据技术重点应用于商业智能、政府决策、公共服务等三大领域。其中应用的技术有商业智能技术、政府决策技术、电信数据信息处理与挖掘技术、电网数据信息处理与挖掘技术、气象信息分析技术、环境监测技术、大规模基因序列分析比对技术等。

2. 大数据技术在跨境电商物流中的应用

在大数据时代,因为跨境电商物流行业的应用特点与大数据技术有较高的契合度,大数据技术与跨境电商物流的结合就成了发展的必然趋势。企业可以依据跨境电商物流反馈的信息,利用大数据分析技术,调整商品存储的数量和位置,加大对热销国家/地区商品的备货量,减少对冷门国家/地区滞销商品的备货量,打造实时动态的数据化仓储。在海外仓建设方面,重点分析出口比重较高国家/地区的用户收货地址,在收货地址分布密集的城市附近设立海外仓,减少商品的物流配送时间,提高跨境商品的物流时效,提升跨境消费者的消费信任和购买体验。物流超市是借助大数据技术整合现有零散的、粗放的物流企业数据资源,依据空间地理信息进行统一协调管理,提供仓储、配送、信息咨询等一体化的现代化物流服务。大数据技术在跨境电商物流的具体应用如图 8-4 所示。

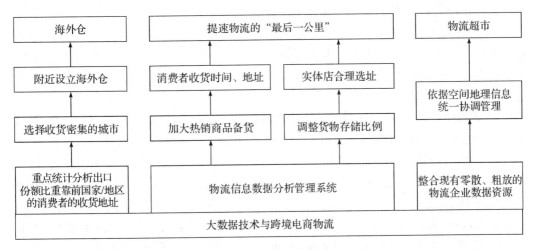

图 8-4 大数据技术在跨境电商物流的具体应用

三、物流动态跟踪与控制技术

(一)全球定位系统(GPS)技术

1. GPS 的概念

全球定位系统(global positioning system,GPS)融合了世界航空航天技术、无线电通信技术和计算机技术,是地理信息技术的核心技术之一。GPS 由空间卫星系统、地面监控系统和用户接收系统三个子系统组成。空间卫星系统包括 24 颗平均分布在 6 个轨道上的卫星,空间卫星系统的组成和结构保证了地面上任何时间、任何地点都可以观测到 4 颗以上卫星,并接收到来自卫星上所携带的无线电发射机的 GPS 导航信号。地面监控系统由计算参数、调度卫星的主控站、采集数据的监控站和将信息注入卫星的信息注入站组成。用户接收系统的主要组成部分是 GPS 数据处理软件和 GPS 卫星接收机。该系统接收到 GPS 卫星发射的信号后,经数据处理即可完成导航和定位功能。GPS 具有海陆空全

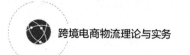

方位、全天候、高效益、高精度、自动化等其他定位系统无法比拟的特点。

GPS 在我国物流领域的发展缓慢,主要应用在军事领域,例如船舶和飞机导航、对地面和空中的交通管制以及自然灾害的监控等,而 GPS 在物流领域的应用,西方发达国家早已走在前列。

2. GPS 在跨境电商物流中的应用

GPS 主要用于定位导航、授时校频以及高精度测量等,特别是在跨境电商物流领域,可以广泛应用于导航、实时监控、动态调度、运输路线的规划与优化分析等。

(1)海空导航。GPS 的最大用户是航海,在航海导航方面,GPS 可提供所在位置、航行速度、航行方向和时间信息,还可以显示航迹等。在空中导航方面,GPS 的精度高于现有任何航空航路的导航系统,可实现最佳的空域划分和管理、空中交通流量管理以及飞行路径管理,保证了空中交通管理的灵活性。

(2)实时监控。应用 GPS 技术,跨境电商物流企业可以建立起运输监控系统,在任何时刻查询运输工具所在地理位置和运行状况信息,并将其在电子地图上显示出来,以便工作人员做好相关工作准备,提高运输的安全性和效率。

(3)动态调度。应用 GPS 技术,调度人员能在任意时刻发出调度指令,并得到确认信息,同时将采集到的运输工具运能信息、维修记录信息、车辆运行状况登记信息、在途信息等多种信息进行分析辅助调度决策,尽可能减少空载时间和距离,充分利用运输工具的运能。

(4)路线优化。根据 GPS 数据获取路网状况,如通畅情况、是否有交通事故等,应用运输数学模型和计算机技术,规划设计出车辆的优化运行路线、运行区域和运行时段,合理安排车辆运行通路。

(5)智能运输。智能运输系统是由日本、美国等发达国家为了解决交通运输问题而进行的道路交通运输智能化的研究试验,并由最初的对道路功能和车辆的智能化的研究,不断深入,逐渐拓展到交通运输的各个领域以及其他相关部门。在智能运输系统中,应用 GPS 技术可以建立起视觉增强系统、车道跟踪/变更/交汇系统、实时交通信息服务系统等。

(二)地理信息系统(GIS)技术

1. GIS 的概念

地理信息系统(geographical information system,GIS)是在计算机硬、软件系统支持下,对整个或部分地球表层(包括大气层)空间中的有关地理分布数据进行采集、储存、管理、运算、分析、显示和描述的计算机技术系统。GIS 集合了地理学、计算机科学以及信息科学等多种学科技术,其基本功能是将表格型数据转换为地理图形显示,并对显示结果进行浏览、操作和分析;其显示范围可以从洲际地图到非常详细的街区地图,显示对象包括人口、销售情况、运输路线以及其他内容。

GIS 是一种特定的非常重要的空间信息系统。目前,GIS 已经成功应用于测绘、制图、资源和环境等领域,而且已成为城市规划、公共设施治理、工程建设等领域的重要工具,此外还涉及军事战略分析与决策、文化教育、商务策划乃至人们日常生活的各领域。因此 GIS 技术是信息产业的重要组成部分,同样 GIS 也在跨境电商物流行业中发挥其特殊的优势。应用 GIS 技术,跨境电商物流企业可以建立相关的计算机模型,通过模拟实际配送情况,合理确定配送中心的地址,有效规划运输路径,准确定位客户地理信息,在降低运输时间和成本的同时,提高经济效益。

2. GIS 在跨境电商物流中的应用

GIS 融入物流配送有助于物流企业有效利用资源,降低消耗,提高效率。配送人员根据跨境电商下单地址与 IP 地址共同确定配送目的地,通过 GIS 系统,对实时地理信息进行查看,了解当前路况信息。配送人员再根据 Dijkstra、SPFA、Floyd 等最短路径算法,选出最短路径,依据就近原则和沿途顺带原则,安排配送的先后顺序,从而整理出配送时间短、配送效率高的配送路径,并根据当前车辆运行情况,进行车辆的合理调配。基于 GIS 的物流配送系统的过程主要有以下六个方面。

(1)通过跨境电商消费者提供的详细地址,确定客户的地理位置和车辆路线。

(2)基于 GIS 的查询、地图表现等功能,合理编辑(如创建、删除、修改)车辆路线,制定配送先后顺序。

(3)用特定的地图符号标记客户的地理位置,不同类型的客户(如普通客户和会员客户)采用不同的符号表示。

(4)在地图上查询客户的位置以及客户周围的环境,以发现潜在客户。

(5)通过业务系统调用 GIS,以图形方式显示业务系统各种相关操作结果的数值信息。

(6)基于综合评估模型和 GIS 的查询,实现对配送区域的拆分、合并。

第二节 跨境电商物流信息系统

【学习情景】

邮行天下——全链路跨境物流服务平台

邮行天下成立于 2017 年 3 月,专注于运用信息化技术构建跨境物流云服务生态网络体系,实现从跨境电商卖家到买家的全链路物流数字化管理,从而对传统的跨境贸易物流体系进行变革与创新,提升跨境贸易行业的物流运营效率。

邮行天下开创性地采用了"SaaS 平台+API 接口"的模式连接运输环节,以中小型跨境电商物流企业为切入点,将贸易环节中的跨境电商卖家、国际物流公司、海关、买家等集成在一个平台上,打造一个透明的、开放的、共享的生态网络系统,实现从跨境电商卖家到买家的全链路数字化管理。通过邮行天下平台以及开放式的 API 接口,对接跨境电商卖家、国际物流公司,链条中的各方可以实现对现有业务的良好管控。同时,中小型跨境电商物流企业可以选择邮行天下平台提供的从仓库集货、境内报关、头程运输、境外清关到尾程配送等全流程的集货功能服务。

邮行天下客户使用 U 系统,可以进行订单全流程管理,如图 8-5 所示。U 系统实现全方位共享 API 接口,与 Amazon、AliExpress、Wish 等平台实现无缝对接,支持中国邮政、DHL、UPS 等物流系统和物流渠道接口。同时,U 系统对接了市场上的十余家电商 ERP,并免费共享给中小型跨境电商物流企业,这就使得中小型跨境电商物流企业不需要去逐一对接电商平台、电商 ERP、物流系统和物流渠道接口,大大地提高了工作效率、降低了运营成本。

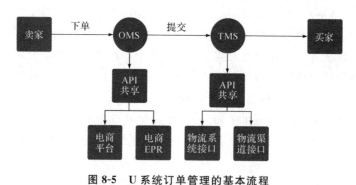

图 8-5　U 系统订单管理的基本流程

【学习任务】

认识跨境电商物流信息的作用。

【相关知识】

一、跨境电商物流信息

(一)跨境电商物流信息的概念

由《物流术语》(GB/T 18354—2006)可知,物流信息是指物流活动中各个环节生成的信息,一般随着从生产到消费的物流活动的产生而产生,与物流过程中的运输、储存、装卸、包装等各种职能有机结合在一起,是整个物流活动顺利进行所不可缺少的。

跨境电商物流信息是指与跨境物流活动有关的信息,反映跨境电商物流活动实际状况、特征及发展变化,并能被人们处理,是对跨境电商物流有用的数据、情报、消息等的统称。跨境电商物流信息对运输管理、库存管理、订单管理、仓库作业管理等活动具有支持保障的功能。

跨境电商物流数据是记录下来的可以鉴别的符号,是以数字、符号、图表、文字等对物流活动中的数量关系的客观描述。信息是对数据的解释,数据被处理后仍是信息。物流数据只有经过处理和解释,才能被人们接受和理解,从而成为物流信息。

(二)跨境电商物流信息的特点

跨境电商物流信息包括伴随跨境电商物流活动而发生的信息和在跨境电商物流活动以外发生的,但对跨境电商物流有影响的信息。跨境电商物流信息涉及面十分广泛,其具有以下三个特点。

(1)信息源点多、分布广、信息量大。跨境电商物流系统服务的范围越大,信息源点就越多,信息量也就越大。

(2)信息种类多。跨境电商物流系统内部各环节有不同种类的信息,物流系统(如多式联运)之间以及与其他系统,如采购系统、生产系统、销售系统、订单系统等的有关信息都需要分别搜集。

(3)信息动态性强。跨境电商物流信息的动态性越强,其价值衰减速度一般也越快,因此企业对跨境电商物流信息掌握与利用的及时性要求很高,甚至决定了跨境电商物流活动的成败。

(三)跨境电商物流信息的作用

跨境电商物流信息承担着类似神经细胞的作用,跨境电商企业在制订物流计划、进行物流管理、开展物流业务、控制物流成本等活动时都不可或缺物流信息。因此,跨境电商物流信息的基本作用包括:信息采集、信息传输、信息存储、信息处理和信息输出。跨境电商物流信息在物流活动中体现为中枢神经和支持保障的基本作用,具体表现为以下三方面。

(1)沟通作用。跨境电商物流信息使消费者、商家、跨境平台、物流服务提供商等能够沟通并保持联系,能满足各类消费者、商家、中间服务商的需要,满足不同物流环节协调运作的需要。

(2)控制作用。通过移动通信、计算机信息网、EDI、GPS 等技术能够实现物流信息处理电子化、货物及车辆实时追踪。畅通的信息通道是跨境电商物流运作控制、服务控制、成本控制的前提。

(3)管理作用。跨境电商物流信息可用于物流渠道规划与决策、仓库作业计划、库存管理、发货管理、运行实时监控等方面。

二、跨境电商物流信息系统

(一)跨境电商物流信息系统的概念

跨境电商物流信息系统是建立在物流信息基础上的,是在跨境电商环境下对物流信息进行采集、处理、分析、应用、存储和传播的集成。在这个过程中,企业对涉及物流活动的各种信息要素进行管理,如实现对订单包裹的实时跟踪、转运、妥投等一系列物流跟踪数据管理,以及对产品物流成本的财务报表分析等。

跨境电商物流信息系统管理强调应用系统化和集成化观念来处理企业经营活动中的问题,以求得跨境电商物流信息系统整体最优化,它既要求信息处理的及时性、准确性和灵活性,也要求信息处理的安全性和经济性。

(二)跨境电商物流信息系统的特点

随着跨境电商的迅速发展,以及物流信息技术的不断提高,两者的衔接相辅相成。跨境电商利用物流信息系统提高企业管理的高效化、流程化和成本最优化;物流信息技术根据跨境电商不断改变的市场需求调整自己的功能,改善跨境电商企业的物流流程。综合跨境电商物流信息系统的发展趋势,其特点主要体现在以下四个方面。

(1)物流信息综合性更强。随着跨境电商全球化进程的不断加深,跨境电商物流信息

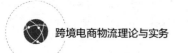

系统提供综合服务的能力更加显著。跨境电商物流信息系统不仅要满足物流企业内部的作业需求,也要同时满足跨境电商企业对区域性的仓储管理、订单处理的需求。

(2)专业性更强,接口趋于透明。随着跨境电商物流的发展和推进,跨境电商物流的各种运输方式更加趋于完善和成熟,并且体现在满足跨境电商企业的物流需求定制化上,跨境电商物流信息系统更加专业地提供满足跨境电商企业 B2B、B2C 的业务需求,并且对接专业的物流数据跟踪网站,如 17TRACK。

(3)决策支持功能的加强。跨境电商物流信息系统不仅提高了物流企业内部的运营效率,而且它的库存数据、包裹跟踪数据、物流成本数据等都在很大程度上为跨境电商企业提供了企业管理的决策依据。

(4)自动化程度的不断提高。跨境电商物流信息系统的自动化程度不断提高,体现在包括仓储设施和配送作业的自动化、智能仓库的建设,以及机器人分拣作业等方面。

(三)跨境电商物流信息系统的功能

跨境电商物流信息系统根据跨境电商物流各个环节的需求可以有不同层次、不同程度的应用和不同子系统的划分,如有的跨境电商物流企业规模小、业务少,可能提供的仅仅是单机系统或单功能系统,而另一些跨境电商物流企业可能提供的是功能强大的多功能系统。一般来说,一个完整的、典型的跨境电商物流信息系统具有五个基本功能。

(1)物流数据的收集和输入。物流数据的收集首先是将数据通过收集子系统从系统内部或者外部收集到并整理成为系统要求的格式和形式,再通过子系统输入物流信息系统中。在这一过程中应注意收集数据的完善性、准确性,以及校验能力和预防及抵抗破坏能力等。

(2)物流信息的存储。物流信息经过收集和输入后,在其得到处理之前,必须在系统中存储下来。跨境电商物流信息系统的存储功能就是要保证已得到的信息能够不丢失、不走样、不外泄、整理得当、随时可用,同时要考虑存储量、存储方式、安全保密等问题。

(3)物流信息的传输。跨境电商物流信息要准确、及时地传输到各个职能环节,否则信息就会失去使用价值。这就需要跨境电商物流信息系统具有克服空间障碍的功能,即充分考虑所要传递信息的种类、数量、频率、可靠性要求等因素。

(4)物流信息的处理。跨境电商物流信息系统最根本目的就是要将输入的物流数据加工处理成系统所需要的物流信息,物流数据通常不能直接被利用,而物流信息从物流数据加工中得到,它可以直接被利用,具有实际使用价值。

(5)物流信息的输出。信息输出是跨境电商物流信息系统的最后一项功能,也只有在实现了这项功能后,跨境电商物流信息系统的任务才算完成。信息输出必须采用便于人或计算机理解的形式,力求易读易懂、直观醒目。

第三节　跨境电商物流信息系统应用

【学习情景】

邮行天下U系统，实现网络全球化

U系统是邮行天下为客户开发的一套独立的业务操作系统，该系统功能全面、操作便捷，主要分为9个模块：操作管理、财务结算、客户服务、销售管理、报表系统、渠道管理、基础资料、系统配置、联盟系统。

U系统为智能物流建设提供了"四体系"整体解决方案架构——物流业务系统、订单管理系统、揽收系统和智能调度中心，有效整合渠道商、加盟商资源，精准匹配业务需求。U系统在统一结算、方式灵活的基础上，从客户信用模型、盟商信用模型、风控预警机制和物流风险保证金等四个方面对财务风险进行多维管控。因此，U系统具有联盟赋能、无缝对接、智能物流和风险预警的应用优势。

【学习任务】

认识跨境电商物流信息系统和操作系统的方法。

【相关知识】

一、运输管理系统(TMS)概述

运输管理系统(transportation management system，TMS)已经成为被广泛应用的信息化管理工具，适用于各类运输公司、各企业下属的物流管理部门等。该系统有助于企业降低成本、提高效率、合理配送、便捷操作等。

跨境电商物流运输管理系统采用信息化的计算机技术、智能化的硬件设备和先进的管理手段，可高效地进行一系列分类、编码、整理、分工、配货等工作，可定时、定点、定量地将货物交给消费者。一方面，该系统致力于满足跨境电商物流企业现有业务需要，同时为其业务发展、运输管理提供坚实依靠；另一方面，该系统的标准化流程和便捷化操作确保了货物能够高效地、准确地进行规范操作，减少人力成本的同时提升用户满意度。

二、邮行天下U系统介绍

U系统是邮行天下自主设计与研发的一套独立的业务操作系统，与各电商ERP、第三方平台和物流渠道等无缝对接，在提升物流执行效率和降低物流运营成本的同时，实现全面和统一的可视化业务管理。

181

U 系统的外部用户主要有跨境电商卖家和中小型跨境电商物流企业,涉及的操作系统有订单管理系统(TOMS)和运输管理系统(TMS)。跨境电商卖家使用的系统为订单管理系统(TOMS),该系统提供物流订单的创建、查询、跟踪,以及物流费用的查询、试算、对账等功能,还可以完成对问题件的管理。中小型跨境电商物流企业使用的系统为运输管理系统(TMS),该系统提供物流订单的签入与签出、物流账单的生成与发布、物流运单的查询与反馈、物流轨迹的跟踪与维护等功能,也可以对物流渠道(服务商)的费用进行管理。

三、邮行天下 U 系统操作

(一)订单管理系统(TOMS)

TOMS 由订单管理、平台订单、运单管理、问题件管理和费用管理等组成。跨境电商卖家可以访问页面地址 http://toms. ux-exp. com/login. aspx,输入已激活的账号和密码,就能够直接登录 TOMS 平台,登录界面如图 8-6 所示。首次登录 TOMS 需要填写发件人姓名、公司、国家、省/州、城市、详细地址、联系手机等信息。

图 8-6　邮行天下 TOMS 的登录界面

1. 订单管理

订单管理为跨境电商卖家提供单票录入、运单详情、批量导入订单、自定义模板、订单管理、订单批量修改、支付宝充值和标签设计等 8 个功能,主要用于创建订单、提交预报和打印标签,其中创建订单有单票录入和批量导入两种方式。

邮行天下 TMOS

(1)单票录入。进入单票录入的操作界面,其中带"*"的为必填项,填写内容有基本信息、收件人信息和报关信息,操作界面如图 8-7 所示。

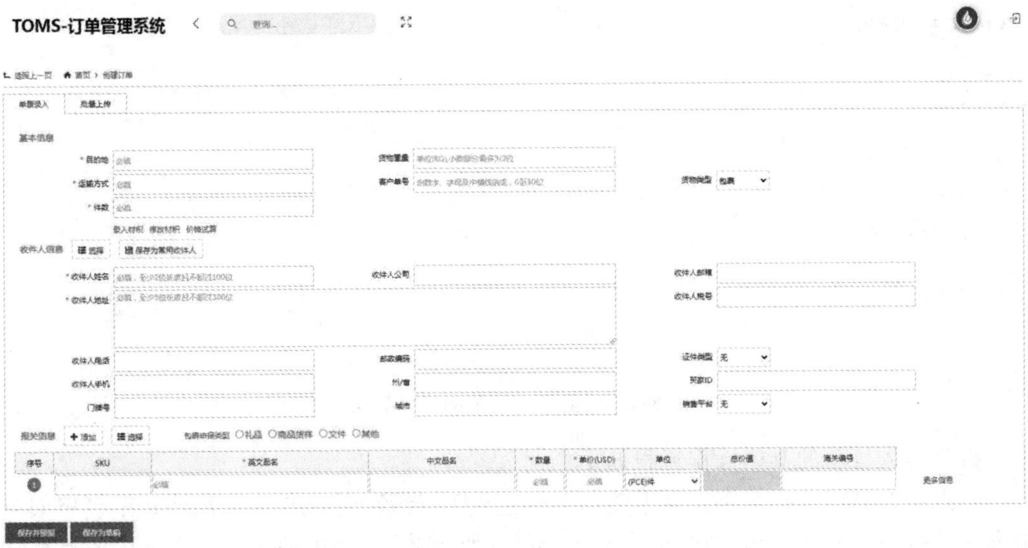

图 8-7 单票录入的操作界面

单票录入的具体操作流程如下：

①录入基本信息，必填项有货物派送的目的地、运输方式和货物件数，选填项有货物重量、客户单号和货物类型，其中，目的地可输入中文、英文全称或二字代码，不同的运输方式在时效和运费上有差异，货物件数是指外箱数量，货物重量仅作参考，客户单号为卖家自定义编号，货物类型有袋子、文件和包裹三类；

②录入收件人信息，必填项有收件人姓名和收件人地址，选填项有收件人电话、收件人公司、收件人手机、邮政编码、州/省和城市等，请仔细填写地址信息，如果填写错误可能会导致货物无法正常送达；

③录入报关信息，根据实际货物输入相应的英文品名、数量、单价等信息，若有多条申报信息需要逐一添加，若申报较为固定的产品，可以通过"平台订单"菜单中的"申报信息管理"功能将其设置为常用品名，在单票录入时直接选择即可；

④全部信息录入后，若点击"保存并预报"，信息将提交至邮行天下，同时信息将不允许再修改，若点击"保存为草稿"，信息将保存为草稿并允许修改，后续再提交预报即可；

⑤提交预报之后，进入"已预报"页面，勾选单号，打印标签，卖家可以根据打印机类型自由选择标签纸或 A4 纸进行打印，标签打印完成后请将标签粘贴至对应的货物上，再交货至收件人员。

（2）批量导入订单。进入"批量导入订单"页面，TOMS 支持使用标准模板和自定义模板，标准模板可从系统上直接下载和使用，自定义模板首次使用时需要映射模板，操作界面如图 8-8 所示。

图8-8　批量导入订单的操作界面

批量导入订单的具体操作流程如下：

①点击"浏览"选择卖家需要上传的 Excel 文件，若 Excel 文件中未注明每个订单的运输方式，可以在"默认运输方式"输入框中选择一种方式，TOMS 将 Excel 文件中的所有订单全部默认为此运输方式；

②点击"预览"将出现映射界面，若使用标准模板会省略此步骤；

③全部映射完成后，需要仔细核对客户单号、目的国家/地区和收件人姓名，如图8-9所示，确认信息无误再点击"保存为草稿"；

④进入"订单管理"菜单下的"订单管理"页面，把草稿状态的订单提交预报，再完成打印标签、粘贴标签、交货至收件人等操作。

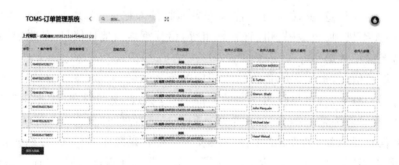

图8-9　映射模板的操作界面

2. 平台订单

平台订单为跨境电商卖家提供平台账号管理、平台订单管理、申报信息管理、申报信息映射和平台订单日志等5个功能，主要用于对接跨境电商平台，一方面获取跨境电商平台上待发货订单至 TOMS 进行发货操作，另一方面通过 TOMS 将发货通知回写至跨境电商平台。

(1)平台账号管理。进入"平台订单"菜单下的"平台账号管理"页面，TOMS 提供 eBay、Amazon、AliExpress、Wish 和敦煌网等五个平台的账号授权，选择卖家所在的平台进行授权，按照引导完成授权操作，操作界面如图8-10所示，授权成功如图8-11所示。

图 8-10 平台账号授权的操作界面和 Amazon 账号授权指引

序号	平台	账号名	状态
1	amazon	amazon 01	启用
2	wish	wish	启用
3	aliexpress	SMT-1号店	启用
4	aliexpress	SMT-5号店	启用
5	aliexpress	SMT-4号店	启用
6	aliexpress	SMT-2号店	启用

图 8-11 平台账号授权成功的显示状态

(2)平台订单管理。平台账号授权成功后,卖家进入"平台订单"菜单下的"平台订单管理"页面,首先,点击"下载平台订单",可自由选择需下载的账号和订单创建的时间段;其次,订单下载完成后,可勾选需要发货的订单,再点击"生成订单",同时选择需要的运输方式;最后,进入"订单管理"菜单下的"订单管理"页面,把草稿状态的订单提交预报,之后完成打印标签、粘贴标签、交货至收件人等操作。下载和生成订单的操作界面如图 8-12所示。

图 8-12　下载平台订单和生成订单的操作界面

（3）申报信息映射。TOMS 直接获取订单信息，默认将跨境电商平台上的产品标题名称及成交金额作为申报信息，因涉及海关查验和海外关税的问题，卖家需要将每个产品对应的标题映射成正规的申报信息，映射一次之后，下次针对相同产品 TOMS 将自动引用映射之后的申报信息。卖家进入"平台订单"菜单下的"申报信息映射"页面，TOMS 将展示出已下载的平台产品的相关信息，将原申报品名、原单价、原币种等修改成需要的内容并保存，操作界面如图 8-13 所示。

图 8-13　申报信息映射的操作界面

3. 运单管理

运单管理为跨境电商卖家提供运单查询、到货清单和轨迹查询三个功能。其中，运单查询可查看货物到达邮行天下的到货日期、参考号、跟踪号、实重和状态等信息；到货清单可查看每日到达邮行天下的到货总单和票数等信息；轨迹查询通过输入跟踪号可查看货物的具体轨迹内容，如图 8-14 至图 8-16 所示。

图 8-14 运单查询的操作界面

图 8-15 到货清单的操作界面

图 8-16 轨迹查询的操作界面

4.问题件管理

跨境电商卖家的货物到达邮行天下后,若不符合中转要求,邮行天下会进行扣件处理,扣件后卖家的 TOMS 账户将会收到问题件通知。此时,卖家可进入"问题件管理"菜单下的"问题件"页面,点击"待处理"可查到问题件的详细内容,点击"查看"可查到问题件的具体原因并可进行回复,操作界面如图 8-17 所示。

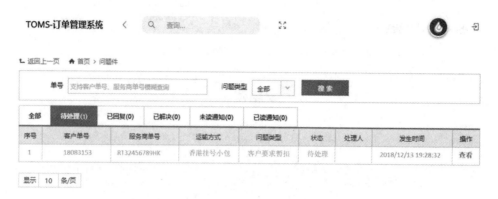

图 8-17　问题件的操作界面

5. 费用管理

　　费用管理为跨境电商卖家提供运费试算、交款记录、运费明细、未付款、账户流水和成本统计等六个功能,其中,在输入目的国家/地区、重量、体积等信息的基础上,运费试算可查询每个运输方式的预估时效、总费用等信息,以便卖家选择合适的运输方式,如图 8-18所示;运费明细提供每个物流订单的费用情况,也是卖家与邮行天下结算的费用金额,如图 8-19 所示。

图 8-18　运费试算的操作界面

图 8-19　运费明细的操作界面

(二)运输管理系统(TMS)

　　TMS 由操作管理、财务结算、客户服务、报表系统、渠道管理等组成。TMS 需要预先进行下载安装后才能使用,安装包下载地址为 http://www.ux-exp.com/technology/

tools,在安装过程中需要的计算机环境是 Windows 操作系统和.net 框架 4.0 版本及以上,如图 8-20 所示。

图 8-20　邮行天下 TMS 的登录界面

1. 操作管理

操作管理为中小型跨境电商物流企业提供到货总单、出货总单、服务商退件扫描、AR件查询、录单制单、批量换号、批量修改收货重、批量修改出货重、批量导入运单信息、批量修改快件信息、批量签入签出、快件签入、单票签出、按预报操作、简易操作和单据打印等16 个功能,主要实现运单的签入和签出。

(1)签入。签入(checkin)是指客户的货物与物流公司交接的系统处理过程,也称为入仓、收货等。其中,快件签入需要录入长、宽、高数据,并为多件产品的运单提供签入操作,适用于快件产品(如四大商业国际快递、EMS 等),操作界面如图 8-21 所示。

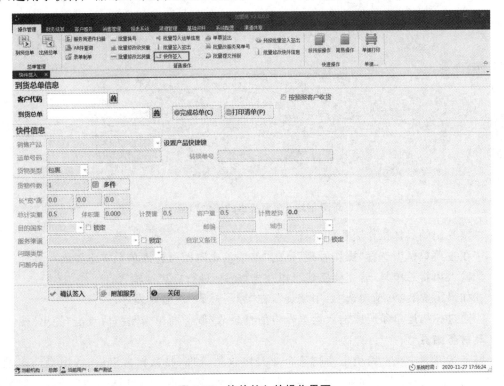

图 8-21　快件签入的操作界面

快件签入的具体操作流程如下：

①在主菜单栏中选择"操作管理"下的"快件签入"，即可进入快件签入界面；

②输入客户代码后按回车键，系统将符合查询条件的到货总单显示在列表中，若无符合查询条件的则需要新建；

③补充货物其他信息后，按回车键进行保存。

（2）签出。签出（checkout）是指货物操作完毕后，从系统中验证是否满足交寄服务商的过程，也称为出仓、出货等。其中，单票签出适用于做未签出货物的签出操作，系统在签入后将会自动分配物流渠道，签出时将检查货物的运单操作是否完成、运单费用是否结清、运单问题是否解决等，已签出的货物即表达操作完成，单票签出的操作界面如图8-22所示。

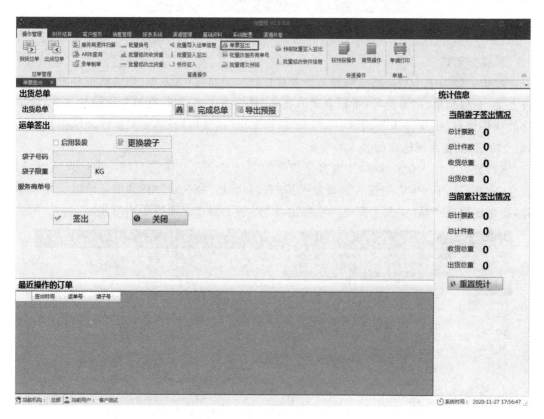

图8-22　单票签出的操作界面

单票签出的具体操作流程如下：

①在主菜单栏中选择"操作管理"下的"单票签出"，即可进入单票签出界面；

②输入出货总单号，若需要新建可以点击🔍图标进行选择或输入；

③如果需要装袋，请勾选"启用装袋"，在"袋子号码"栏输入袋号；

④通过扫描运单条码或输入运单号将信息录入"服务商单号"栏，后点击"签出"按钮。

2. 财务结算

财务结算为中小型跨境电商物流企业提供收款管理、收款异常审核、费用变动审批、币种汇率管理、银行账号管理、指定票件收款、客户账单管理、客户账单审批、请款单管理、总额度管理、内部额度调整、服务商对账单、账单差异处理、服务商付款、服务商余额查询、服务商欠费件查询、服务商退件查询等 17 个功能,目的是做到迅速、准确、灵活的收款和付款。

　　(1)向客户收款。中小型跨境电商物流企业可以为自身客户进行账单管理,完成客户账单的生成、审核、发布等操作,涉及的主要操作有客户账单管理和客户账单审批,操作界面如图 8-23 和图 8-24 所示。

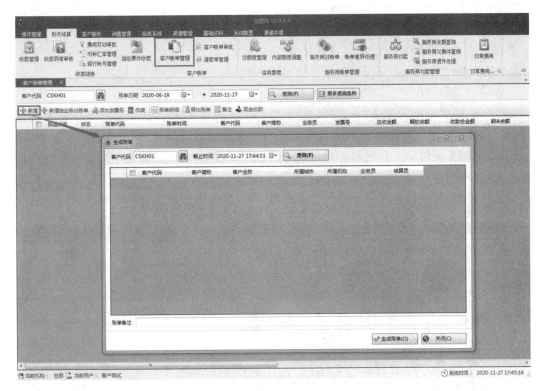

图 8-23　客户账单管理的操作界面

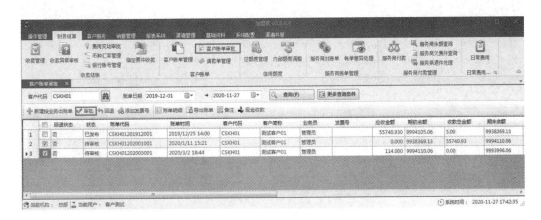

图 8-24　客户账单审批的操作界面

　　客户账单管理的具体操作流程如下:

　　①在主菜单栏中选择"财务结算"下的"客户账单管理",即可进入客户账单管理界面(见图 8-23);

②输入查询条件,点击"查询"按钮,系统将符合查询条件的数据显示在列表中,点击列表中的信息可以查看或导出客户代码、发票号、应收金额等账单内容;

③新建账单时,点击"新增"按钮系统弹出账单生成界面,单个客户账单的生成需要在"客户代码"框中输入客户代码,批量客户账单的生成需要保持"客户代码"框为空白,再选择"账单日期"的起止时间,点击"查询"按钮,如果客户在此时间范围内存在业务,则显示在客户列表中,勾选记录后点击"生成账单"按钮,系统将自动生成账单;

④已生成的账单需要审批通过后才能正式生效,在主菜单栏中选择"财务结算"下的"客户账单审批",即可进入账单审批界面(见图8-24);

⑤填写"账单日期"或"客户代码",点击"查询"按钮显示搜索结果;

⑥勾选需要审批的记录,点击"审批"或"回退"按钮完成操作,也可进行批量审批通过或退回操作。

(2)向服务商付款。在向服务商付款之前,中小型跨境电商物流企业先要与服务商进行对账,核对服务商账单与系统应付费用之间是否对应,若账单存在差异,要对有差异的票件进行处理,账单核对无误后进行付款操作,具体付款操作界面如图8-25所示。

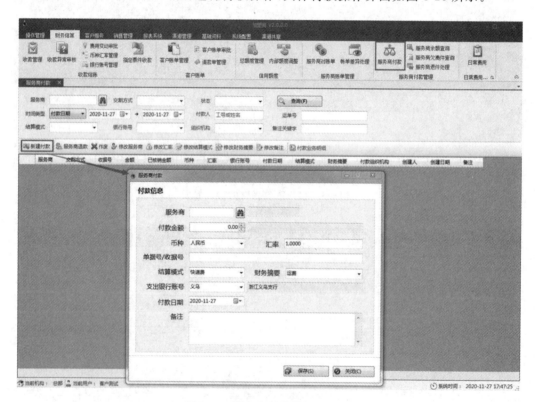

图 8-25 服务商付款的操作界面

服务商付款的具体操作流程如下:

①在主菜单下选择"财务结算"下的"服务商付款",即可进入服务商付款界面,该付款功能只适用于向服务商预存款;

②可根据查询条件对已完成付款的数据进行查询;

③点击"新建付款"按钮可新建对服务商付款的数据,根据要求录入相应的数据。

3. 客户服务

客户服务为中小型跨境电商物流企业提供运单查询、网上订单查询、偏远数据查询、批量导入预报、申请加收杂费、审核杂费申请、客户费用调整、问题件跟踪、问题类型维护、批量添加备注、单票轨迹跟踪、批量轨迹维护等 12 个功能，主要实现对运单的查看、修改、反馈与跟踪。问题类型维护的操作界面如图 8-26 所示。

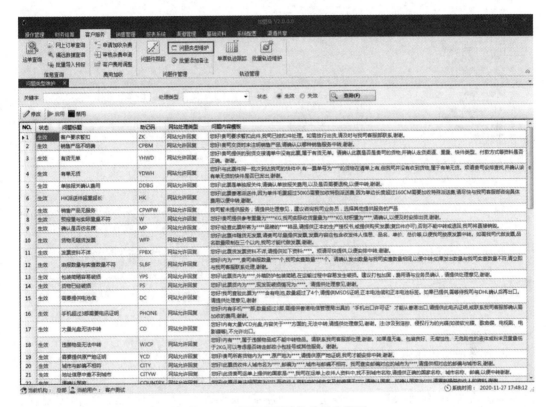

图 8-26　问题类型维护的操作界面

中小型跨境电商物流企业需要反馈给客户的运单问题有：客户要求暂扣、销售产品不明确、有货无单、有单无货、单独报关确认费用、预报重与实际重量不符、发票资料不详、申报数量与实查数量不符、包装简陋容易破损、货物已经破损等。

4. 报表系统

报表系统为中小型跨境电商物流企业提供财务类和操作类两种报表：财务类报表包括客户产品收支统计、公司销售总报表、客户应收款汇总表、销售产品汇总统计表等；操作类报表包括产品操作统计、产品操作明细、扣件统计表、代理问题件导出等。内部用户也可以使用 SQL 语句新增或修改报表，操作界面如图 8-27 所示。

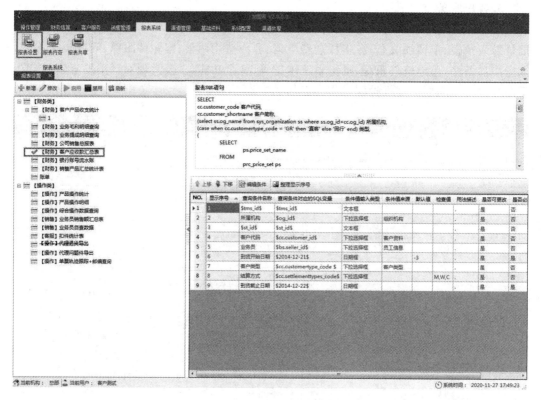

图 8-27　报表设置的操作界面

5.渠道管理

渠道管理为中小型跨境电商物流企业提供公布价管理、成本价管理、销售价管理、杂费价管理、价格套餐维护、客户协议价格维护、客户价格维护、客户适用价格查询、燃油种类价格维护、代理渠道、客户渠道、单号注册、标签配置、标签种类维护、国家资料、城市资料、城市邮编维护、报表系统设置等 18 个功能,目的是通过精确定价帮助公司实现收益最大化。

(1)成本价管理。中小型跨境电商物流企业可查询、新建、修改渠道成本价格信息,具体操作流程是进入操作界面→编辑基本信息→加入不同区域信息→填写不同区域重量段→添加分区分重量价格值→输入分区分重量折扣值→设置对应的杂费→保存并启用价格表。其中,基本信息包括生效时间、失效时间、服务渠道、收费币种、货物类型、付款方式、公布价名称等,如图 8-28 所示。

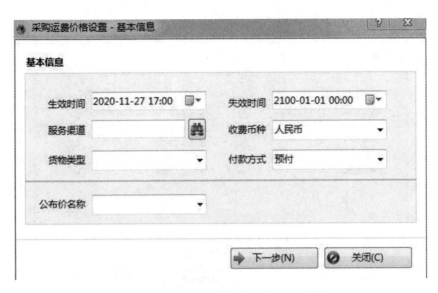

图 8-28 采购运费价格设置的基本信息界面

(2)杂费价管理。中小型跨境电商物流企业可查询、新建、修改渠道杂费价格信息,杂费通常包括燃油附加费、特殊报关费、超长超重附加费、超长超重燃油附加费、排仓费、偏远地区附加费等,具体费用内容如图 8-29 所示。

NO.	价格编号	状态	杂费代码	杂费名称	计费地点	生效时间	失效时间	创建人	创建时间	修改人	修改时间
1	3135	正式	A32259	qazzhd(1282	总部	2019-02-22 13:00:00	2100-01-01 00:00:00	管理员	2019-02-22 13:59:48		
2	3132	正式	A32258	qazzha	总部	2019-02-22 13:00:00	2100-01-01 00:00:00	管理员	2019-02-22 13:51:55		
3	3120	正式	A32257	KINGZHA	总部	2019-02-21 11:00:00	2100-01-01 00:00:00	管理员	2019-02-21 11:30:43		
4	2959	正式	A32246	ofee	总部	2019-02-18 00:00:00	2100-01-01 00:00:00	管理员	2019-02-18 00:46:54		
5	715	正式	A3282	重庆EUB杂费价	总部	2018-06-11 14:00:00	2100-01-01 00:00:00	管理员	2018-06-11 14:09:25		
6	624	正式	A3270	测试杂费1	总部	2018-05-18 11:00:00	2100-01-01 00:00:00	管理员	2018-05-18 12:22:28	管理员	2018-05-18 12:22:35

图 8-29 服务渠道的杂费内容设置界面

(3)销售价管理。中小型跨境电商物流企业可查询、新建、修改渠道销售价格信息,具体操作流程可参考成本价操作流程。其中,基本信息增加了销售产品、价格等级、计费地点等,如图 8-30 所示。

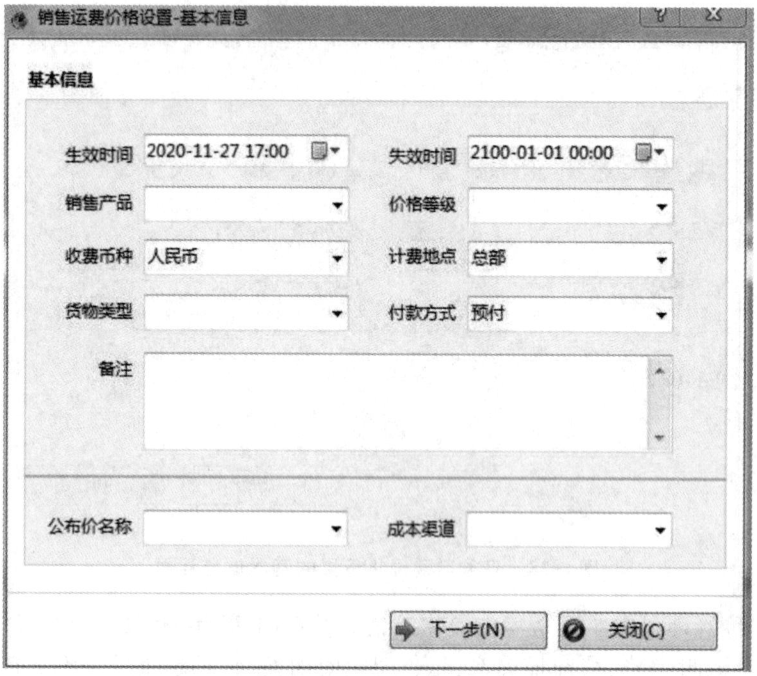

图 8-30　销售运费价格设置的基本信息界面

【知识测试】

1. 常见的跨境电商物流信息技术有哪些?
2. 简述条形码在跨境电商物流中的作用。
3. 简述跨境电商物流信息的价值。
4. 简述跨境电商物流信息系统的功能。
5. 简述跨境电商物流运输管理系统的作用。

【实践操作】

实践项目:跨境电商物流企业应用信息系统的情况。

实践要求:调研顺丰速运、邮政或邮行天下等物流企业,分析它们的信息系统与跨境电商平台的对接方式、特点、发展趋势等,形成调研报告。

实践形式:学生以小组为单位,建议 3~5 人为一组,分工合作,共同完成调研报告。

参考文献

[1] 曹旭光,王金光,刘希全.跨境电子商务的物流商业模式及其创新途径[J].对外经贸实务,2015(10).

[2] 陈碎雷.跨境电商物流管理[M].北京:电子工业出版社,2018.

[3] 陈先受.众包模式下快递企业末端配送路径优化研究[D].杭州:浙江工商大学,2017.

[4] 程梦雄.我国跨境物流企业 SWOT 分析与发展战略研究[J].中国储运,2017(9).

[5] 龚艳.助力跨境电商"全球购""义新欧"中欧班列首次实现全程运邮[N].义乌商报,2018-01-25.

[6] 关姝颖.国际快递在中国[J].物流科技,2009(3).

[7] 国家邮政局发展研究中心.历史回眸:中国与万国邮联[J].中国邮政,2016(3).

[8] 韩波,邢汉夫.砥砺奋进的五年"俄速通"成对俄物流第一品牌[N].黑龙江日报,2017-06-12.

[9] 韩玲冰,胡一波.跨境电商物流[M].北京:人民邮电出版社,2018.

[10] 胡晨茹.基于我国第三方物流企业融资问题的探析[J].全国流通经济,2018(11).

[11] 胡平珍.跨境电商视角下的物流运作模式研究[D].南昌:江西财经大学,2017.

[12] 计春阳,晏雨晴.大数据在跨境电商产业链中的应用[J].海南金融,2018(7).

[13] 冀芳,张夏恒.跨境电子商务物流模式及其演进方向[J].西部论坛,2015(7).

[14] 姜晓云.基于灰色系统理论的山东省跨境电商物流配送模式研究[D].青岛:山东科技大学,2017.

[15] 李海莲,陈荣红.跨境电子商务通关制度的国际比较及其完善路径研究[J].国际商务(对外经济贸易大学学报),2015(3).

[16] 李琳.电子商务环境下物流配送中若干优化问题的研究[D].沈阳:东北大学,2010.

[17] 李喻鹏.浅析第四方物流的优势[J].物流工程与管理,2012(4).

[18] 廖润东.中小型跨境电商企业零售出口(B2C)海外仓使用困境及对策[J].企业经济,2019(6).

[19] 刘翠萍.我国跨境电商海外仓建设研究[D].南昌:江西财经大学,2018.

[20] 刘一颖.电子信息技术在物联网中的应用[J].中国新通信,2018(21).

[21] 牟娟娟.中国跨境电商企业海外仓模式选择研究[D].兰州:兰州财经大学,2018.

[22] 施晓虹."物流"的起源与变迁[J].语文建设,2003(12).

[23] 宋凯钰.我国跨境电商发展中的管理制度、问题与对策[J].商业经济研究,2018(18).

[24] 苏杭.跨境电商物流管理[M].北京:对外经济贸易大学出版社,2017.

［25］速卖通大学.跨境电商物流［M］.北京:电子工业出版社,2016.

［26］孙先强.国际快递企业发展对我国民营快递业的启示［D］.苏州:苏州大学,2012.

［27］孙秀英.跨境电商背景下物流网络风险管理研究［D］.大连:大连理工大学,2018.

［28］谈璐,刘红.跨境电子商务实操教程［M］.北京:人民邮电出版社,2018.

［29］汪燕.探秘亚马逊的智慧物流［J］.浙江经济,2018(22).

［30］王丁.互联网背景下电商物流变革趋势分析［J］.中国市场,2016(23).

［31］王立民,李丛新,牟晓娜.GPS 在中小型物流公司中的应用及探究［J］.现代农业研究,2018(7).

［32］王燕.GIS/GPS 技术在物流信息系统设计中的应用［J］.物流技术,2013(1).

［33］肖建辉.跨境电商物流渠道选择与发展［J］.中国流通经济,2018(9).

［34］谢泗薪,尹冰洁.中美贸易摩擦下跨境电商物流联盟风险预判与战略突围［J］.中国流通经济,2019(2).

［35］许迅安.新时期中国跨境物流海外仓建设发展现状及策略研究［J］.对外经贸实务,2019(9).

［36］闫贤贤,杨岚.中国跨境专线物流发展的现状、障碍与升级策略［J］.对外经贸实务,2017(4).

［37］杨帆.第三方物流企业国际快递业务风险研究［D］.长沙:湖南大学,2018.

［38］叶尔兰·库都孜.电商平台跨境物流发展现状及提升策略——以京东跨境物流发展为例［J］.对外经济实务,2017(8).

［39］于承忠.顺丰速运国际市场快递业务的策略［J］.物流工程与管理,2019(1).

［40］詹斌,谷孜琪,李阳."互联网＋"背景下电商物流"最后一公里"配送模式优化研究［J］.物流技术,2016(1).

［41］郑翰宸.国际快递企业口岸通关效率问题研究——以 DHL 企业为例［D］.北京:对外经济贸易大学,2017.

［42］郑少峰.现代物流信息管理与技术［M］.北京:机械工业出版社,2016.

［43］郑小雪,李登峰,王莹,等.我国出口跨境电商的物流风险评估［J］.商业经济研究,2016(23).

［44］周方.我国跨境电商物流模式研究［J］.吉林广播电视大学学报,2018(2).

［45］朱雅娜,谢洁,吴婷,等.我国跨境电商物流的海外仓模式研究［J］.现代商贸工业,2018(34).

［46］左锋.跨境电商物流业务操作［M］.北京:中国人民大学出版社,2018.